A PROVA ILÍCITA

Um estudo comparado

Teresa Armenta Deu

A prova ilícita
Um estudo comparado

Tradução
NEREU JOSÉ GIACOMOLLI

Marcial Pons

MADRI | BARCELONA | BUENOS AIRES | SÃO PAULO

A prova ilícita: um estudo comparado
Teresa Armenta Deu

Título original: *La prueba ilícita (Un estudio comparado)*
(1.ª edição: 2009; 2.ª edição: 2011)

Tradução (da 2.ª edição original)
Nereu José Giacomolli

Capa
Nacho Pons

Produção
Ida Gouveia / HBLYZ / Oficina das Letras®

CIP-Brasil. Catalogação na Publicação
Sindicato Nacional dos Editores de Livros, RJ

D494p

Deu, Teresa Armenta.
A prova ilícita : um estudo comparado / Teresa Armenta Deu ; tradução Nereu José Giacomolli. - 1. ed. - São Paulo: Marcial Pons, 2014.

Tradução de: La prueba ilícita: un estudio comparado
Inclui bibliografia e índice
ISBN 978-85-66722-13-0

1. Direito penal. 2. Pena (Direito). 3. Delito. I. Título.

14-08209 CDU: 343

Av. Brigadeiro Faria Lima, 1461, Torre Sul, 17/8 Jardim Paulistano
CEP 01452-002 São Paulo-SP
☎ (11) 3192.3733
www.marcialpons.com.br

Impresso no Brasil

APRESENTAÇÃO À PRIMEIRA EDIÇÃO

Em 1928, a decisão do caso *The people vs. Defoe* evidenciou a nítida inconformidade do Juiz Benjamin Natham Cardozo, diante da absolvição de quem se sabia culpado, no interesse da integridade do direito à inviolabilidade do domicílio. Pouco depois, outro caso, *Olmstead* vs. *US*, no mesmo ano, foi enfrentado por esse magistrado com outro, não menos conhecido: Oliver Wendell Holmes, autor de um voto divergente que condenava por consumo e tráfico de drogas, com base em uma prova acusatória decisiva, originada de uma interceptação telefônica ilegal. O Juiz Holmes, em seu voto divergente, destacava, graficamente, a necessidade de optar-se entre dois aspectos igualmente desejáveis, mas, por desgraça, incompatíveis: «*é na verdade desejável que os delinquentes resultem descobertos e que qualquer prova existente seja utilizada para tal fim, mas também é desejável que o Governo não se coloque no mesmo nível, e pague por outros delitos, nem que estes sejam os meios para obter a prova dos investigados inicialmente (...). É necessário eleger e, ao que a mim concerne, prefiro que alguns delinquentes escapem da ação da justiça, de que o Governo desempenhe um papel indigno*».[1]

Desde outra perspectiva, não por parecer menos ilustrativo, o filme *Os juízes da lei*, muito ilustrativo sobre o tema apresentado, inicia com a perseguição policial de um suspeito de ter assassinado quatro anciãs para subtrair-lhes a pensão que acabavam receber. Em plena corrida, o suspeito abre a lixeira que se encontra na frente de seu domicílio, introduzindo algo. Após, entra, precipitadamente, em sua casa. Um dos policiais, que o tinha visto, se dispõe a abrir a lixeira, mas seu companheiro o impede, advertindo-lhe que seria ilegal porque a lixeira é propriedade privada e não possuem mandado judicial. Avistando, nesse momento, o caminhão que se aproxima para recolher o lixo, os policiais se dão conta de que este sim pode ser objeto de inspeção imediata.

---

[1] FERNÁNDEZ ENTRALGO, J., 1996: «Las reglas del juego. Prohibido hacer trampas: La prueba ilegítimamente obtenida», em *CGPJ, Cuadernos de Derecho Judicial,* IX, p. 71 e 72.

Por isso, esperam a lixeira ser esvaziada no caminhão e fazem o rastreamento, cujo resultado é o achado da arma homicida. Detido, o agressor confessa, diante da polícia e também em seu primeiro comparecimento, após ter sido advertido de todos os seus direitos e das consequências de sua confissão. Situados já na audiência preliminar, ante o Juiz Steven R. Hadin (Michel Douglas no filme) o advogado do acusado alega que mesmo que a inspeção no caminhão do lixo tenha sido legal, como os agentes não esperaram o acionamento da palanca que mistura o lixo, os dejetos inspecionados seguem sendo de caráter privado, motivo por que necessitam de ordem judicial para serem inspecionados, o que converte em ilícita a apreensão da arma, e tudo o que deriva desta, incluindo-se a confissão. O acusado é absolvido, diante da certeza de que o Tribunal de Apelação notará a ilicitude e anulará a eficácia da prova. A absolvição acarreta o conseguinte escândalo nos meios de comunicação e a explícita frustração da polícia e do próprio Juiz Hadin. Os roteiristas incrementam o clímax com um segundo caso de sequestro, estupro e assassinato de várias crianças entre oito e dez anos, cujos prováveis assassinos são detidos por casualidade, devido à intuição de um policial que avista uma furgoneta suspeita, onde viajavam. Conhecedora das regras de exclusão, a polícia solicita informação da central policial. Desta emana a cientificação da existência de duas multas de trânsito, não pagas. Com dito motivo, a furgoneta é detida. Após a sua identificação, na qual os delinquentes mantêm o «*sangue frio*», um dos agentes afirma sentir cheiro de maconha. Para confirmar suas suspeitas, vai até a parte posterior da furgoneta, abrindo-a, aparecendo ante seus olhos o tênis de uma criança, ensanguentado. Os suspeitos são detidos e acusados pelo assassinato da última de suas vítimas, um menor com dez anos de idade. A cena seguinte nos situa ante o mesmo Juiz Hadin, em plena inquirição dos policiais pelo advogado dos acusados, acerca dos motivos da inspeção na furgoneta, como elemento chave para encontrar o tênis, prova incriminatória, determinante da acusação. Após isto, a defesa acaba solicitando a exclusão do tênis como prova – é aí onde o diretor centra a chave do filme e sua mensagem de corrupção da Justiça, ainda que exista plena legalidade – não pela inspeção derivada da simples afirmação da polícia, mas pela detenção equivocada da furgoneta pela central de polícia, e por verificar-se que as multas haviam sido pagas dois meses antes. O Ministério Público informa que, desaparecida essa prova, a acusação não se sustenta e, contrariamente a sua convicção, o Juiz Hadin assevera que se cumpra a lei, absolvendo os acusados. O resto do filme se encaminha na direção de outro dilema interessante mostrado, muito graficamente, na impotente afirmação do citado magistrado «*alguém sequestrou a justiça e a ocultou na lei*» e a não menos preocupante resposta de seu antigo mestre «*nós somos a lei*». Essa análise excederia muito o tema aqui apresentado, ou seja, da situação terrível nesses casos, não por serem criados para um filme alheio, em absoluto, senão em razão de outros, reais, os quais lamentavelmente, frequentemente, excedem sua magnitude. Mesmo aceitando a autonomia do roteirista e do diretor do filme, não cabe acusar de manipuladora a cena na qual o pai da criança assassinada espeta o Juiz dizendo: «*preocupa-lhe muito os direitos desses monstros. E o que sucede com os direitos do meu filho?*», ou aquelas outras que dramatizam a frustração policial e o escândalo da sociedade, quem dificilmente percebe o jogo de equilíbrio de direitos.

Além da autonomia que também tenho me permitido ao usar estes casos, não por fictícios, afastados de uma realidade que desgraçadamente supera a ficção, poder-se-ia acudir a muitos outros exemplos, tão reais quanto significativos. Também, poderíamos simplesmente nos situar na posição de um dos acusados de fatos relacionados com o 11-S, o 11-M ou o 7-J, dos presos de Guantánamo, de seus advogados e dos juízes. Ainda, como não, no lugar de familiares e vítimas desses e de outros casos impossíveis de citar neste momento: os oriundos da luta contra a criminalidade organizada, a violência contra a mulher ou a pederastia, onde as dúvidas, em sua faceta mais dramática, se reproduzem. Frente a este panorama e à ocasionalidade ou reiterada impotência do Estado, se tem suscitado se cabe apelar a uma pretendida «*igualdade de armas*» entre a criminalidade e o Estado que a enfrenta, permitindo aos órgãos estatais utilizar todos os meios que se encontrem ao alcance dos criminosos. Por outro lado, negá-los, pois na medida em que também, em tempos de ameaça flagrante à segurança interna necessitamos de âmbitos de liberdade cidadã, seguros e indisponíveis no momento de sua contraposição e equilíbrio com outros fins, porque, como se tem sustentado: «*uma cultura jurídica se prova a si mesma a partir dos princípios, os quais nunca deixará que sejam lesionados, mesmo quando esta lesão prometa um ganho maior. A estes princípios pertence, por exemplo, a decisão de não torturar suspeitos, mesmo quando este meio seja a forma de salvar a vida de um refém inocente*».[2]

O trabalho que se apresenta não pode e tampouco pretende oferecer uma solução inequívoca a qualquer dos dilemas levantados. Seu objetivo, mais modesto, é contribuir para simplificar, dentro do possível, essa complexidade, através de uma análise da prova ilícita, não tanto indo de um lugar ao outro, como alguns e, precisamente por tal motivo, entendo estar oferecendo uma contribuição enriquecedora à abundante literatura doutrinária existente sobre esta instituição.

O enfoque se orienta, desde o princípio, a partir de múltiplas e variadas perspectivas, tentando marcar e sistematizar uma matéria difícil de reduzir à unidade, cujos caminhos estão frequentemente submetidos às idas e vindas das cambiantes circunstâncias de um mundo conturbado. Tal realidade obriga a um questionamento jurídico conceitualmente amplo e compreensivo, de categorias comumente aceitas, com o intuito de atingir conclusões com pretensão

---

2 HASSEMER, W., 1997: «Límites del Estado de Derecho para el combate contra la criminalidad organizada», em *Revista Ciencias Penales*, 14, ano 12, conforme suas palavras.

de validade geral, substrato inevitável para interessar e ser útil aos leitores de diferentes países e culturas jurídicas, um dos objetivos principais desta obra.

A tal efeito recorreu-se a dois instrumentos: um desenvolvimento geral e comum, suficientemente amplo, de um lado, e um número importante de fontes analisadas, de outra banda. Ao primeiro enfoque corresponde o conjunto de categorias enfrentadas, as quais compreendem desde os diversos fundamentos sobre os quais se assenta a configuração da prova ilícita, seu conceito volátil, as espécies e efeitos dessa prova, assim como o seu tratamento processual. Ao segundo enfoque corresponde a legislação e a doutrina europeias e americanas, selecionadas e analisadas sob diferentes enfoques, em atenção não a intentos de exclusividade, mas para destacar as peculiaridades de cada um dos ordenamentos, em cada aspecto tratado, como, a título de exemplo, as múltiplas teorias sobre a *exclusionary rule*, a jurisprudência dos Tribunais dos EUA, a referência ao regime geral das nulidades na França, ou o conceito da *inutilizzabilità* na Itália. Este país incorporou uma novel e sugestiva categoria.

Em outros ordenamentos jurídicos, como no espanhol, a abordagem e a análise incluem o seu corpo legal, doutrinário e jurisprudencial, nem tanto por ser mais conhecido pela autora, mas pelo oferecimento de uma visão especialmente ilustrativa da instabilidade a que frequentemente se vê submetida a prova ilícita. Por fim, outros ordenamentos jurídicos são incorporados devido à nova regulamentação e em atenção a um tratamento específico da ilicitude probatória, ou justamente o contrário, por acudir à análise tradicional de remessa a remédios processuais conhecidos. Como o leitor comprovará, extrair-se-á alguma lição e, evidentemente, sua análise conjunta oferece uma visão geral, plural, ampla e ilustrativa.[3]

A tarefa proposta não tem deixado de apresentar alguma dificuldade. O elevado número e a complexidade de cada um dos conceitos que acompanham a exposição, desenvolvimento e conclusão da doutrina sobre a prova ilícita (finalidade do processo penal, busca da verdade formal e material, regra de exclusão, teorias da ponderação, da conexão de ilicitude, princípios de legalidade, de lealdade, de proporcionalidade...) aconselham, desde o início, excluir a análise pormenorizada de todas e de cada uma das referidas categorias jurídicas. Idêntico motivo fundamenta a desistência da exposição do tratamento da prova ilícita em todos e em cada um dos países mencionados.

---

[3] Em ocasiões me servirei das respostas a um questionário enviado a vários investigadores por ocasião do Congresso Internacional de Direito Processual, celebrado em Salvador, Bahia, em setembro de 2007. Entre os europeus: Sabine Gless e Jan Wennekers (Alemanha); Frank Verbruggen (Bélgica); Fernando Gascón Inchausti (Espanha); Juliette Lelieur-Fischer (França); Marc Groenhuijsen (Holanda); Paolo Tonini (Itália); e Elena Burgoa e Teresa Beleza (Portugal). Entre os americanos: Rita Mill (Argentina); Antonio Scarance Fernandes (Brasil); Raul Tavolari (Chile); Jairo Parra Quijano (Colômbia); Juan Mendoza Díaz (Cuba); Carlos F. Natarén (México); e Raquel Landeira (Uruguai). A todos meus agradecimentos.

Expor de outra forma acarretaria o risco de enredar e confundir o objetivo concreto desta monografia.

Por isso, e sem renunciar a uma visão clara e sistemática e em ocasiões certamente extensas e profundas de muitas das instituições citadas, se renuncia ao estudo aprofundado de muitos aspectos, considerando-se a existência de numerosas análises doutrinárias, as quais serão referidas nas correspondentes referências bibliográficas.

Priorizou-se a pluralidade e a sistematização de um elenco de perspectivas diferentes para jogar luz ao conjunto e estar em condições de mostrar um aspecto esclarecedor que possa ser útil para futuras investigações. Assim acontece com a aproximação a um conceito de prova ilícita, qualificado, com justiça «*de configuração variável*», como corresponde, de outro modo, aos interesses opostos aos que pretende servir. Esta configuração permite abordar as múltiplas perspectivas desde as quais requer o tema da ilicitude probatória, a partir das que a elevam à máxima categoria, incorporando-a a correspondente Norma Suprema. Analisa-se o contemplado nos respectivos códigos processuais, mesmo com a criação de uma categoria jurídica específica. Também, se aborda o previsto legalmente, especificamente, as regras de exclusão, acompanhadas, ocasionalmente, das formas específicas para flexibilizar a exclusão, isto é, aplicar as teses moderadas. E ajustando um último grau, desde esta perspectiva de tratamento específico, outros ordenamentos, defensores da suficiência do regime já existente sobre as nulidades processuais para una correta configuração e tratamento da prova ilícita.

O estudo das causas e espécies de ilicitude probatória cumpre um duplo objetivo. Por um lado, sistematiza as múltiplas formas que origina ou conforma a ilicitude probatória e, desde tal situação, as diferentes e relevantes perspectivas, como a que aporta o elemento subjetivo, sujeito público ou privado, a quem beneficia a ilicitude. Mais concretamente, se é ao acusado, ou o agente encoberto e provocador, de crescente interesse em uma época de incremento da complexidade investigatória e de persecução penal. De outro lado, porém, a explicação não exaustiva, mas suficiente, propicia uma referência esclarecedora de múltiplas categorias jurídicas integradas ou em íntima conexão com o objeto deste trabalho, como a prova pré-constituída ou a substancialidade correspondente à limitação dos direitos fundamentais na configuração da prova ilícita.

A ineficácia probatória é a pedra angular interpretativa da configuração jurídica geral da prova ilícita. Dita ausência de eficácia se articula desde a nulidade até a mera irregularidade, passando pela anulabilidade. Provoca, ademais, no caso da nulidade, a extensa ou não aos efeitos indiretos ou reflexos. Este último aspecto conduz, corretamente, à análise profunda das diferentes correntes, às quais se recorre para explicar a doutrina conhecida comumente como «*frutos da árvore envenenada*», assim como ao da vasta gama de teses moderadas da extensão da ineficácia implícita na aplicação da citada doutrina, acudindo a diversas considerações. Nestas e incluem a boa-fé de quem comete a ilicitude, o descobrimento inevitável, a obtenção, mediante fonte independente e outras consagradas legalmente em alguns ordenamentos. Tratando-se de um aspecto que tem gerado um enorme número de trabalhos doutrinários e pronunciamentos jurisprudenciais e aproveitando que nesta matéria específica a Espanha tem percorrido praticamente todas as etapas da citada graduação, utiliza-se este ordenamento como paradigma do acontecido em outros lugares.

O tratamento processual é o complemento inevitável e o nexo de união mais claro com a eficácia da prova ilícita. De fato, qualquer abordagem desta última há de compatibilizar-se, necessariamente, com o tratamento processual e vice-versa. Pretendeu-se destacar, na exposição desta matéria, uma circunstância determinante e discutida frequentemente, ou seja, qual é o momento em que deve denunciar-se a ilicitude das fontes ou dos meios probatórios. Poderá ser inicialmente, excluindo inteiramente todo tipo de contaminação, mas encarando inevitavelmente tanto o risco de ignorar outras fontes como o de limitar o direito de defensa ou inclusive o perigo de fraude processual, derivado de sua utilização estratégica em uma fase posterior. Porém, poderá ser após iniciado o processo, em face da natureza jurisdicional do pronunciamento que possa ocasionar a exclusão da fonte ou do meio de prova, a dilação implícita em seu tratamento prévio ou o fato de propiciar o exercício do direito de defesa.

Caso todos os aspectos citados tivessem cumprido as expectativas de uma investigação, seria sobre a prova ilícita. Tenho acreditado, entretanto, que o resultado final enriquer-se-ia notavelmente com a inclusão do que tenho chamado de elementos para o contraste, destacando três deles: em primeiro lugar, a doutrina assentada pelo Tribunal Europeu de Direitos Humanos, marco de referência obrigatória, tanto à incipiente legislação comunitária, a qual também se dedica um item, quanto à doutrina dos diferentes Tribunais nacionais europeus. Em segundo lugar, o Tribunal Interamericano de Direitos Humanos, paradigma idôneo no continente americano que, apesar de carecer de jurisprudência nessa matéria, justifica a citação de algum elemento conexo com a prova ilícita. Finalmente, deixar-se-ia um espaço vago importante, caso não se mencionasse, mesmo que de forma breve, mas relevante, a linha que marca uma das mais recentes decisões da Suprema Corte dos Estados Unidos sobre esta matéria. Esta jurisprudência, apesar de seu enfoque diverso, constitui uma referência contínua e comum de todas as legislações analisadas, além de liderar, na hora de fixar-se a tendência nos países de seu amplo marco de influência.

APRESENTAÇÃO À SEGUNDA EDIÇÃO[1]

Esta segunda edição, após breve transcurso de tempo desde a primeira, apresenta dois tipos de novidades. Em primeiro lugar, para atender a temas merecedores de um tratamento mais pormenorizado, omitidos na primeira edição, para constatar que têm sido remediadas. Em segundo lugar, para atender às várias modificações surgidas nos dois últimos anos, devido à sensibilidade do assunto enfrentado.

Entre eles destacarei, inicialmente, somente três: a inclusão de novos métodos probatórios, conectados majoritariamente com o uso de novas tecnologias investigatórias; o tratamento processual da prova ilícita nos procedimentos espanhóis mais significativos; e a direção que segue a *Exclusionary rule* nos Estados Unidos. A análise dos novos métodos probatórios vem acompanhada de referências a temas de contínua atualidade, como a confissão do imputado ante a polícia, as testemunhas referidas ou o testemunho do coimputado. O tratamento processual da prova ilícita na Lei Processual Criminal Espanhola (Lecrim), como mostra ilustrativa das diversas variantes possíveis, se pormenoriza a partir da previsão no próprio texto normativo ou nas soluções adotadas, em razão de seus defeitos. No que diz respeito à situação atual da *Exclusionary rule* nos Estados Unidos, constitui uma novidade significativa, em face do debate gerado a partir da penúltima decisão, constatando-se um nítido retrocesso em sua aplicação, confirmado depois por uma nova decisão da Suprema Corte norte-americana (a última, por ora). Não é o único debate. Os ordenamentos de alguns países têm sido objeto de reforma e/ou de novas tendências jurisprudenciais, que se compilam nos respectivos parágrafos. Soma-se a isso a atualização das novidades normativas da União Europeia (UE) em matéria de prova, complementadas com as mais recentes decisões do

---

[1] Esta segunda edição tem sido realizada no marco dos Projetos de Investigação: I+D *Las reformas procesales: un análisis comparado de la armonización como convergencia y remisión de los procesos civil y penal.* DER 2010-15919 (subprograma JURI) e Grupo de investigação consolidado: *Cuestiones actuales de Derecho procesal.* 2009/2013 (SGR 762).

Tribunal Europeu de Direitos Humanos (TEDH), atuando como um lugar onde se mesclam elementos e origem variados, servindo como orientação comum para uma configuração legal, harmonizada na Europa. É mantida a ordem da exposição, demonstrada sua eficácia, completada com novos parágrafos, com a recente doutrina e jurisprudência e a extensão a novos países que atuam de forma semelhante.

Fruto também de uma enriquecedora segunda reflexão são as referências às diferentes perspectivas com que se trata a prova ilícita nos dois grandes sistemas que servem de referência comum, o adversarial e o misto. O anglo-americano, centrado na regulamentação dos meios de prova e sua obtenção, sem contemplar *a priori* regras de exclusão, bem como o continental, enfocado mais diretamente sobre os meios de aquisição das fontes de prova, aspecto regulado, especificamente, sob pena de nulidade.

Considerando que na primeira edição era justo agradecer aos autores que tinham compartilhado comigo muita informação sobre seus respectivos países, nesta segunda o agradecimento deve estender-se, em primeiro lugar, às pessoas que leram o livro e me enviaram suas valorosas críticas e, em segundo lugar, aos que, nos dois lados do Atlântico têm colaborado em diferentes congressos, seminários e cursos, ampliando o horizonte de meus conhecimentos e minha capacidade de contrapor. Também aos que, não vou nominá-los para evitar esquecimentos involuntários e porque afortunadamente ocupariam uma enorme lista, a todos que colaboraram ao aperfeiçoamento da obra. Confio em que este renovado esforço não frustre suas expectativas e as de outros possíveis novos leitores.

Barcelona-Girona, março 2011.

PREFÁCIO DO TRADUTOR

Durante a realização de minha tese de doutoramento em Madri, passei a ter contato com diversos doutrinadores espanhóis, mais precisamente os da área de Direito Processual Penal. Também, em razão do tema de investigação escolhido – o consenso no processo penal –, o contato com as obras da Professora Teresa Armenta Deu, mormente com os livros *Criminalidad de Bagatela y Principio de Oportuidad: Alemania y España* e *El Principio Acustorio y Derecho Penal* foram de vital importância na investigação científica. Além disso, tive a honra contar com a Profa. Teresa Armenta Deu na banca que examinou e aprovou, *cum laude*, a minha tese. Posteriormente, por ocasião da realização do Segundo Congresso Internacional de Ciências Criminais, realizado na PUC-RS, em abril de 2011, a Profa. Teresa Armenta Deu foi uma das conferencistas que abrilhantou o evento.

Aceitei o desafio de traduzir o livro *La Prueba Ilícita (um estudio comparado)*, por três motivos. Primeiro, em face da temática acerca da prova ilícita, um assunto sensível e problemático do processo penal. Segundo, em razão da abordagem de direito comparado, necessária à compreensão da abrangência da ilicitude probatória, de seus elementos e efeitos. Terceiro, pela indiscutível qualidade da obra e seriedade com que a autora trata do tema. Ademais, a obra será utilizada na disciplina Sistemas Jurídico-Penais Comparados, obrigatória no Curso de Doutorado em Ciências Criminais da PUC-RS, sob minha responsabilidade. Essencialmente, por tudo isso, a obra será de grande valia à comunidade jurídica brasileira, desde a perspectiva do mundo acadêmico e da práxis forense.

Faz-se mister consignar que algumas fases processuais e alguns atos processuais ou de persecução, não são equivalentes em todos os ordenamentos jurídicos. Não raras vezes, certas denominações, ainda que com idêntica grafia e sonoridade em alguns países, como Espanha e Brasil, não possuem o mesmo conteúdo e nem o mesmo significado. Nesse sentido, no Brasil, a instrução ocorre em juízo, após o oferecimento da acusação (denúncia ou queixa-crime), mas no sistema espanhol, pode referir-se à fase preliminar do processo penal, à investigação (fase intermediária). O *juicio oral*, no sistema espanhol ocorre em juízo, no processo, equivalendo à nossa audiência onde são colhidas as provas, motivo por que se manteve a tradução para fase oral do processo ou juízo oral. No contexto *juicio* também pode se referir a juízo, processo, julgamento e audiência. O verbo *apreciar*, do latim *appretiare*, no livro aparece com dois significados: o mesmo do verbo apreciar em português, mas também em seu sentido figurado de reconhecer. O verbo *estimar* também foi empregado, na obra, em dois sentidos diferentes: julgar procedente (*estimar*, com seu antônimo *desentimar*), mas também no mesmo sentido do nosso idioma. Igualmente, *desconexión de antijuridicidad* (de *anti* e *jurídico*) não foi traduzido como desconexão de antijuridicidade, mas como desconexão de ilicitude, termo mais utilizado na doutrina e na práxis forense brasileiras. O *exhorto europeu de obtención de pruebas* (EEP) foi traduzido como rogatória europeia de obtenção de provas, mantendo-se o termo técnico utilizado no Brasil. O verbo *atender* (do *latim attendere*), no texto original é empregado com vários significados, destacando-se, em especial, o de acolher favoravelmente, aceitar, bem como o de considerar. As decisões dos Tribunais Espanhóis não se denominam de acórdão, mas de sentença, motivo por que aparecem as abreviaturas «S» e «SS», o que motivou a tradução pelo gênero decisão(ões), mas foram mantidas as abreviaturas. Na mesma perspectiva, resolução(ões) foi traduzido por decisão(ões).

Na tradução foram utilizados os seguintes dicionários: *Diccionario de La Lengua Española,* da Real Academia Espanhola (ISBN 942399416-3 e 842399417-1), 21ª edição e *CLAVE – Diccionario de Uso del Español Actual* (ISBN 8434851938). Também foi consultado o site da Real Academia Espanhola (www.rae.es). Utilizou-se o seguinte procedimento metodológico. Partiu-se do conhecimento do sistema jurídico espanhol, após dois anos estudos no Departamento de *Derecho Procesal* da Universidad Complutense de Madrid e residência, por igual período, na capital espanhola, bem como do conhecimento do idioma italiano, em razão de minha origem trentina (*Sacone di Brentonico, Brentonico, Trento*) e dos estudos de pós-doutorado no *Dipartimento di Scienze Giuridiche* da *Università degli Studi di Torino,* com a inestimável ajuda do Prof. Mario Chiavario. Após a leitura da obra, procedeu-se a primeira versão ao idioma português. Num segundo momento, foram analisados os significados dos termos jurídicos e sua colocação na devida fase ou momento processual. Após, buscou-se possíveis significados diversos e contrapostos de outros termos vernaculares e sua adaptação ao contexto jurídico e da própria obra. Depois, realizo-se uma confrontação do texto em português, com o original em espanhol. Numa quarta etapa, corrigiu-se o português, principalmente a ortografia e a pontuação, de modo a tornar o texto mais compreensivo, priorizando-se frases curtas.

Agradeço principalmente à Professora Teresa Armenta Deu pela confiança na tradução e também à Editora Marcial Pons, por publicar a tradução em português.

Porto Alegre, janeiro de 2012

Nereu José Giacomolli

ABREVIATURAS UTILIZADAS

AAVV	–	Vários autores
AE	–	Agente encoberto
CADH	–	Convênio Americano de Direitos Humanos
CE	–	Constituição Espanhola
CEDH	–	Convênio Europeu de Direitos Humanos
CGPJ	–	Conselho Geral do Poder Judiciário
CIDH	–	Corte Interamericana de Direitos Humanos
Cfr.	–	Confrontar
CM	–	Código Modelo
CPP	–	Código de Processo Penal
DOCE	–	Diário Oficial da União Europeia
ECI	–	Equipes Conjuntas de Investigação
EEP	–	Rogatória Europeia de Obtenção de Provas
i.f.	–	*in fine*
LECrim	–	Lei Processual Penal espanhola
LO	–	Lei Orgânica
LOPJ	–	Lei Orgânica do Poder Judiciário
LORPM	–	Lei Orgânica de Responsabilidade Penal de Menores
MP	–	Ministério Público

ss. – seguintes
STC – Decisão do Tribunal Constitucional
StPO – Lei Processual Penal alemã
STS – Decisão do Tribunal Supremo
TC – Tribunal Constitucional
TEDH – Tribunal Europeu de Direitos Humanos
TS – Tribunal Supremo
EU – União Europeia
vs. – *versus*
WvSv. – Código de Processo Penal holandês

SUMÁRIO

APRESENTAÇãO À PRIMEIRA EDIÇãO 5

APRESENTAÇãO À SEGUNDA EDIÇãO 11

PREFÁCIO DO TRADUTOR 13

ABREVIATURAS UTILIZADAS 17

CAPÍTULO I

CONCEITO E CONFIGURAÇãO DA PROVA ILÍCITA 25

1. Pontos de partida para abordar a prova ilícita 25

1.1 Nos países europeus 25

1.1.1 Países continentais 26

1.1.1.1 Princípio de legalidade 26

1.1.1.2 Busca da verdade material 26

1.1.1.3 Tensão e ponderação entre bens essenciais da sociedade 28

1.1.2 Reino Unido: entre a busca da verdade e o modelo adversarial 29

1.2 Nos Estados Unidos: da integridade judicial à restrição dos poderes da autoridade pública e seu efeito de dissuasão. A indenização como remédio 33

2. Prova ilícita, conceito e configuração variável 37

2.1 Inclusão das proibições probatórias nas Constituições 38

2.1.1 Constituição portuguesa 38

2.1.2 Constituição brasileira 39

2.1.3 O Código de Processo Penal colombiano 40

2.1.4 Constituição mexicana ... 41
2.2 Outorga de um regime normativo *ad hoc* ... 44
2.2.1 A *inutilizzabilità* no Código de Processo Penal italiano ... 44
2.2.2 O amplo arbítrio judicial e a ponderação de interesses no Código de Processo Penal holandês ... 48
2.3 A ilicitude probatória na legalidade processual ordinária ... 49
2.3.1 Incorporando regras de exclusão nos Códigos processuais ou nas leis orgânicas ... 49
2.3.1.1 América Central: a incidência do Código Modelo na reforma dos Códigos Processuais Penais da Guatemala, Costa Rica, El Salvador e Nicarágua ... 50
2.3.1.2 O Código de Processo Penal chileno ... 51
2.3.1.3 A aplicação da regra de exclusão na Lei Orgânica espanhola ... 52
2.3.2 As proibições de utilização e a «teoria da ponderação» no ordenamento processual penal alemão ... 55
2.3.3 O Código de Processo Penal uruguaio ... 58
2.4 Ausência de previsão normativa específica de uma regra de exclusão ... 58
2.4.1 A nulidade como remédio processual no Código de Processo Penal francês e o princípio da lealdade ... 59
2.4.2 O Código de Processo Penal Nacional argentino e os Códigos de Processo Penal provinciais ... 62
2.5 Reações pendulares: entre períodos de paz social, teses garantistas, aumento da criminalidade, aparição de novas formas de criminalidade e o terrorismo ... 64

CAPÍTULO II

CAUSAS E ESPÉCIES DE ILICITUDE PROBATÓRIA ... 69
1. Segundo o elemento temporal ... 70
1.1 A prova antecipada e a pré-constituída ... 71
1.2 A incidência da instrução e sua configuração ... 73
1.3 O inquérito policial (*atestado policial*) e seu valor probatório ... 74
2. Segundo o elemento territorial ... 74

2.1 Recepção da prova obtida no exterior 75
2.2 A rogatória europeia de obtenção de provas 75
3. Segundo o elemento subjetivo 76
3.1 Sujeito que comete a ilicitude 76
3.1.1 Sujeito público ou privado 77
3.1.2 Sujeito privado sem conexão com a autoridade investigadora 78
3.1.3 Agente encoberto e agente provocador 79
3.2 Sujeito beneficiado pela ilicitude 82
4. Segundo o elemento normativo: as proibições probatórias 84
4.1 Referentes ao objeto dos distintos meios de prova 84
4.2 Referentes a determinados meios de prova 85
4.2.1 Testemunha referida 86
4.2.2 Testemunho do coacusado 87
4.2.3 Confissão do acusado 88
4.2.4 Novos meios de prova: as gravações audiovisuais, a informação procedente da prova de DNA, a observação das comunicações eletrônicas e a prova eletrônica 90
4.3 Referentes ao caráter das normas vulneradas 94
4.4 A limitação dos direitos fundamentais e sua incidência sobre a prova ilícita 96

CAPÍTULO III

EFICÁCIA DA PROVA ILÍCITA 103
1. Considerações gerais 103
2. Na lei processual penal espanhola 108
3. A nulidade no Código Processual Penal francês e os sistemas português e holandês 111
4. A *inutilizzabilità* como remédio processual específico 113
5. Extensão e/ou limites da proibição de valoração da prova ilícita. Efeitos indiretos. «Doutrina dos frutos da árvore envenenada». Restrições do efeito indireto e teses atenuadoras 115
5.1 Consagração legal dos efeitos reflexos 115
5.2 Linhas jurisprudenciais 116

5.3 As diferentes exceções à regra de exclusão na Espanha 119

5.3.1 Aplicação crescente da doutrina dos frutos da árvore envenenada 120

5.3.2 Primeiras restrições: exceções da descoberta inevitável; da fonte independente; do achado casual; da irregularidade sanada e da boa-fé 120

5.3.3 Nova restrição: a teoria da conexão da ilicitude e a prática da erradicação da eficácia reflexa 121

5.3.4 Críticas à teoria da conexão de ilicitude. Recepção de outras teses atenuadoras frente a determinadas carências 123

5.3.4.1 O efeito da *ilicitude da fonte de conhecimento.* Confissão do imputado 125

5.3.4.2 Ilicitude da confissão não informada 126

5.3.4.3 Conhecimento da ilicitude provável 127

5.3.4.4 Mínima dose psicoativa 127

5.3.5 Situações compatíveis com a teoria da desconexão de ilicitude 128

CAPÍTULO IV

TRATAMENTO PROCESSUAL DA ILICITUDE PROBATÓRIA 129

1. Considerações gerais 129

2. Tratamento prévio à fase processual 132

2.1 Sem previsão legal específica 132

2.2 Com previsão normativa específica 135

2.3 No procedimento federal dos Estados Unidos 136

3. Tratamento no processo 137

3.1 Na fase inicial do processo 137

3.2 Na decisão do processo 138

4. Sujeitos que podem aduzir a ilicitude e órgão competente para declará-la 140

5. Tratamento nos diversos processos da lei processual penal 143

5.1 Na fase investigatória 143

5.2 No processo por delitos graves 144

5.3 No processo abreviado 145

5.4 No processo perante o Tribunal do Júri 145

5.5 Declaração de ilicitude após a decisão. Recursos 146
6. O modelo da lei processual civil 146

CAPÍTULO V

ELEMENTOS PARA SEREM CONFRONTADOS 149
1. A prova ilícita no convênio e o Tribunal Europeu de Direitos Humanos 149
1.1 Convênio Europeu de Direitos Humanos 150
1.2 Tribunal Europeu de Direitos Humanos 151
2. A prova ilícita nas tendências que delimitam as garantias processuais na União Europeia 157
2.1 A Carta Rogatória Europeia de obtenção de provas 158
2.2 O Convênio de Assistência judicial em matéria penal entre Estados Membros da UE 160
2.3 Interceptação das telecomunicações no Convênio de assistência judicial da UE 160
2.4 As equipes conjuntas de investigação penal (breve menção) 162
2.5 A prova ilícita no futuro da harmonização europeia 163
3. A prova ilícita na Corte Interamericana de Direitos Humanos 164
3.1 Convenção Americana sobre Direitos Humanos ou Pacto de São José da Costa Rica 164
3.2 A ausência de jurisprudência da Corte Interamericana de Direitos Humanos sobre a ilicitude probatória 165
4. A prova ilícita na recente jurisprudência dos Estados Unidos 170
4.1 O caso *Hudson c. Michigan* 171
4.2 Posições frente ao caso *Hudson c. Michigan* 173
4.3 Um novo giro: *Herring vs. United States:* restrições na aplicação da *Good Faith Exeption* 174
4.4 Lições possíveis 175
REFLEXÃO FINAL 177
BIBLIOGRAFIA 181
ÍNDICE DE JURISPRUDÊNCIA SISTEMATIZADA POR CAPÍTULOS 193

CAPÍTULO I
CONCEITO E CONFIGURAÇÃO DA PROVA ILÍCITA

1. PONTOS DE PARTIDA PARA ABORDAR A PROVA ILÍCITA

A diversidade de países e sistemas comparados configura um espectro amplo e plural, no qual se percebem diversas perspectivas na hora de enfocar o pressuposto comum da ilicitude probatória. Dessa forma se quer mostrar as diferenças e semelhanças entre uns e outros e, ao mesmo tempo, o âmbito de influências entre todos eles.

O esquema através do qual se agrupa sua exposição segue uma linha que os divide entre aqueles que se incluem na tradição jurídica europeia e os que seguem a tradição jurídica dos Estados Unidos da América, subdividindo-se os primeiros entre os continentais e os anglo-saxões.

Destaca-se, inicialmente, que as perspectivas com que se aborda a prova ilícita nos Estados Unidos da América e nos países continentais e latino-americanos é diversa. A perspectiva anglo-americana centra-se em regular os meios de prova e sua obtenção, sem que existam regras de exclusão *a priori*, enquanto os sistemas continentais focam seus esforços nos meios de obtenção das fontes de prova, aspecto regulamentado especificamente, sob pena de nulidade. Essa não é a única diferença, como veremos a seguir.

1.1 Nos países europeus

Os países europeus se caracterizam, incluindo a Grã-Bretanha, pela conexão da doutrina sobre a ilicitude probatória com a busca da verdade, assim como pelos limites que deve respeitar; seja enfatizando a rigorosa aplicação do princípio da legalidade; e os fins do processo penal ou a tensão existente entre diversos fins essenciais da sociedade, seja pela persecução dos delitos e pela proteção dos direitos individuais. Somente em menor medida, ao menos originalmente, percebe-se uma atenção na direção do componente subjetivo ou, o que é o mesmo, na perspectiva de um efeito ou pedagógico sobre as atuações dos agentes públicos encarregados da obtenção das fontes que servirão à repetida busca.

No *adversaryal system* dos EUA, a doutrina sobre a *exclusionary rule* centra-se em conter os possíveis abusos que possam ocorrer ao direito por parte dos responsáveis públicos na persecução das ações delitivas.

1.1.1 Países continentais

A chave diferencial entre os sistemas continentais e o anglo-saxão é o respeito mais evidente nos primeiros em relação à legalidade, a qual exige que a obtenção da verdade siga os parâmetros de um processo legalmente estabelecido. A partir deste ponto, as configurações mais atuais incidem, especialmente, no difícil equilíbrio a que se submete a conjugação de interesses, tão contrapostos e legitimamente dignos de tutela. Assim, a título de exemplo e atendendo a uma formulação generalista: a proteção e castigo das condutas infratoras e a tutela de interesses individuais, limitando a atividade do Estado, em primeiro caso, e excluindo concretos meios de prova, em segundo.

1.1.1.1 Princípio de legalidade

Nos países de tradição jurídica continental, a prova ilícita figura, em primeiro lugar, como expoente do princípio de legalidade penal, na medida em que ninguém pode ser condenado senão por delito ou contravenção previamente estabelecidos na lei (prévia, escrita e estrita), assim como na pena prevista. Isso sempre que se tenha observado idêntica escrupulosidade na legalidade do procedimento e em flexibilizar a presunção de inocência, através de «*provas legais*».[1]

1.1.1.2 Busca da verdade material

Desde essa perspectiva e atendido o preceito que o direito penal somente se realiza através do processo penal, a busca pela verdade material constitui um dos fins destacados no processo penal, justificando, entre outros aspectos, manifestações de oficialidade na fase investigatória e do processo contraditório, em assuntos relacionados, mais precisamente, com a investigação e com a obtenção de fontes de prova e na prática de meios de prova.[2] Atualmente,

---

[1] Ressalta-se que essa situação não é exclusiva dos países conhecidos como continentais. O Reino Unido se viu submetido a um dilema semelhante, como será exposto a seguir.

[2] A distinção entre fonte e meio de prova oferece singular relevância em diversos aspectos, como veremos, em diferentes sistemas jurídicos. Conceitualmente foi proposta por Carnelutti (*La Prueba Civil*, Buenos Aires, 1955, p. 65 e 70) e, posteriormente, incorporada ao nosso

as exigências de um sistema acusatório, a imparcialidade judicial e o jogo do encargo probatório contribuem para matizar a rotundidade de tal afirmação, desde o momento em que, durante a fase de investigação buscar-se-á elucidar os fatos relevantes à acusação e à defesa, aportando fontes de prova que se incorporem ao processo através dos respectivos meios legais. Em juízo, dita verdade estará circunscrita pela controvérsia fática, pelas provas produzidas e sua valoração, bem como pelas regras da carga da prova.

Contudo, o sistema europeu continental reconhece faculdades ao Juiz, as quais contribuem com as partes na verificação das afirmações de fato, sem comprometimento de sua imparcialidade (*sic*):[3] no processo alemão (§§ 244, 202, 216 e 214, todos da StPO),[4] no CPP francês (arts. 81; 310 e 456 do CPP), no belga (art. 319. A1.3 do CPP), na Lecrim espanhola,[5] e no CPP de Portugal, que faz desaparecer a instrução judicial, mas mantém a busca pela verdade material como um postulado essencial (art. 340, 1, do CPP).[6]

Em posição intermediária, mesmo que mais próxima ao adversarial, ao convertê-lo em seu modelo, está o CPP italiano de 1988, eliminou a repetida busca pela verdade material como uma das finalidades do processo, mantendo, no entanto, a atuação extraordinária do Juiz na matéria probatória, em seu art. 507 do CPP.

Em última análise, desde a perspectiva dos ordenamentos incluídos no que se conhece por *civil law*, ou sistema continental, a ilicitude probatória questiona se, para obter-se uma sentença ao menos tendencialmente mais justa, vale tudo ou, ao contrário, existem limites que não podem ser transpostos, ainda que ao preço de não poder exercer a função jurisdicional e realizar o direito penal.[7] Em outras palavras, a realização do direito penal flexibiliza a

---

acervo jurídico por SENTIS MELENDO, S., 1978: «Fuentes y medios de prueba» em *La prueba*, Ejea, Buenos Aires, p. 144 e ss. Sobre essa distinção foi escrito: «*Fonte é um conceito extrajurídico, metajurídico ou ajurídico, que se refere, forçosamente, a uma realidade anterior ao processo e estranha a este, enquanto meio é um conceito jurídico e, mais especificamente, processual*». SENTIS MELENDO, 1978: «Fuentes y medios de prueba» em *La prueba*, Buenos Aires. A fonte existe independentemente da realização ou não de um julgamento; no entanto, se esse não for realizado, não terá repercussões processuais, ainda que possa ter reflexos materiais. O meio se forma no processo jurídico, em um processo concreto, e sempre produzirá efeitos desta natureza. MONTERO AROCA, J., 1998: *La prueba en el proceso civil*, 2. ed., Madri, Civitas, p. 69 e ss.

3 N.T. (*sic*) posto pelo tradutor.

4 BELING, E., 1943 (*Derecho procesal penal*, trad. Fenech, Buenos Aires, p. 212), e mais recentemente HEINZ GÖSSEL, K., 1991: «La búsqueda de la verdad en el proceso penal. Aspectos jurídicos-constitucionales y políticos-criminales», trad. M. Polaino Navarrete, *Cuadernos de política criminal*, n. 45, p. 673 a 693.

5 Exposição de motivos e arts. 406 e 729 da LECrim.

6 MARQUÊS FERREIRA, 1989: «Meios de prova» em *O novo Código de Processo Penal*, Coimbra, p. 231 e ss.

7 Essa ideia fundamentava, já no início do século passado, uma obra de BELING, E., 1903: *Die Beweisverbote als Grenzen der Wahraeitforschung in Strafprozess*, Breslau.

presunção de inocência, circunstância que exige que a prova tenha chegado com todas as garantias ao processo, que se tenha seguido um *procès equitable* (art. 6 da CEDH), e que se tenham sido respeitadas as garantias do *proceso debido* (art. 8 da CADH), do *fairness process*, ou qualquer que seja a denominação cunhada.

1.1.1.3 Tensão e ponderação entre bens essenciais da sociedade

Por último, mas não menos importante (*last but not least*), a prova ilícita revela a tensão entre a tutela de bens essenciais da sociedade através do processo penal como um meio inevitável de realização do direito penal, assim como a própria liberdade e os direitos dos cidadãos, a quem se imputa a lesão de tais bens essenciais. Poderia afirmar-se, nesse sentido, que o ordenamento, em seu conjunto, se situa na intersecção de dois fatores em tensão: de um lado a tutela dos citados bens essenciais que, justamente por o serem, obtém essa proteção qualificada que representa o direito penal e o processo através do qual este se realiza e que justifica, por sua vez, intromissões singularmente relevantes pelo Estado. E, por outro lado, simultaneamente e tencionando em direção oposta, as limitações (assim admitidas quando afetam os direitos fundamentais) que, devido ao que Bachof denomina sua «*grande pretensão de validade*», reclamam a utilização de critérios singularmente estritos na hora de avaliar as repetidas medidas restritivas, enquanto impõem aos poderes públicos um grande comedimento em seus limites. Chega-se assim à seguinte conclusão: não deve prevalecer o interesse de proteção e de castigo das condutas infratoras se, para isso, lesionam-se injustificada ou desproporcionadamente os direitos (fundamentais ou não somente esses), compreendendo aqui tanto os de conteúdo material (direito à inviolabilidade de domicílio e às comunicações, à integridade física, à liberdade), como os que determinam o caráter justo e equitativo do processo (contraditório, ampla defesa, direito a utilizar os meios de prova pertinentes). Cada um desses grupos de direito atua de forma diferente e sobre objetos diversos. Os primeiros limitam, geralmente, a atuação do Estado na obtenção das fontes de prova, no desenvolvimento da investigação para a obtenção de meios de prova. Os segundos costumam atuar como limitações à admissão ou *atendibilidad* dos concretos meios de prova em relação à regulação legal de seu acesso ao processo.[8] Ambos, desde suas respectivas perspectivas, legitimam o Estado de Direito.[9]

---

[8] Neste último sentido, se fixam limites à indagação e produção de fontes e meios de prova, considerando os direitos e as liberdades públicas. Hernandez García, J., «El juicio oral. La prueba», em AAVV, 2005: *Hacia un nuevo proceso penal, Manuais de Formação Continuada* n. 32, CGPJ, p. 381. Tais limites conformam a sujeição a uma série de regras informadas pelo princípio de proporcionalidade.

[9] Fala-se de uma *faceta negativa dos direitos fundamentais*, relativa ao âmbito de poder do cidadão frente aos poderes públicos, e uma *faceta positiva*, referente às obrigações geradas normativamente pelo Estado, em defesa desses direitos. Cfr. Rubio Llorente, F., «Derechos

1.1.2 Reino Unido: entre a busca da verdade e o modelo adversarial

A configuração adversarial do sistema de persecução penal na Inglaterra e no País de Gales, países aos quais se dedicará uma breve referência introdutória geral, implica que os Tribunais não possuem faculdades de atuação *ex officio*. De fato, a investigação não corresponde à autoridade judicial; não existe uma autêntica fase preliminar, é necessário alguém alheio para acusar; o acusador possui o ônus de provar os fatos que apresenta, assim como a culpa do acusado (presunção da inocência); e, finalmente, o acusado pode incorporar suas próprias provas de defesa e, especialmente, submeter a exame crítico as provas de acusação aportadas pelo acusador.[10] De fato, o modelo adversarial, em se tratando de provas, ao consagrar a aportação de parte, baseia-se, inevitavelmente, na superação do conceito de verdade objetiva e na sua substituição pelo conceito de prova dialética, ou prova como argumento.[11]

Nesse contexto, o exercício da ação penal se considera tarefa da polícia e a discricionariedade em seu exercício é uma exigência de economia de meios. Embora a criação da *Crown Prosecution Service* imponha um certo controle na atividade policial, é certo que após a supressão do Tribunal do Júri em 1937 não existe um verdadeiro trâmite preliminar para controlar e verificar a solidez das provas de acusação.[12] Na opinião de alguns autores, esse fato não é estranho aos muitos casos de flagrante erro na justiça penal e fundamentaria a percepção de que alguns juristas ingleses não demonstram rejeição direta ante a figura do Juiz instrutor francês.[13]

Os direitos do futuro réu, desde a perspectiva da prova, centram-se na presunção de inocência que, na fase anterior ao processo, manifesta-se no direito a permanecer em silêncio, a não declarar contra si mesmo,[14] e no direito a que lhe sejam reveladas as provas de acusação (*disclosure*),[15] subordinando

---

fundamentales, derechos humanos y Estado de derecho», em AAVV, *Fundamentos,* n. 4, *Cuadernos monográficos de teoría del Estado, derecho público e historia constitucional*, Junta Geral do Principado de Astúrias, p. 205 e ss.

10 Walker, R. J., 1985: *The English Legal System*, 6. ed., Londres: Butterworths.

11 Díaz Cabiale, J., 1991: «La admisión y práctica de la prueba en el proceso penal», em *Cuadernos del Consejo General del Poder Judicial*, p. 321.

12 V. Díez-Picazo Giménez, L. M., *El poder de acusar*, cit., p. 52 e ss.

13 Robertson, G., 1993: *Freedom, the Individual and the Law.* 7. ed. Londres: Penguin, p. 44 e ss. e 362 e ss., citado por Díez-Picazo, L. M., *ob. cit.*, p. 56.

14 Direitos incorporados também pelo TEDH à presunção de inocência e ao art. 6.º do CEDH (*Murray vs. UK* (1966) 22 EHRR 29.

15 Esse direito foi analisado pelo TEDH em *Jespers vs. Bélgica* e se exercita, em última instância, no julgamento, podendo diferenciar-se, previamente, entre países em que se reconhece o direito ao conhecimento durante a investigação (como na Espanha) de outros, onde tal informação somente é transmitida uma vez terminada a audiência preliminar e formulada a acusação. Cfr. *Study of the Laws of Evidence in Criminal Proceedings throughout the UE*, International Department of the Law Society of England and Wales, cit., p. 11 e ss.

na Inglaterra e em Gales o arbítrio da própria polícia, para não prejudicar a acusação.[16]

As regras de exclusão são consideradas como pertencentes ao regime adversarial, ao garantir a concentração e a eficácia da audiência de julgamento, na qual as fontes de prova diretas e pessoais podem ser questionadas e avaliadas em público.[17] Contudo, essa interconexão positiva não é unânime, à medida que a fixação da verdade formal e a negociação (*plea*) entendem-se inerentes ao sistema acusatório nos Estados Unidos da América, por exemplo, e a *exclusionary rule* constitui um obstáculo à citada fixação.[18]

Entretanto, não se deve esquecer que, tradicionalmente, a discricionariedade da *common law* para excluir a prova se tem utilizado excepcionalmente, bem como para eliminar provas confiáveis, no interesse de um julgamento justo.[19]

Na Inglaterra existem três tipos de provas que poderiam ser excluídas: *hearsay* (testemunho referido), a prova sobre o «*mau caráter*» (*bad character*) e a prova ilegal.[20] Originalmente, a regra de exclusão não cumpria funções de proteção aos direitos do acusado na investigação. Após a importação das teses americanas (*caso Mapp vs. Ohio*),[21] iniciou-se uma nova tendência para reestruturar a fase de investigação, a qual reconheceu uma série de direitos processuais, semelhantes ao modelo americano da época do «*Tribunal Warren*».[22] Desde então, como no resto dos países, sucessivos pronunciamentos jurisprudenciais e tendências legislativas, intimamente conectadas a específicas situações políticas e sociais, têm acarretado um inegável «*aperta e*

---

16 Criminal Procedure and Investigations Act, 1996.

17 Tampouco cabe defender que as regras de exclusão contribuem à «*acusatoriedade*» do sistema. Operam independentemente. A existência de regras de exclusão é perfeitamente coerente em um sistema misto e em um acusatório «*puro*», e mais, ao equiparar-se esse com *adversarial*, a aproximação deste último à verdade formal apresenta sérios obstáculos à vigência da regra de exclusão. Negam também a equiparação Aguilera Morales, M., 2008: «Regla de exclusión y acusatorio», em AAVV. *Proceso penal y sistemas acusatorios*, Marcial Pons.

18 Vogler, R., 2008: «Ultimas tendencias probatorias en Inglaterra» em AAVV, *Prueba y proceso penal*, Tirant lo Blanc (tratados), p. 404.

19 Ormerod, D. & Birch D., 2004: «The evolution of the Discretion Exclusion of Evidence», em *Criminal Law Review*, p. 767 a 788.

20 A regra de exclusão do *hearsay* garante a presença das testemunhas na audiência pública para a confrontação e o interrogatório. A regra de exclusão da prova sobre o mau caráter impede que se foque nos antecedentes do acusado para utilizar delitos similares como elemento incriminatório. Cfr. Planchadel Gargallo, A., «La regla de exclusión de la prueba sobre el mal carácter en el proceso penal inglés», em AAVV..., nota 13, p. 233 e ss.

21 Como ressalta claramente Ashworth, A., 1977: «Excluding Evidence as Protecting Rights», em *Criminal Law Review*, p. 723 a 735.

22 Vogler, R., 2005: *A World View of Criminal Justice*, Ashgate: Aldershot, p. 151 a 154. Citado pelo próprio Vogler, n. 13, p. 411.

afrouxa» entre os interesses objetivos da investigação e a proteção dos direitos individuais.[23]

A jurisprudência inglesa preferiu não se intrometer na eficácia saneadora que sua doutrina possa ter sobre a prática judicial, atendendo prioritariamente à confiabilidade da prova, e chegando a convalidar atuações irregulares por uma questão de boa fé dos policiais atuantes, sinal inequívoco da admissão do *detterrent efect* como fundamento da exclusão.[24]

A perspectiva garantista parece ter ganhado espaço com a *Police and Criminal Evidence Act* (PACE) em 1978[25] e com a inclusão do art. 78 neste mesmo documento.[26] A aplicação jurisprudencial desse preceito resume-se da seguinte maneira:

a) o poder de exclusão da prova não deve ser utilizado para corrigir disciplinarmente a polícia; as atuações irregulares que careçam de verdadeira transcendência processual não justificam aquela exclusão, ainda que o policial que tenha incorrido nelas possa ser alvo de correção disciplinar;

b) o simples fato de quebrar os Códigos de Atuação (*Codes of Practice*) não significa, por si só, rejeição da prova (*R. vs. Delanay* (1988) 88 Cr. App. R. 338).[27]

Ao invés,

c) os descumprimentos significativos e substanciais pesarão muito a favor da exclusão (R.v. Keenan (1989) 3 All ER 598).

Contudo,

---

23 Em 1980, em *R. vs. Sang*, concluiu-se que o sistema *common law* não outorga nenhum poder para excluir determinados meios de prova, mesmo que tenham sido obtidos ilegalmente. V. ORMEROD, D. & BIRCH, D., 2004: «The Evolution of the Discretionary Exclusion of Evidence», em *Criminal Law Review*, p. 767 a 788.

24 *R. vs. Mason*, 1987, 3All E.R., 481 (confissão depois que a polícia afirmou, falsamente, dispor de impressões digitais comprometedoras); *R. vs. Delanay*, 1988, e *R. vs. Trump*, 1979, 70 Cr. App. Rep. 300 (C.A.) (comprovação alcoométrica de ar inspirado, obtida mediante intimação).

25 Estabeleceu um regime estatutário completo à fase de investigação: requisitos para gravar todo o ocorrido nas diversas etapas; informação dos direitos dos acusados em várias ocasiões; garantia da representação legal. Não se incluiu, no entanto, a disposição em virtude da qual se excluíram, inadmitindo as medidas obtidas através da vulneração à PACE (VOGLER, n. 13, p. 412).

26 Em virtude da qual: em todos os processos o Tribunal pode não admitir a prova sobre a qual o Ministério Público queira sustentar seu caso, se entende o Tribunal que, em relação a todas as circunstâncias, incluindo aquelas em que a prova foi obtida, a admissibilidade da prova produziria efeitos contrários à equidade processual, que o Tribunal não poderá admiti-la. Sobre a derivação aplicativa dessa regra, aproximadamente, v. VOGLER.

27 *R. vs. Guillard and Barret* (1990), 92, Cr. App. R. 61.

d) a presença ou ausência de boa-fé é somente um fator a mais a ser considerado pelo qual a atuação bem intencionada dos funcionários que obtiveram a fonte de prova irregularmente poderia aconselhar, em certas circunstâncias, a manutenção do uso processual da prova (*Daniels vs. DPP* (1991) 156 JPR, 543);

e) a prova obtida ilegitimamente fora das fronteiras que determinam a competência territorial do Tribunal local pode ser excluída aplicando o art. 78 (*R. vs. Governo of Pentonville Prison, ex p. Chinoy* (1992) 1 All ER 317).

Finalmente,

f) a jurisprudência inglesa adverte energicamente que nada que absolva um culpado real pode ter relevância (*Powell vs. DPP* (1992) RTR 270).

Sintetizando, poderia afirmar-se que a Inglaterra, como o resto dos países continentais europeus, moveu-se entre os extremos representados por defender a busca da verdade (Bentham e seus seguidores) em um extremo e, no outro, aqueles que excluem um amplo número de casos de tal busca, por afastar-se ou contrariar o modelo adversarial.[28] No entanto, é preciso lembrar que a exclusão de provas irregularmente admitidas é pouco frequente na prática.[29]

Atualmente, as sucessivas etapas partem da citada promulgação da *Police and Criminal Evidence Act (PACE)* em 1984, do HRA em 1988, de condenações sucessivas da Inglaterra pelo TEDH em casos de provas obtidas através de vigilância secreta que violava o art. 8.º DEDH,[30] da citada publicação da *Criminal Justice Act* (CJA) de 2003, sem que se possa afirmar que tenha desaparecido, muito antes pelo contrário, a tensão entre ambas as tendências. Com o passar do tempo e com a recepção da Convenção Europeia de Direitos Humanos foi-se reforçando a regra de exclusão, de forma que a *Criminal Justice Act (CJA)* de 2003 propôs o limite derivado do *fair trail* em relação às provas referidas ao estilo de vida e à moral do acusado, conhecidas como *bad character.*[31]

---

[28] Spencer e Lord Justice Auld, entre os primeiros; e Blacstone, que representa o posicionamento defensor da exclusão e seus principais seguidores: Tapper e Birch. Em diferentes momentos, desde o século XVIII, protegeu-se o acusado contra a tortura, impedindo que esta fosse considerada uma fonte de prova. Em 1989 a Inglaterra foi o último país do sistema *common law* a abandonar tal proteção, restabelecendo-a somente em 1984.

[29] Keane, A., 1989: *The modern law of evidence*, Londres: Butterworths, p. 39.

[30] Casos *Khan vs. Reino Unido* (35394/97. 2001) e *PG vs. Reino Unido* (44787/98. 2002).

[31] A admissão encontra-se submetida a determinados requisitos, como o acordo das partes ou a relevância probatória, mas evidencia, em todo caso, a aplicação de uma ponderação desde o ponto de vista do justo processo penal. V. Conti, C., *Accertamento del fatto...* cit., p. 363 e nota 79. Na literatura inglesa: Sharpe, S., 1997: *Judicial Discretion and Criminal Investigation*, Londres, p. 81 a 85; e Zuckerman, AA. S., 1987: «Illegally-Obtained Evidence – Discretion as a Guadian of Legitimacy», em *CLP*, p. 55.

Contudo, ainda hoje se denuncia a «*chocante anomalia*» implícita em que os Tribunais possam pôr fim ao processo de abusos ocasionados pela má conduta policial, enquanto que se o processo continuasse, a prova obtida ilegalmente não poderia ser excluída, em consideração a eventos semelhantes.[32]

1.2 Nos Estados Unidos: da integridade judicial à restrição dos poderes da autoridade pública e seu efeito de dissuasão. A indenização como remédio

A lei conhecida como *Exclusionary rule* é enfrentada desde um ponto de vista bem diferente dos demais sistemas continentais e atende, com menos prioridade, a outros objetivos, circunstância que não parece ser obstáculo para constituir um dos sistemas de referência obrigatória na doutrina e na jurisprudência para a maioria, para não dizer a totalidade, dos países.

O fundamento inicial é constitucional, de tutela dos direitos contidos em diversas Emendas. Por exemplo: a Quarta (direito a não sofrer buscas e apreensões indevidas); a Quinta (direito a não declarar contra si mesmo); a Sexta (direito a ser assistido por um advogado) e a Décima Quarta (direito ao devido processo legal). No entanto, a proteção de tais direitos constitui-se mais em restrições à autoridade dos agentes públicos sobre os cidadãos do que em direitos individuais (*deterrent efect*).[33]

Entretanto, esse não é o único argumento. Originariamente apelou-se à necessidade de preservar a «*integridade judicial*»[34] e, posteriormente a outros, como a «"confiabilidade" (*reliability*) da prova»,[35] ou «remediar um erro» frente a alguém.[36] É a necessidade de preservar a integridade judicial, a base argumentativa do *deterrent effect*. Devem-se excluir as fontes obtidas ilicitamente para dissuadir a força da ordem de futuras violações, pois de outra

---

32 VOGLER, *apud* NASH S. e CHOO, A., 1999: «What's the Matter with Section 78», em *Criminal Law Review*, p. 936.

33 GÓMEZ-JARA, C., «Nuevas Tendencias en materia de prueba ilícita. El caso de Estados Unidos», relato apresentado ao XIII Congresso Internacional de Direito Processual. Esse autor ressalta que não é casualidade que se tenha considerado um direito constitucional pessoal, mas sim um remédio jurídico criado para dissuadir vulnerações constitucionais (v. *United States vs. Leon* 468 U.S. 897, 906 (1984)).

34 Caso *Elkins vs. United States* (1960), 364 U.S 206. V. J. W. STRONG (gen. ed.), McCormick on Evidence, cit., 287. Como o Juiz Brandei apontou: *Crime is contagious. If the government becomes a lawbreaker, it breeds contempt for law*, Olmstead c. Unite States, 277 U.S., 438, 485 (1928).

35 D. H. OAKS, 1970: «Studying the Exclusionary Rule in Search and Seizure» em University *of Chicago Law Rev*, 37: 666.

36 Caso *Linkletter vs. Walzer* (1965), 381 U.S. 618, 637. W.R. La FAVE, J. H. ISRAEL, N. J. KING, *Criminal procedure* 3. ed., St. Paul, Minnesota, 200, 523.

maneira o Estado, através dos juízes, descumpriria o direito, equiparando-se ao delinquente a quem julga.[37]

Não obstante, é preciso constar duas circunstâncias diferentes que acompanharam a *Exclusionary Rule* desde sua origem. O debate sobre o custo social e jurídico que comporta, sua eficácia e a existência de outros recursos para tal, aspectos sobre os quais se tratará mais detidamente no capítulo V, e outras questões sócio-políticas, sem cuja referência resulta difícil apreender o verdadeiro significado da mesma. De fato, desde a sua origem, a regra de exclusão foi ligada a outras questões que explicam os debates surgidos na linha de suas diversas configurações: o ativismo judicial (*activismo judicial*), a discussão sobre o federalismo nos EUA, bem como a inevitável chave interpretativa que constituem as peculiaridades processuais do sistema jurídico-estatal e a história constitucional da incorporação às regulações jurídicas dos diversos Estados federados das previsões contidas na Constituição Federal, o chamado *incorporation debate.*[38] Finalmente, não devem ser esquecidas as variáveis circunstanciais sociais, políticas e judiciais, não somente por sua estreita relação com aumentos da delinquência, mas também pelas mudanças na Corte Suprema, desde a «*época de Warren*» até a «*época de Roberts*».[39]

Em uma breve nota histórica, enquanto as antigas colônias de Ultramar importaram o princípio de Direito Comum *male captum, bene retentum*, a primeira metade do século XX foi marcada pela polêmica entre Cardozo e Holmes. Benjamín Natham Cardozo defendeu a posição tradicional a partir da qual, quando se demonstra a autoria de um delito mediante uma prova obtida ilegitimamente, devem castigar-se ambos os ilícitos. Isto é, tanto o crime descoberto, quanto a obtenção da prova. De outra forma, um delinquente poderia ficar livre por erro policial[40] (*The people vs. Defoe*, 242 N.Y. 413 (1926)). Naquela época somente a doutrina Weeks abria uma brecha à

---

[37] «*Nothing can destroy a government more quickly than its failure to observe its own laws, or worse, its disregards of the charter of its own existence (...) If the Government becomes a lawbreaker, it breeds contempt for law; it invites every man to become a law unto himself* (Elkins, 364 US. At 222)». Allen, Stuntz, Hoffmann, Livingston, *Comprehensive criminal procedure*, Aspen Law & Business, ISBN 0-7355-1959-5, p. 330.

[38] Gómez-Jara, Carlos, *ob. cit.* Tal circunstância explica a desastrada e diferente aplicação no tempo e espaço (âmbito federal e diferentes Estados). E, paralelamente, que seu conteúdo se veja reduzido a um elemento acessório das discussões sobre a relação legislação/jurisprudência por um lado, e o citado «*incorporation debate*» por outro.

[39] A primeira como máxima expressão das *Miranda warnings* e a mais recente do Juiz Roberts, caracterizada por restringir notadamente os casos de exclusão e iniciando a expansão das doutrinas do *balancing test*, e a *good faith exeption*. Sobre o particular cfr. Bandes, S. A., 2009: «The Roberts Court and the future of the Exclusionary Rule» em *American Constitution Society for Law and Policy*, abril de 2009, p. 1 a 9.

[40] Zuckermann, A.A.S., 1989: *The principle of criminal evidence*. Oxford: Clarendon Law Series, p. 351.

exclusão, cuja relevância permanece até hoje.[41] O caso *Olmstead vs. EUA* (1929) foi resolvido com quatro votos divergentes, recordando a doutrina estabelecida no caso *Weeks vs. EUA* (1914). Frente à opinião majoritária de juízes que não reconheciam que a prova de acusação obtida através de uma interceptação telefônica sem ordem judicial violava a IV Emenda, o Juiz Holmes sustentou a posição destacada na introdução deste trabalho.

Após a solução do caso *Wolf vs. Colorado* (1949), a perspectiva do mal menor se impôs em *Mapp vs. Ohio* em 1961, declarando aplicável a doutrina às jurisdições estatais, por invocação do direito ao *procedural due process of Law* (Emenda XIV). A conhecida por «*era Warren*» aplicou o *balancing approach* consistente em ponderar o peso dos interesses em jogo a partir das Emendas IV, V, VI e XIV. Desde a assunção à presidência do Tribunal Supremo do Juiz Warren Burger, iniciou-se outra tendência, a qual marcaria o Juiz Renquist.[42] Em concordância com o *Law and Order*, na sentença *Stone vs. Powell* (1976), advertia-se sobre a impossibilidade de fechar os olhos aos custos sociais da regra de exclusão obrigatória em casos de impunidade de criminosos notórios por infrações policiais leves.[43] A partir de então, recorre-se às diversas teses moderadoras das *exclusionary rules*, reforçando o fundamento do *deterrent effect* e a frequente aplicação da *good faith exception*, substituindo a inexistência de um mandado constitucional inexistente.

Voltando ao conceito de ilicitude probatória nos EUA, cabe afirmar que a regra de exclusão é uma norma jurisprudencial. Segundo esta, os materiais probatórios (*Evidence*) obtidos pela polícia mediante ações de investigação criminal que vulnerem direitos processuais constitucionais reconhecidos pelas Emendas Quarta, Quinta, Sexta e Décima Quarta da Constituição Federal, não poderão ser aportadas e nem valoradas pelo Juiz na fase decisória dos processos penais federais ou estatais, para fins da determinação ou prova (*Proof*) da culpa ou inocência do réu, cujos direitos foram violados.

---

41 232 U.S. 391. O caso versava sobre as fontes probatórias obtidas através de uma persecução ilegal (cartas privadas). O acusado, que havia solicitado inutilmente a sua restituição e ineficiência, viu reconhecida sua petição quando o Tribunal entendeu que a proteção outorgada pela Quarta Emenda, onde se declara o direito dos cidadãos a não serem submetidos a sequestros e investigações ilegais, perdia o significado. Recorre-se a esse precedente na hora de citar a tutela do cidadão frente a pesquisas ilegítimas e obtenção de fontes probatórias *contra si,* Cfr. STRONG, J. W. (gen. Ed.), 1992: *McCormick on Evidence*, 4. ed., St. Paul, Minnesota, p. 285.

42 GARRO, A-.M., 1992: «Algunas reflexiones sobre la Corte Suprema de los Estados Unidos en su actual composición y el rol institucional de la Corte» em *Revista de Derecho Constitucional*, n. 35, maio-ago. 1992, p. 85 e ss.

43 Entre esses, os economistas denunciados pelos *econometricians*, os quais acusavam o *due process* de lento e com um custo inaceitável de determinadas absolvições, por aspectos meramente formais ou processuais, fazendo com que reconhecidos culpados não fossem castigados. EASTERBROOK, F. H., 1982: «Criminal procedure as a market system», *Journal of Legal Studies*, 12, p. 297 e ss.; BECKER, G. S., 1968: «Crime and Punishment: An Economic Approach», em *Journal of Political Economy*, 76, p. 169 e ss.

Note-se a vinculação necessária com a infração de um direito processual constitucional, como o direito a não sofrer busca e apreensão indevidas, o direito a não produzir provas contra si, o direito a um advogado e o direito ao devido processo legal.[44] A partir desta perspectiva, os direitos contidos nas repetidas Emendas podem ser considerados normas processuais de obtenção de prova ou normas constitucionais em cuja hipótese estariam compreendidas, entre as protegidas, mediante a regra de exclusão.[45] Foi a partir dessa configuração original que os Tribunais estatais desenvolveram regras de exclusão aplicáveis em casos de violação de normas de caráter infraconstitucional, indo além do que a Suprema Corte Federal foi.[46] Essas regras de exclusão foram denominadas regras de exclusão não-constitucionais (*Nonconstitutional exclusionary rules*).[47]

Assim, podemos afirmar que a regra de exclusão busca prioritariamente colocar limites à busca de elementos incriminatórios, preservando determinados direitos constitucionais contemplados em diferentes Emendas da Constituição dos EUA e, com isso, a integridade judicial. Esse objetivo é o posto em questão e, com ele, o conhecido por *deterrent effect*.

Tanto é assim que a atual queda na repetida regra de exclusão apresenta um ponto de inflexão na sentença *Hudson vs. Michigan*, ao realçar em seus próprios termos: «*não se pode assumir que a exclusão em um contexto atual oferece efeitos dissuasórios necessários, simplesmente porque faz muito tempo que consideramos que era um efeito dissuasório necessário* (...),» e conclui posteriormente: «*pelo que sabemos, a responsabilidade civil – derivada do*

---

44 Respeitadas as diferenças entre o significado desse conceito em nossa tradição jurídica e na dos EUA.

45 Assim seria ao considerar que os direitos a não sofrer busca e apreensão indevida, ou o direito a não se autoincriminar etc., constituem esse tipo de normas. Igualmente deve advertir-se que a Décima Quarta Emenda – direito ao devido processo – pode ser interpretada de forma a aglutinar todo tipo de normativa processual – tanto de obtenção como de valoração de prova. Na realidade, tal Emenda foi utilizada, em certas ocasiões, como um *cajón de sastre*, isto é, um conjunto de coisas desordenadas, para tratar os casos mais gritantes de obtenção de provas ilícitas. Isso se percebe de maneira especialmente evidente a partir do conhecido caso *Rochin* [*Rochin vs. California*, 342 U.S. 165 (1952)]. Cfr. o excelente artigo de Kadish, 1957: «Methodology and criteria in due process adjudication – A Survey and Critism», em *Yale L. J.* 66, p. 328 e ss. No entanto, é preciso reconhecer que se aplica, em raras ocasiões, já que seu fundamento são atuações suficientemente graves, como para «*sacudir a consciência*» (v. por todos Dressler, 1997: *Understanding criminal procedure*, 2. ed., p. 322).

46 V. Abrahamson, 1985: «Criminal Law and state constitutions: The emergence of state constitutional law», em *Tex. L. Rev.* 63, p. 1180 e ss.; Brennan, 1977: «State Constitutions and the protection of individual rights», em: *Harv. L. Rev.* 90, p. 489 ss.; Collins & Skover, 1988: «The Future of liberal legal scholarship», em *Mich. L. Rev.* 87, p. 217, apontando 450 sentenças estatais que declararam novos direitos individuais «*estatais*» não reconhecidos pela Constituição federal.

47 Sobre essas regras v., por todos, com abundantes referências, Dix, 1989: «Non constitutional exclusionary rules in criminal procedure», em *Am. Crim. L. Rev.*, 27, p. 53 e ss.

42 U.S.C. § 1983, referente aos oficiais de polícia pela violação de direitos constitucionais – oferece uma dissuasão efetiva neste âmbito, igualmente como temos assumido em outros âmbitos». Desconsiderado esse fundamento, a necessidade da regra de exclusão desaparece, parecendo que a tendência é substituí-la por remédios civis ou disciplinares adequados.[48]

Tal tendência restritiva se mantém no posterior caso *Herring vs. United States*, sentença de morte da *Exclusionary rule*, está sendo objeto de importantes críticas, alertando sobre o perigo de converter a Quarta Emenda em «*papel sem valor*» ao negar o demonstrado efeito persuasivo sobre as atuações policiais e provocar, consequentemente, um duplo prejuízo: deixar sem proteção os direitos consagrados na citada Emenda e abrir uma via indenizatória sobre a qual não se constatou sua eficácia e, o que é pior, podem gerar uma consequência oposta à desejada nas atuações investigadoras da polícia.[49]

2. PROVA ILÍCITA, CONCEITO E CONFIGURAÇÃO VARIÁVEL

Como se comprovará mais adiante, ao tratar dos tipos de prova ilícita, essa pode ter diferentes causas: ser prova expressa e legalmente proibida; ser irregular ou se tornar defeituosa, imputando-lhe proibição em vista de seu objeto (proibição de prestar testemunho para aqueles que estão obrigados a guardar segredo); utilizar determinados métodos de investigação (torturas, coações ou ameaças); referir-se a determinados meios de prova (testemunho entre parentes, testemunhos de referência); violar direitos fundamentais; ser irregular ou se tornar defeituosa. Também pode produzir-se em diferentes momentos (antes ou no processo); operar em benefício do causador da ilicitude ou de um terceiro, ou, finalmente, consistir em atuações de diferentes sujeitos (acusadores ou acusados).

Essa diversidade de perspectivas, junto às inegáveis conotações sóciopolíticas que acompanharam suas diferentes configurações, explica que o conceito de prova ilícita não seja unívoco, servindo para incorporar patologias jurídicas, em ocasiões bastante diversas. A isto contribui, por outro lado, a ausência frequente de um regime legal, ou que esse se encontre diluído em normas específicas e de conteúdo nem sempre equiparável.

---

48 126 S. Ct. 2159 (2006).

49 *Herring c. United States*, 129 S. Ct 695 (2009). Cfr. ALSCHULER, A. W., «Herring v. Unites States: A Minnow or a Shark?», em *Ohio State Jorunal*, 463, 7, p. 463-513, mais especificamente, p. 507 512 e nota 230. Com igual sentido, BRADLEY, C., «Red Herring or the Death of the Exclusionary Rule?, *Trial*, 52, abril de 2009. LA FAVE, W., 2009: «The smell of Herring: A critique of the Suprme Court's latest assault of the Exclusionary Rule» 99, *J. Crim. L & Criminology* 757, e HENNING, A. C., *Hening v. US, Extension of the Good-Faith Exception to the Exclusionary Rule in Fourth Amendment Cases,* Congressional Research Service, CRS Report for Congress, fevereiro de 2009.

De fato, aqueles países cujos códigos processuais foram reformados nas últimas décadas dedicaram um tratamento processual específico à prova ilícita, quer especificamente, quer incorporando a regra de exclusão. Os Códigos processuais não modificados atendem ao tratamento processual da nulidade.

A exposição foi sistematizada de acordo com a graduação denotada nos diferentes ordenamentos, desde sua ascensão e inclusão na Constituição. Considerou-se a criação e/ou regulação normativa de uma categoria jurídica *ad hoc*, a existência de um regime legal processual de fato incorporando a regra de exclusão em textos processuais ou orgânicos, bem como se recorreu às proibições de utilização e à categoria geral das nulidades processuais.

2.1 Inclusão das proibições probatórias nas Constituições

Provavelmente em busca de uma tutela reforçada, diversos países incluíram as referências à prova ilícita na Carta Magna. Esse mecanismo, que serviu para converter os direitos humanos em direitos fundamentais, permite aplicar suas linhas inspiradoras e, inclusive, ir mais além do que a legislação ordinária, quando esta se mostrar insuficiente.

2.1.1 Constituição portuguesa

Em Portugal a «*prova ilícita*» (obtida por meios ilícitos) enquadra-se na categoria de «*prova proibida*», sem compreender, contudo, a prova obtida violando as formalidades requeridas.

A Constituição portuguesa de 1976 constituiu um sistema normativo próprio com relação às «*proibições probatórias*», ao prescrever em seu art. 32: «*a nulidade de todas as provas obtidas mediante tortura, coação, ofensa à integridade física ou moral da pessoa, intromissão abusiva na vida privada, no domicílio ou na correspondência ou telecomunicações*».[50] Percepção que parece endossada pelo art. 118. 3 do CPP, que em caso de nulidades processuais, dispõe: «*as disposições do presente título não prejudicam as normas do código referentes às proibições de prova*».

Na Lei processual o mandato constitucional se reproduz de maneira quase idêntica no art. 126, 1. 3.º, do CPP, em que: «*salvaguardados os casos previstos em lei, são igualmente nulas as provas obtidas mediante intromissão à vida privada, ao domicílio, à correspondência ou às comunicações sem o consentimento do respectivo titular*».[51]

---

[50] Costa Andrade, M., 1992: *Sobre as proibições de prova em processo penal,* Coimbra, p. 192.

[51] São nulas e não podem ser utilizadas as provas obtidas mediante tortura, coação ou, no geral, ofensa à integridade física ou moral das pessoas, e as provas obtidas, mesmo com o consentimento da pessoa, mediante: a) perturbação do livre arbítrio através de maus tratos, ofensas

Cabe definir a «*prova proibida*» como a prova obtida infringindo normas ou princípios reconhecidos pela Constituição para a proteção dos direitos da personalidade em qualquer de suas manifestações, como o direito à intimidade ou à inviolabilidade das comunicações.[52]

Desse modo, a proteção dos direitos fundamentais e a dignidade da pessoa tornam-se obstáculos intransponíveis frente à busca da verdade material, de forma que a ilicitude probatória se reduz às situações de violação dos direitos fundamentais, sem prejuízo de que um rompimento brando possa constituir um caso de nulidade ou de anulabilidade.[53]

2.1.2 Constituição brasileira

No ordenamento brasileiro, a inadmissibilidade processual de provas obtidas por meios ilícitos advém, diretamente, da Constituição.[54]

O art. 5.º, LVI, da Constituição Federal, veda expressamente a admissão de provas obtidas ilicitamente. Esse mandado consta no art. 157 do CPP, determinando a inadmissibilidade e a consequente exclusão da prova ilícita.[55]

Antes da promulgação da Constituição Federal de 1988, a jurisprudência estava dividida sobre a admissibilidade das provas ilícitas.[56] O citado art. 157 do CPP põe fim às discussões existentes, ao abordar tanto a inadmissibilidade de provas obtidas através da violação de direitos fundamentais, quanto à inadmissibilidade das provas derivadas, com duas ressalvas, às quais farei referência depois.

---

corporais, administração de meios de qualquer natureza, hipnose ou utilização de meios cruéis ou enganosos; b) perturbação da memória ou capacidade de decisão; c) ameaça com medida legalmente inadmissível; ou e) promessa de recompensa legalmente inadmissível.

52 Beleza, T. e Burgoa, E., «Ponencia nacional portuguesa» para o XII Congresso da Associação Internacional de Direito Processual, inédita. Essas autoras apelam à jurisprudência referida aos ditos preceitos, e entre ela: Decisão do Tribunal de Relação de Guimarães, de 10 de janeiro de 2005 (www.dgsi.pt) ou a decisão n. 192/01, do Tribunal Constitucional (www.tribunal.constitucional.pt).

53 Contudo, alguns autores admitem circunstâncias excepcionais que excluiriam a aplicação da doutrina da prova ilícita, quando o uso de determinados métodos represente o único meio de localizar ou evitar um dano maior, como um atentado ou um massacre, ou quando o acusado utiliza-se da prova ilícita para provar a sua inocência. Cfr. Costa Andrade, M., *ob. cit.*, p. 45.

54 «*Art. 5.º Constituição Federal: todos são iguais perante a lei, sem distinção de qualquer natureza, garantindo-se aos brasileiros e aos estrangeiros residentes no país a inviolabilidade do direito à vida, à liberdade, à igualdade, à segurança e à propriedade, nos termos seguintes: (...) LVI – São inadmissíveis, no processo, as provas obtidas por meios ilícitos.*»

55 Lei 11.690, de 09 de junho de 2008, que modifica, entre outros, o citado art. 157 do CPP.

56 Scarance, em sua declaração nacional sobre o Brasil (n. 2) recorda algumas decisões importantes que não admitem meios probatórios obtidos ilegalmente (HC 69.9120-0-RS. Lex-STF 183/290; Ação Penal 307-3-DF, rel. Min. llmar Galvão, *DJ* de 13.10.1995, Seção I, p. 34, 247 e ss.). Mais extensivamente, Pellegrini, Scarance e Magalhaes, *As nulidades no processo penal*, n. 51.

Atualmente, diferencia-se entre «*prova ilícita*», quando se vulnera um direito material, e «*prova ilegítima*», ao tratar de uma violação do direito processual. Neste último caso, diferencia-se também entre proibição absoluta e relativa. As duas são espécies de prova ilegal. A ilegalidade acarreta inadmissibilidade, remetendo ao tratamento, nesse caso, ao previsto para as nulidades.[57]

Mesmo que ao formular uma definição de prova ilícita, a doutrina elabore um conceito referido à prova obtida através da violação de normas substanciais do ordenamento, circunscrevendo-a inclusive à violação de direitos constitucionais, o certo é que a nova redação do art. 157 do CPP refere-se tanto às normas constitucionais quanto às legais.[58]

Assim, ainda que, atualmente, a prova ilícita não esteja reduzida aos supostos de vulneração a direito constitucional, existe uma clara tendência nessa direção.[59] Não se deve esquecer, contudo, que se trata de um meio de prova obtido violando-se uma norma constitucional, ainda que de natureza processual, tende-se a contemplá-la como prova ilícita. Assim, por exemplo, no caso de escutas telefônicas que não preservam as formas prescritas na lei. A partir de então, destaca-se a tendência a analisar cada caso e ao uso do princípio de proporcionalidade, como ocorreu no caso onde se julgou sobre a violação da correspondência para evitar uma importante fuga de presos.[60]

O atual Projeto de Lei do Senado inclui a prova ilícita nas disposições gerais da prova, a partir da perspectiva da inadmissibilidade, quer dizer, preceituando que a prova declarada inadmissível será excluída dos autos e arquivada *sigilosamente em cartório.*[61]

2.1.3 O Código de Processo Penal colombiano

O constituinte de 1991 incluiu entre as normas relativas ao devido processo legal uma cláusula na qual «*é nula de pleno direito a prova obtida com violação do devido processo legal*».

---

[57] Scarance Fernandes, A., 2005: *Processo penal constitucional*, 4. ed., São Paulo, Parte II, n. 76.

[58] São inadmissíveis, devendo ser desentranhadas do processo, as provas ilícitas, assim entendidas as obtidas em violação a normas constitucionais ou legais (N.T.: no original consta, de modo equivocado, «*ilegais*»).

[59] Assim é defendido pela doutrina de Pellegrini Grinover, A.; Scarance Fernandes, A.; e Magalhães Gomes, F., 2006: *As nulidades no processo penal*, 9. ed., São Paulo; Parte II, Cap. IX. S.II; n. 4.

[60] HC 70814-5, rel. Min. Celso de Mello, *DJ* de 24.06.1994. O Supremo Tribunal Federal admitiu a violação do segredo de correspondência ao aplicar a proporcionalidade e sustentar que a proteção de tal direito não pode salvaguardar práticas ilícitas.

[61] N. 156, de 2009, elaborado pela Comissão Temporária de Reforma do Código de Processo Penal, art. 167 do ACPP.

Partindo desse mandado constitucional, o Código de Processo Penal de 2004 incorpora a cláusula de exclusão em seu art. 23, nos seguintes termos: «*toda prova obtida com violação das garantias fundamentais será nula de pleno direito, pelo qual deverá ser excluída da atuação processual*».[62] A configuração legal une o conceito de prova lícita à violação dos direitos fundamentais, enquanto a ilicitude probatória também pode derivar da transgressão de mandados constitucionais que não estejam incluídos no catálogo dos direitos fundamentais.[63] Assim, a vulneração a normas da legalidade ordinária estão na categoria denominada «*prova ilegal*», com efeitos diferentes aos da prova ilícita.[64]

Desenvolvendo o postulado anterior, diversas previsões aludem à exclusão de atos investigativos, como: 1) o art. 212 do CPP, compelindo o Ministério Público a estudar a atividade desenvolvida pela polícia judicial e fornecendo, nesse caso, a exclusão dos meios de prova obtidos, violando-se princípios e garantias processuais;[65] 2) regras específicas que excluem elementos materiais de prova, evidência física e informação ilegalmente obtida no curso da busca e apreensão;[66] e 3) regulação legal pormenorizada do tratamento processual da ilicitude probatória no processo.[67]

O tratamento da prova ilícita se desenvolve, como veremos no capítulo dedicado ao tratamento processual, em três fases diferentes do processo: a da revisão da atuação policial pelo Ministério Público, a do Juiz de Garantias e a do julgamento.

2.1.4 Constituição mexicana

Os Estados Unidos do México se uniram, recentemente, ao elenco de países que incorporam à Constituição a ilicitude probatória. No âmbito de uma normativa referente aos princípios constitucionais gerais do processo penal, o recente Decreto de junho de 2008 prescreve, expressamente, que qualquer prova obtida com violação de direitos fundamentais será nula.[68]

---

62 Art. 23 do CPP: «*cláusula de exclusão: toda a prova obtida com violação às garantias fundamentais será nula de pleno direito, pelo qual deverá ser excluída do processo. Igual tratamento receberão as provas originadas de outras excluídas, ou as que somente possam ser explicadas em razão da sua existência*».

63 PARRA, J., «Nuevas tendencias en materia de prueba ilícita», Declaração Nacional de Colômbia, n. 2.

64 Inclusive, como se ampliará ao estudar o tratamento processual, consagram-se legalmente os vícios indiretos ou derivados no art. 23.2 do CPP.

65 Art. 212 do CPP.

66 Art. 232 do CPP.

67 V., *infra*, Capítulo IV.

68 Art. 20, IX, Decreto pelo qual se reformaram e adicionaram diversas disposições da Constituição Política dos Estados Unidos Mexicanos, de 17 de junho de 2008.

Pendentes da reforma que defina os princípios citados, o Código de Processo Penal Federal não contém regulação expressa sobre a ilicitude probatória, incluindo a regra de exclusão.[69] Contudo, tal carência não impede que, na aplicação de normas e garantias constitucionais, a obtenção de provas que as violaram tornar-se-iam credoras de nulidade, em virtude da citada infração. Assim sucederia, por exemplo, com a declaração do acusado, o direito a um tradutor, bem como em todas as regras constitucionais que delimitam os atos de investigação e supõem limitação de algum direito fundamental (busca e apreensão), intervenção nas comunicações etc.).[70]

Entre os códigos recentemente reformados, destacam-se aqueles que foram alterados há uma década, como o de Coahuila (art. 5.º), contemplando a faculdade do Ministério Público de declarar a ilicitude dos meios de prova, sempre e quando sejam decisivos para chegar-se a um acordo sobre o exercício da ação penal. Posteriormente, o art. 183 do CPP ressalta, entre as causas de falta de validade das atuações de investigação prévia, a ilicitude da obtenção

---

[69] O México tem um Poder Judiciário Federal e trinta e dois Poderes Judiciais Estatais, também chamados locais.

[70] No que se refere à «*declaração do acusado*», o inciso II do art. 20 estabelece o direito a manter-se calado e ressalta como requisito à sua validade o prestado em juízo, que a declaração seja feita na presença do Ministério Público ou do Juiz, assistido por seu advogado. Esse preceito constitucional é desenvolvido no Código Federal de Procedimentos Penais (doravante CFPP) nos arts. 87 e 127-bis, entre outros, especialmente no último parágrafo do art. 134, que estabelece a invalidade das declarações do acusado quando sua apresentação frente ao Juiz, por parte do Ministério Público, exceda de 48 horas, já que se presumirá que o acusado estava incomunicável. Em relação ao «*direito a um tradutor*», no caso dos membros dos povos indígenas, o art. 2.º, inciso VIII, da CPEUM estabelece o direito dos índios a serem assistidos por intérpretes e defensores que tenham conhecimento de sua língua e cultura. O «*direito à inviolabilidade de domicilio*» encontra-se protegido pelo artigo 16 da Constituição Mexicana, no qual a diligência de busca e apreensão encontra seu registro expresso nesse preceito (ordem judicial escrita, diligência de investigação que estará limitada pelo conteúdo da ordem: lugar a ser inspecionado e pessoas ou objetos procurados. A prática no âmbito do processo federal atrelava a validade destes *cateos* (apreensão, na terminologia mexicana) e do confisco ou abertura de documentos ao cumprimento estrito dos requisitos de conteúdo nessa norma constitucional e na sua regulação legal – arts. 61 a 70 do CFPP), que apontava como sanção ao seu descumprimento a perda de «*todo valor probatório*» (art. 61 *in fine*). No entanto, recentemente (início de fevereiro de 2007), a Suprema Corte da Justiça da Nação estabeleceu que um *cateo* pode ser válido, mesmo que sem ordem judicial, nos casos de flagrante, quando se trate de certos delitos de sequestro ou narcotráfico. Finalmente, o «*direito à inviolabilidade das comunicações privadas*» também está contido no art. 16 da Constituição Política dos Estados Unidos Mexicanos, sendo esse caso em que a Constituição assinala com clareza e contundência a ausência de todo valor probatório aos casos em que as intervenções se realizem com a falta de algum dos requisitos que são estabelecidos (ordem judicial com petição prévia «*fundada e motivada*»; indicação do tipo de intervenção, sujeitos e prazos). A intervenção telefônica está regulada também na Lei Federal contra o Crime Organizado (doravante LFCDO), nos arts. 16 a 28, onde se estabelece a ausência de «*todo valor probatório*» das «*intervenções realizadas sem as autorizações previamente citadas ou fora dos termos nelas ordenados*», além de um detalhado desenvolvimento legislativo.

dos meios de prova. Outros códigos processuais de reforma posterior, como o de Chihuahua, Oaxaca ou os projetos em discussão de Zacatecas e Aguascalientes, estabelecem regras claras de exclusão. Dessa forma, os arts. 19 e 331 do CPP de Chihuahua aponta que a prova somente terá valor caso haja sido obtida e produzida por meios lícitos que, por sua vez, tenham sido incorporados ao processo seguindo o procedimento estabelecido no CPP.

No Código de Processo Penal Federal – que ainda não foi reformado – e no da maioria dos Estados, não se circunscreve a prova ilícita como uma violação dos direitos fundamentais. A ilicitude probatória se reclama através do remédio jurídico denominado de *amparo*, cuja configuração, no México, é bastante ampla: a inclusão do princípio de legalidade no catálogo dos direitos fundamentais ou «*garantias individuais*» (arts. 14 e 16 da Constituição Política dos Estados Unidos Mexicanos de 1917 (CPEUM)) afirma que a obtenção de uma prova violando qualquer tipo de norma, incluindo os princípios gerais, possa ser alegada como «*violação*» por meio do *amparo*, por constituir vulneração às garantias individuais.[71] Essa situação permite que, com fundamento nos arts. 14 e 16 da Constituição, seja possível impugnar, através do *amparo*, a infração de qualquer direito, seja no âmbito constitucional ou da mera legalidade. A partir deste ponto de vista, teoricamente caberia alegar a ilicitude por vulneração às normas de obtenção da prova, ainda que o sistema de investigação, encomendado ao Ministério Público e sem controle posterior de um Juiz instrutor ou de Garantias, torne a impugnação difícil.[72]

Somente o art. 19 do CPP de Chihuahua estabelece que não terá valor a prova obtida mediante tortura, ameaças ou violação dos direitos fundamentais das pessoas.

Contudo, existem proibições probatórias que afetam singularmente a investigação. Além das excluídas através da aplicação direta dos Tratados Internacionais subscritos pelo México (ordálicas, fruto da magia),[73] devem ser contempladas nesse parágrafo: a) as obtidas pela violência física ou moral, incomunicabilidade, tortura ou ameaça; b) as obtidas ministrando-se substân-

---

71 Ainda que o remédio jurídico denominado de *amparo* tenha surgido no século XIX, como processo constitucional contra as violações de direitos fundamentais, a incorporação do princípio de legalidade converteu esse processo em um meio para revisar a legalidade da atuação do poder público (administrativo ou judiciário). Essa amplitude outorga ao amparo uma vigília inigualável ao resumir a interpretação da legislação das entidades ou da Federação. De acordo com a lei de *amparo*, a jurisprudência ditada em forma de «*tese*» é vinculante para todos os Tribunais.

72 NATARÉN NANDAYAPA, C., 2007: «El concepto de prueba ilícita en el proceso mexicano. Primera aproximación», em GARCÍA RAMIREZ; GONZALEZ MARISCAL, 2007: *Panorama internacional sobre justicia penal. Proceso penal y justicia penal internacional. Culturas y sistemas jurídicos comparados*. México: Unam, p. 123 e 134.

73 Em 2005 assinou o Protocolo da Convenção contra a Tortura (http://www.unhchr.tbs/doc.nsf/(Symbol)CAT.C.75.Sp?Opendocument).

cias químicas («*soro da verdade*» etc.) e tudo o que corroborar, ao menos aparentemente, à aprovação de quem for submetido a tais práticas. Nesse sentido, enquanto os Tribunais parecem condenar à exclusão a confissão obtida com violência,[74] acabam por lhe outorgar eficácia, sempre e quando o seu conteúdo seja corroborado, mediante outro meio probatório.[75]

No que tange à busca e apreensão (*cateo* na terminologia mexicana) e intervenção das comunicações, a Lei Federal contra a Delinquência Organizada (LFCDO) de 2004 regula uma séria de garantias, entre as quais cabe citar o requisito de *jurisdicionalidade.*[76] Olvida, contudo, as consequências da ilegalidade, tanto diretas, quanto indiretas.[77] Frente a tal ausência, a jurisprudência se pronuncia sobre a ilegalidade da busca e apreensão sem cumprir as garantias fixadas legalmente (autorização da autoridade competente, solicitação por escrito onde conste a descrição do lugar, seu objetivo e necessidade; a pessoa, ou pessoas, que devem ser localizadas ou apreendidas e os objetos que se buscam ou que devem ser assegurados, aos quais se restringirá a diligência) negando valor probatório ao resultado de tal atuação.[78]

Uma mostra ilustrativa sobre o jogo da prova ilícita, em tema tão sensível e reiterado como as intervenções telefônicas, encontra-se no tratamento e decisão do caso Lydia Cacho pela Suprema Corte de Justiça.[79]

2.2 Outorga de um regime jurídico *ad hoc*

2.2.1 A inutilizzabilità no Código de Processo Penal italiano

O Código de Processo Penal de 1988 incorporou o art. 191, em virtude do qual se introduz a proibição de valoração das provas obtidas em violação às proibições legais.[80] Encontramo-nos frente a uma categoria puramente processual, a qual salvaguarda a aquisição e a incorporação de fatos ou meios

---

[74] Confissão obtida mediante coação (IUS: 211275. 8.ª Época. Instância: TCC). Fonte: SFJ, t. XIV, julho, 1994, p. 511.

[75] IUS: 211279. 8.ª Época. Instância: TCC (SFJ.T.XIV, julho 1994. P.512; e IUS: 216778. 8.ª Época. Instância: TCC (Gaceta del SJF.T. 63, março de 1993, p. 40, citado por Gánem Hernandez, E., 2007: «Principales problemas en el procedimiento probatorio federal en México», em AAVV, *Prueba y proceso penal*, Valência, p. 613.

[76] Art. 16 da Constituição; arts. 2.º, III, e 61 do CFPP; e arts. 1, 2 e 15 da LFCDO.

[77] Art. 27 da LFCDO.

[78] IUS: 182235. 9.ª Época. Fonte: TCC. Instância: SFJ e sua publicação. T. XIX, fevereiro de 2004, p. 994, citado por Gánem Hernández, E., *Principales problemas*, nota 94.

[79] V. Ibarra Palafox, P., 2009: «El caso Lydia Cacho en la SCJN y la ponderación de la prueba ilícita», em *Revista Iberoamericana de Derecho Procesal Constitucional*, n. 12, jul.-dez. 2009, p. 251 a 260.

[80] Aprovado em 22 de setembro de 1988. Não entrou em vigor até 24 de outubro de 1989. Segundo esse preceito: «*Le prove acquisite in violazione dei divieti stabiliti dalla legge non possono essere utilizzate*» (As provas incorporadas ao processo, com violação às proibições estabelecidas na lei não podem ser utilizadas).

de prova ao processo penal, através de uma correta aplicação das normas probatórias.

A *inutilizzabilità* constitui um limite ao livre convencimento do Juiz que exclui a possibilidade de formar sua convicção sobre os fatos incorporados através de tais provas. Descreve-se, dessa forma, as duas caras de um mesmo fenômeno: o vício que afeta um ato ou um documento e, paralelamente, o «*regime jurídico*», as consequências impeditivas de consideração pelo Juiz, pelo Ministério Público ou pela polícia judiciária. Constitui um tipo de invalidez, uma forma de sanção processual, que não afeta tanto o ato em si, quanto seu «*valor probatório*», diferenciando-se da nulidade. O ato poderia ser válido desde o ponto de vista formal, mas a *inutilizzabilità* impede seu efeito essencial: fundamentar uma decisão judicial.[81] Agregando a isso, junto à *inutilizzabilità* como consequência da aquisição de uma prova ilegítima (art. 191 do CPP) regula-se a *inutilizzabilità* para a deliberação no art. 526.[82]

Deve-se precisar, imediatamente, que a *inutilizzabilità* que provoca os efeitos do art. 191 do CPP (proibição de admissão e avaliação da prova) é prevista em uma norma processual. Como foi adiantado, a *inutilizzabilità* é um conceito processual cuja eficácia se desenvolve nesse âmbito. Tanto é assim que não será eficaz a prova adquirida através de contravenção a normas administrativas ou civis.[83]

Considerando que a proibição figura em uma lei substantiva, tratar-se-ia de «*prova ilícita*», utilizável a princípio, salvo que se torne *inutilizzabili* ao contemplar-se também uma norma processual nesse sentido. Assim acontece, por exemplo, com o art. 188 do CPP, que proíbe expressamente o uso de métodos ou técnicas que interfiram sobre o livre arbítrio, a capacidade de recordar ou de avaliar os fatos.

A jurisprudência integrou a disciplina legal criando o instituto da *prova inconstitucional*. Essa expressão se refere aos elementos de prova que estão adquiridos com modalidades não disciplinadas pelo Código, violando direitos fundamentais dos indivíduos. Tradicionalmente, a possibilidade de configurar essa categoria depende do tipo de interpretação que se pretende em relação à expressão «*proibições estabelecidas pela lei*», prevista no art. 191 do CPP.

---

[81] Tonini, P., 2006: *Manuale di Procedura Penale*, 7. ed., Giuffrè, p. 187. Sobre a *inutilizzabilità* in extenso, v. Conti, C., *Accertamento del fatto e inutilizzabililità nel processo penale*, Cedam, 2007, *passim*.

[82] Art. 526 do CPP. «*Prove utilizzabili ai fini della deliberazione*»: «*Il giudice non può utilizzare ai fini della deliberazione prove diverse da quelle legittimamente acquisite nel dibattimento. 1-bis. La colpevolezza dell'imputato non può essere provata sulla base di dichiarazioni rese da chi, per libera scelta, si è sempre volontariamente sottratto all'esame da parte dell'imputato o del suo difensore*».

[83] Conti, C., 2007: *Accertamento del fatto e inutilizzabilità nel processo penale*, Cedam, 2007, p. 112.

Para um setor doutrinário, as provas obtidas através de violação dos direitos fundamentais são inutilizáveis, considerando que no conceito de «*lei*», em um sentido amplo, compreende-se também a Carta Magna.[84] Outro setor, em sentido oposto, argumenta que a *inutillizzabilià* limita-se unicamente à violação das proibições probatórias, expressamente estabelecidas no Código e, por isso, rejeitam a categoria da prova inconstitucional. O Tribunal Constitucional se pronunciou, em diversas decisões, a esse respeito, sem que se possa distinguir uma linha hermenêutica uniforme ou, o que é o mesmo, dependendo do teor da questão específica que seja o objeto da decisão.[85]

A doutrina distingue entre: *inutilizzabilità geral*, ou *própria*, referindo-se ao previsto no citado art. 191 do CPP, e a *inutilizzabilità especial*, nos casos em que a prova foi adquirida ou praticada violando uma proibição probatória concreta, como inspeções ou busca e apreensões que violem o disposto no art. 103 do CPP; incorporação do testemunho de referência sem respeitar o disposto no art. 195 do CPP, ou intervenções telefônicas, além do disposto no art. 271 do CPP.[86]

A primeira causa a proibição da incorporação e, no caso de havê-la feito indevidamente, leva à proibição da avaliação da prova em questão, levando em conta que o Juiz, o Ministério Público ou a polícia utilizaram um poder que a lei processual proíbe expressamente.[87] Contudo, se a percepção da *inutilizzabilità* se produz na fase investigativa, não por isso se excluem as diligências.

---

[84] À medida que a Carta reconhece como invioláveis os direitos fundamentais do indivíduo, estabelecendo que eventuais limitações são consentidas somente e na medida em que estabeleça o legislador ordinário, parece claro que a Constituição fixa, mesmo assim, proibições probatórias. A violação a tais «*proibições probatórias constitucionais*» encontra sua sanção e sua pena no art. 191 do CPP. Cfr. Conti, C., 2007: *Accertamento del fatto e inutilizzabilità nel processo penale*, Cedam, p. 150 e ss.

[85] Foram proferidas, a favor das categorias, as seguintes decisões: Decisão de 6 de abril de 1973, n. 34, em *Giur. Cost.*, 1973; decisão de 11 de março de 1993, n. 81, em *Giur. Cost.* 1993, 731; decisão de 18 de janeiro de 1998, n. 229, em *Cass. Pen.* 1998, p. 2847. Em outros, no entanto, alegou uma regulamentação legal expressa nesse sentido: ord. 19, de julho de 2000, n. 304, em *Giur. Cost.* 2000, p. 2315, n. 304; decisão de 24 de abril de 2002, n. 135, em *Giur. Cost.* 2002, p. 2176. Todas citadas por Tonini, P., 2006: *Manuale di Procedura penale,* 7. ed., Giuffrè, p. 193. Em extenso, Conti, C., nota 35, p. 8 a 10.

[86] Também se distingue entre *inutilizzabilità patológica* e *inutilizzabilità fisiológica*. A primeira se aplica no fato da prova adquirida contrariamente ao disposto em lei (art. 191 do CPP), remarcando sua dupla natureza de vício da prova e sanção processual da prova viciada. O termo *inutilizzabilità fisiológica* se centra nos atos preliminares do processo penal, em sua aquisição, incorporação ao processo e em sua validade a partir da exigência de contraditório (art. 526.1 do CPP).

[87] Um exemplo citado pela doutrina é o do art. 220.2 do CPP, no qual se proíbe a perícia para estabelecer a tendência a cometer delitos, o caráter ou a personalidade do acusado e, em geral, as circunstâncias psicológicas independentemente das patológicas, ou o citado art. 188 do CPP. Cfr. Tonini, P., *Manuale...*, cit., p. 189.

A «*inutilizzabilità relativa ou imprópria*», ao referir-se a atos que não compreendem propriamente a normativa probatória, mas que ocorrem antes do julgamento, conduz a excluí-los da avaliação, na medida em que vulneram o princípio do contraditório.

A prova ilícita no ordenamento processual penal italiano incluiria os casos em que a norma do Código Processual Penal prevê a *inutilizzabilità (inutilizzabilità especial)*. Ainda, quando a prova tenha sido praticada violando uma proibição probatória, isto é, no âmbito da *inutilizzabilità geral*. Também naquelas modalidades de prática de prova em que foi violada uma norma do CPP, sob pena de nulidade especial (por exemplo, o art. 199, § 2.º, do CPP) ou geral (art. 178 do CPP ao violar, por exemplo, um dos elementos essenciais do direito de defesa do acusado).[88]

Não se aprecia, portanto, vinculação necessária com a infração de um direito fundamental, que corresponderia à categoria de «*prova ilícita*» (*prova illecita*).[89] A prova é *inutilizzabile* somente se a norma do Código que tenha sido vulnerada estabelece uma proibição probatória expressa ou implícita, embora seja mais complexo neste último caso, ao ser regida pelo princípio da taxatividade.[90]

Consequentemente, a ilicitude pode derivar da infração dos direitos que não estejam no âmbito dos direitos fundamentais. O determinante é que a norma do Código estabeleça uma proibição probatória ou culmine diretamente em *inutilizzabilità*. De fato, um exame detalhado evidencia que a *inutilizzabilità* é ligada à vulneração (com maior ou menor intensidade) a direitos fundamentais. Mas isso não significa que exista tal equivalência. A *inutilizzabilità* se aplica independentemente da vulneração a um direito fundamental, como no caso previsto no art. 188 do CPP, em virtude do qual não podem ser utilizados métodos ou técnicas que impeçam manifestar livremente à vontade ou a autodeterminação, ou incidam negativamente sobre a capacidade de recordar ou avaliar os fatos, apesar de que o interessado dê seu consentimento para a utilização de métodos ou técnicas proibidas.[91]

---

88 Cfr. Conti, C., *Accertamento del fatto e inutilizzabilità nel processo penale*, cit., *passim*.

89 A *prova illecita* é aquela contrária a uma norma penal, diferentemente da *inutilizzabilità*, que descumpre uma norma processual e que se inclui na categoria mais ampla de *illegalità* (arts. 191 e 526 do CPP).

90 Existe prescrição expressa quando se proíbe o acesso de um determinado meio de prova ao procedimento penal de maneira direta, estabelecendo que uma prova está proibida ou se permite a sua admissibilidade em determinadas condições (por exemplo, arts. 197 e 198, ambos do CPP); ou então, a proibição pode ser deduzida de maneira implícita do conjunto das normas sobre provas (por exemplo, interceptações telefônicas de conversações sobre fatos objeto de segredo de Estado).

91 Cfr. Conti, C., 2007: *Accertamento del fatto e inutilizzabilità nel processo penale*, Cedam, *passim*.

2.2.2 *O amplo arbítrio judicial e a ponderação de interesses no Código de Processo Penal holandês*

Em 1996 foi introduzido o art. 359 no Código de Processo Penal holandês (WvSv.), cujo teor expressa que quando tenham sido violadas determinadas regras procedimentais, no curso da investigação preliminar se abre, durante o julgamento, um leque de atuações que vão desde a sanação até a suspensão, passando pela compensação ao acusado, mediante uma redução da pena, em virtude de um amplo arbítrio judicial, aplicando-se a ponderação de interesses conflitivos.

Os elementos definidores do conceito de prova ilícita, constados no citado art. 300, são a obtenção ou incorporação de uma fonte ou meio de prova em que haja concorrido alguma das seguintes circunstâncias: a) violação de uma previsão legal na investigação preliminar (interrogar um suspeito sem informar-lhe sobre seu direito de permanecer calado e não se autoincriminar (art. 29 do WvSv.); b) atuação sem habilitação legal para tal, violando direitos fundamentais do suspeito (provas para detectar a presença de álcool no sangue, quando era necessária regulação legal para tanto (até a década de 1970); c) vulneração de princípios gerais do direito processual penal, substancialmente os princípios de proporcionalidade e subsidiariedade (solicitar a colaboração dos habitantes de uma residência antes de forçar a entrada, tendo uma autorização legal para tanto).[92] Como se percebe, pode contribuir, mas não resulta imprescindivelmente, na violação de um direito fundamental.

Essa configuração tão ampla é congruente com o vasto espectro da discricionariedade judicial prevalecente na Holanda e com o fato de que o já citado art. 359 do WvSv. é fruto da incorporação legislativa da jurisprudência que recai sobre a prova ilícita. Assim, e conforme o mesmo, o Tribunal elegerá, entre as diversas opções citadas previamente, a partir da ponderação dos bens e interesses protegidos pela regra infringida, a gravidade da violação e o dano ocasionado por esta última.[93]

Percebe-se também, no desenho legal, que a qualificação de determinadas ações ou omissões como condutas que conduzem a uma «*prova ilícita*» não acarreta necessariamente a aplicação de uma regra de exclusão. Cabe incorporar os fatos ou aplicar outro tipo de sanção, ou até mesmo avaliar a infração, de forma que não conduza a consequências processuais.

A jurisprudência incidente desde 1962 e que, como já foi dito, é a origem direta do art. 359 do WvSv., exige para serem aplicados os princípios de proporcionalidade e subsidiariedade, sem contar a especificidade do delito, que a aplicação da regra de exclusão beneficie diretamente o titular do direito

---

92 EMBREGTS, 2003, p. 50.

93 EMBREGTS, 2003, p. 101.

vulnerado. Isso equivale a não poder invocar sua aplicação, por exemplo, em uma busca e apreensão irregular à residência de «A» quando se encontra ali heroína que pertence a «B» (doutrina de proteção da norma).[94] Outro exemplo é quando na interceptação telefônica de «C» encontram-se dados que incriminam «D».[95] Esse critério, seguido durante décadas, se encontra submetido à revisão, por consequência do caso *Kahn vs. Inglaterra*, em que se absolveu esse país, por entender que o uso de dados obtidos violando o art. 8.º da Declaração de Direito do Homem (direito à intimidade) não supõem, por si, uma violação do direito a um processo justo. A partir de então, alguns autores defendem que o novo parâmetro da ilicitude probatória deva atentar frontalmente ao direito a um processo justo.[96]

2.3 A ilicitude probatória na legalidade processual ordinária

Junto aos sistemas *ad hoc* analisados e antes de enfrentar o regime geral adotado através das nulidades processuais, existem outras situações intermediárias. A primeira agrupa o amplo número de ordenamentos que incluem, em seus respectivos códigos processuais ou orgânicos, a regra da exclusão. A segunda é representada pelos países em que a falta de previsão normativa da repetida regra de exclusão os leva a acudir a proibições probatórias de produção e valoração.

2.3.1 Incorporando regras de exclusão nos Códigos processuais ou nas leis orgânicas

Essa posição, inspirada parcialmente no sistema dos EUA, corresponde, na maioria dos casos, àquelas legislações processuais ou orgânicas reformadas mais recentemente, acolhendo em boa parte o que constitui uma aplicação jurisprudencial em outros ordenamentos, quer dizer, incluir a regra de exclusão junto a determinadas proibições probatórias. A vulneração a um direito fundamental não constitui, no entanto, um requisito unanimemente admitido.

Basta dizer que, inclusive nos EUA, embora o desenvolvimento foi e continua sendo jurisprudencial, passou a fazer parte da regulação jurídico-positiva do ordenamento federal estadunidense, assim como do de diversos Estados. No primeiro caso, através das «*Regras Federais do Processo Penal*» (*Federal Rules of Criminal Procedure*) e também as Regras Federais de Prova (*Federal Rules of Evidence*). Entre os Estados, a maioria elabora normas que impõem a exclusão das provas em setores específicos, embora não faltem Estados, como o Texas ou a Carolina do Norte, onde existe uma previsão

---

94 *Doctrine of protective scope* ou *Schutznorm-Prinzip*.

95 HR de 18 de outubro de 1988, NJ 1989, 306.

96 Buruma, 2002: 201.

mais geral. No Texas se exige a exclusão de provas obtidas com a violação de leis ou da Constituição federal ou estatal.[97] Na Carolina do Norte a lei exige a supressão de provas obtidas como resultado de uma «*violação substancial*» da Lei do Procedimento Criminal.[98]

2.3.1.1 América Central: a incidência do Código Modelo na reforma dos Códigos Processuais Penais da Guatemala, Costa Rica, El Salvador e Nicarágua

Como marco introdutório é importante lembrar que o art. 8.3 da Convenção Americana sobre Direitos Humanos condiciona a validade da confissão a que tenha sido obtida sem coação. Por conseguinte, o art. 10 do mesmo texto legal declara a inadmissibilidade de declarações obtidas sob tortura.

Nesse contexto, em 1988 apresentou-se o Código Modelo (doravante denominado CM) com um objetivo que deriva de sua própria denominação.[99] Do grande número de códigos processuais penais reformados a partir dessa data, diversas regulações seguiram suas diretrizes, em maior ou menor medida ou, no mínimo, prestaram atenção às suas linhas gerais. A gestão do mesmo serve, além do mais, para constatar as duas perspectivas desde as quais se podem decidir a ilicitude probatória: o regime de nulidades processuais penais ou seu tratamento processual penal específico.

São dois os preceitos dedicados à prova ilícita no CM: o art. 148, que declara a inadmissibilidade dos elementos de prova obtidos por meio proibido (tortura, intromissão à intimidade do domicílio, violação do segredo das comunicações); e o art. 255 do CM, o qual proíbe valorar e fundar a decisão judicial em «*atos cumpridos com inobservância das formas e condições previstas neste Código, salvo que o defeito tenha sido sanado (art. 288 do CM) ou não tenham sido oportunamente protestados (art. 226 do CM)*». Os defeitos absolutos não necessitam denúncia prévia, podendo ser declarados *ex officio* (art. 227 do CM).

Entre os Códigos de Processo Penal que seguiram no rastro do CM, o art. 183 do CPP da Guatemala (1992) reproduz praticamente o art. 186 do Código Modelo, apontando que para ser avaliado, um elemento de prova deve haver sido obtido por um procedimento permitido e incorporado ao processo penal em conformidade às disposições fixadas por ele.

Uma determinação semelhante contém o art. 181 do CPP da Costa Rica («*Os elementos de prova somente terão valor se houverem sido obtidos por*

---

97 *Texas Criminal Procedure Code Annotated*, art. 38.2.

98 *North Carolina Code Annotated*, § 15ª-974 (2).

99 *Código Processual Penal Modelo para Ibero-América*. Instituto Iberoamericano de Direito processual. Buenos Aires: Hammurabi, 1989.

um meio lícito e incorporados ao procedimento conforme as disposições deste Código»).[100] Isso também se vê em recentes, como o Código de Processo Penal da Nicarágua (2002), art. 16 (Licitude da prova),[101] o Código Processual Penal da República Dominicana (2004), cujo art. 166 estabelece que os elementos de prova somente poderão ser avaliados se houverem sido obtidos por um meio lícito, conforme as disposições do próprio Código, ou o art. 167, que regula a *exclusão probatória.*[102]

Sobre o tratamento diverso da ilicitude probatória no CM e nos diversos CPP aos quais foi feita referência tratar-se-á posteriormente, ao analisar os efeitos da ilicitude.[103]

2.3.1.2 O Código de Processo Penal chileno

A prova ilícita não figura como tal no CPP chileno. Está prevista, no entanto, a ilicitude probatória como regra de exclusão no momento em que o Juiz de Garantias examina as diligências que se querem incorporar como provas ao julgamento, contemplando sua exclusão do processo penal por ter sido obtida vulnerando garantias fundamentais (art. 276.3 if. do CPP).[104] Essa expressão deve ser entendida aqui como equivalente a direitos fundamentais.[105]

---

[100] E acrescenta: a menos que favoreçam o acusado, não poderão ser utilizadas informações obtidas mediante tortura, maus-tratos, coação, ameaça, engano, intromissão indevida à intimidade do domicílio, da correspondência, das comunicações, dos documentos e arquivos privados, nem informação obtida por outro meio que prejudique a vontade ou viole os direitos fundamentais dos indivíduos.

[101] A prova somente terá valor se for obtida por um meio lícito e incorporado ao processo conforme as disposições desse Código. Nenhum dos atos que tenham surgido através do exercício do princípio de oportunidade entre o Ministério Público e as partes, incluindo o reconhecimento da culpa, será admissível como prova durante o julgamento se não se obtém acordo ou é rejeitado pelo Juiz competente.

[102] Não pode ser utilizada para fundamentar uma decisão judicial, nem como pressuposto, a prova produzida com inobservância das normas e condições que violem direitos e garantias do acusado, previstos na Constituição da República, nos tratados internacionais e nesse código. Tampouco podem ser apreciadas aquelas provas que derivem diretamente delas, salvo se tenha sido possível obter outra informação lícita que leve ao mesmo resultado. Mesmo assim, não podem ser valorados os atos que não cumpram as formas jurídicas e que impeçam o exercício do direito à tutela judicial da vítima, ou impeçam o exercício dos deveres do Ministério Público, salvo convalidação do vício.

[103] *Infra*, Capítulo IV.

[104] *«Exclusão de provas para o julgamento oral (...) III. Do mesmo modo, o Juiz excluirá as provas advindas de atuações ou diligências que tiverem sido declaradas nulas e aquelas que tiverem sido obtidas com inobservância das garantias fundamentais»*. Nota-se que o CPP chileno de 2000 confia a instrução ao Ministério Público, assim como o exercício da ação penal. Concluída a investigação, se o Ministério Público decide acusar, o Juiz de Garantias será comunicado, o qual convoca uma *«audiência de preparação do julgamento oral»*. É nesse momento em que se pronuncia sobre as provas propostas pelas partes.

[105] Cafferata Nores, J. J., 1992: «Invalidez de las pruebas obtenidas en violación de garantías constitucionales», *Revistas de Derecho Penal I,* Rosario, Santa Fé, Ed. Juris, p. 7.

Na legislação anterior, embora não incluídos termos como «*prova ilícita*», já se rejeitava o uso de provas que vulnerassem as garantias constitucionais ou legais (art. 484 do CPP).[106] A exclusão se apoiava, além do mais, na própria Constituição, que consagra a limitação do exercício da soberania, em respeito aos direitos essenciais que emanam da natureza humana (art. 5.2).

A regra de exclusão se encontra submetida, como veremos, a julgamento na «*audiência de preparação da fase oral do processo*», e sua avaliação é de desígnio exclusivo do Juiz de Garantias.

2.3.1.3 A aplicação da regra de exclusão na Lei Orgânica espanhola

Na Espanha existe uma regulação legal-positiva na medida em que o art. 11.1 da Lei Orgânica do Poder Judiciário (1985) dispõe que «*não terão efeito as provas obtidas, direta ou indiretamente, com vulneração dos direitos ou das liberdades fundamentais*». Agora, essa norma, dado seu caráter generalista, poderia resultar insuficiente para definir por si só uma regulação completa do tema, especialmente no âmbito do processo penal, onde sua aplicação é quantitativa e qualitativamente mais alta.

Existem de fato, no marco do processo penal, alguns preceitos que aludem expressamente à ilicitude da prova, mas se referem a seu tratamento processual e, mesmo assim, em alguns processos específicos, como o art. 786.2 da LECrim, que trata do procedimento abreviado e estabelece a possibilidade de suscitar como questão prévia «*a vulneração a algum direito fundamental*»; ou as «*causas de nulidade de atuações*». Ambas as previsões que, combinadas, costumam ser utilizadas na prática para demonstrar a ilicitude de alguma das provas contrárias apresentadas e admitidas,[107] ou os arts. 36.1 e 54.3 da LOTJ relativos ao procedimento especial perante o Tribunal do Júri.

Desde o ponto de vista legal, os elementos conceituais estabelecidos pelo art. 11.1 da LOPJ são muito breves e genéricos: essencialmente, que a prova tenha sido obtida através da vulneração direta ou indireta a direitos fundamentais ou liberdades públicas. A ilicitude, portanto, depende da lesão ocasionada aos direitos fundamentais no momento da obtenção da prova.[108] O conteúdo desse preceito é duplo. Por um lado, regula uma das garantias do «*direito ao processo penal com todas as garantias*» e incorpora a eficácia reflexa das

---

[106] Textualmente: «*não se dará valor à confissão extrajudicial obtida mediante a interceptação de comunicações telefônicas privadas ou com o uso de instrumentos semelhantes*».

[107] Algo semelhante faz a LOTJ em seu art. 36.1. b): permite que as partes proponham como questão prévia, ao se apresentarem frente o Magistrado-Presidente, a vulneração de algum direito fundamental, norma essa utilizada para requerer a ilicitude probatória.

[108] Como é lógico, o direito probatório espanhol não integra somente o art. 11.1 da LOPJ: são muitas as normas que disciplinam a obtenção e a prática das provas, de modo que são também variadas as possíveis ilegalidades ou ilicitudes em que se pode incorrer com relação à prova.

fontes de prova obtidas com a vulneração a algum direito fundamental. De outra banda, se utiliza do art. 11.1 como proteção intraprocessual dos direitos e liberdades, de maneira que aquilo que for obtido diretamente através da violação do direito a um processo penal devido não pode ser valorado.

Em outro plano, o mero descumprimento daquilo que é preceituado nos textos processuais sobre a prática da prova não gera, por si, um caso de ilicitude probatória, mas sim de ilegalidade. No entanto, se o preceito processual fosse a consagração de um direito fundamental, aí então caberia falar de ilicitude probatória, já que tal direito fundamental não é mais que a formulação de interesse privilegiado enquanto sua proteção, independentemente de que apareça consagrado como categoria tradicional de direito subjetivo ou como categoria objetiva. Dessa forma, junto à possibilidade de que a prova tenha sido obtida infringindo um direito fundamental, cabe admitir que a lesão, na prática da prova, de um direito fundamental, constitua uma hipótese de ilicitude probatória. É claro que tal ilicitude não poderá ser apreciada na admissão e terá que esperar o momento da valoração da prova para que o Juiz a exclua.[109]

Sendo assim, ainda que se possa considerar como prova ilícita toda aquela que seja obtida ou praticada de forma contrária à Lei, um setor da doutrina espanhola, guiada em boa parte pela doutrina do Tribunal Constitucional, reserva o conceito de prova ilícita para a prova produzida através da vulneração a direitos fundamentais, conceito restritivo que acarreta ineficácia.[110] A partir de então, distingue-se entre prova «*irregular*» e prova «*ilícita*», reservando aos restantes casos de infração jurídica – sem lesão aos direitos fundamentais – a prova «*irregular*».[111] Existem, contudo, outros importantes setores da doutrina que não estão de acordo com essa distinção que se faz dentro dos direitos e liberdades fundamentais, pois consideram que não se deve realizar uma distinção que não esteja prevista no art. 11.1 da LOPJ.

---

[109] Diaz Cabiale, J. A., 1991: «La admisión y práctica de la prueba en el proceso penal» em «*Cuadernos del Consejo General del Poder Judicial*», p. 104.

[110] Em uma primeira análise, o Tribunal Constitucional parece apoiar-se em um conceito estrito de prova ilícita, restringindo a sua aplicação aos direitos fundamentais, ao declarar a inadmissibilidade processual dos meios de prova obtidos com vulneração aos direitos ou às liberdades fundamentais (STC 114/1984, de 29 de novembro); ainda que tal interpretação não seja unânime e tenha sido objeto de relevantes mudanças de orientação, como a ampliação ao tratar da eficiência processual (*infra,* Capítulo III).

[111] Entre aqueles que postulam esta «*perspectiva mais estrita*», está bastante disseminada a posição que limita o conceito de «*prova ilícita*» àquela obtida com violação a direitos fundamentais, reservando outros conceitos, como o de «*prova proibida*», às violações de toda norma ou direito fundamental: González Montes, J. L., 1990: «La prueba obtenida ilícitamente con violación de derechos fundamentales (el derecho constitucional a la prueba y sus límites», em «*Revista de Derecho Procesal*», n. 1, p. 31 e ss.

Consequentemente, também a infração de direitos fundamentais de índole processual deveria provocar a ilicitude probatória em sentido estrito.[112]

Desse modo, à prova ilícita *stricto sensu* se aplica o regime especial derivado do art. 11.1 da LOPJ e de jurisprudência que o tenha desenvolvido.[113] Reserva-se à prova irregular, em troca, o regime geral sobre validade ou nulidade dos atos processuais, estabelecido no art. 238.3 da LOPJ: «*os atos processuais serão nulos de pleno direito nos seguintes casos: 3.º) Quando se prescinda de normas essenciais do procedimento, sempre que, por esta causa, tenha sido produzida a falta de defesa*». Neste último caso, dada a constitucionalização da proibição da falta de defesa no art. 24.1 *i.f.* da CE, pode-se concluir que também a irregularidade probatória requer a afetação – real ou potencial, segundo a redação do preceito – de um direito fundamental. Mais além, defende-se a dupla função do art. 11.1 da LOPJ como norma reguladora de uma das garantias integrantes do direito ao processo penal, celebrado com todas as garantias (devido processo penal), que deriva na ineficácia direta e indireta das provas obtidas mediante ingerência ilícita, bem como instrumento criado pelo legislador para garantir os direitos e liberdades catalogados como fundamentais,[114] de forma que aquilo que é obtido diretamente, através da violação desse direito fundamental, não é passível de valoração pelo caráter fundamental próprio do direito em questão.[115]

Por outro lado, cabe distinguir, dentro do terreno dos direitos fundamentais, entre aqueles que são de natureza ou âmbito processual, e aqueles outros que não o são. Os direitos fundamentais processuais são aqueles suscetíveis de recondução ao art. 24 da CE, e não o são os demais (*v.g.*, o direito ao segredo das comunicações ou à inviolabilidade do domicílio). A jurisprudência constitucional distingue, em função de que o direito fundamental lesionado seja ou não de conteúdo processual. A juízo do Tribunal Constitucional, segundo essa corrente, provocam ilicitudes as lesões de direitos fundamentais que não sejam

---

[112] Defendem um «*conceito amplo*», Conso, para quem toda norma relativa a fontes ou meios de provas penais se destina a garantir o direito de defesa do acusado, de modo que toda infração deve ser estimada como prova ilícita à medida que infringe o «*direito a um processo com todas as garantias*» (1970: «Natura giuridica delle norme sulla prova nel processo penale», em «*Revista di Diritto Processuale*», p. 1 e ss.). Com orientação semelhante Devis Echandia amplia a ilicitude probatória à violação de qualquer tipo ou categoria de norma jurídica, inclusive de princípios gerais de direito (1981: *Teoria geral da prova judicial,* tomo I, 5. ed. Buenos Aires: Victor P. de Zabalía Ed., p. 539). Encontra-se uma visão geral recente em Armenta Deu, T., 2006: «Prueba ilícita y reforma del proceso penal» em *Revista del Poder Judicial*, n. especial «Propuestas para una nueva Ley de Enjuiciamiento Criminal», XIX, p. 177 a 211; e em Aguilera Morales, M., 2008: «Regla de exclusión y acusatorio», em AAVV, *Proceso penal y sistemas acusatorios*, Marcial Pons, p. 73 e ss., especialmente p. 105 a108.

[113] Aprofundado no Capítulo III desta obra.

[114] Os contemplados no Título I, Capítulo II, Seção 1ª da CE.

[115] Posição explicada em Martinez García, E., 2009: *Actos de investigación e ilicitud de la prueba*, Tirant lo Blanc, p. 37.

de âmbito processual, quer dizer, a infração do art. 24 da CE na obtenção de provas não comportaria a ilicitude probatória no sentido estrito, mas somente uma infração processual que determinaria a nulidade das atuações, devido à potencial produção de falta de defesa. O resultado na prática, aparentemente, é o mesmo – a prova não será utilizada para fundar o julgamento de fato –, mas com a ressalva da aplicação da teoria dos frutos da árvore envenenada, que se reserva unicamente para a vulneração a direitos fundamentais e, ainda assim, não em todas as hipóteses.[116]

2.3.2 As proibições de utilização e a «teoria da ponderação» no ordenamento processual penal alemão

O § 136 da StPO contém uma regra de exclusão obrigatória para toda a prova obtida por meio de tortura, constituindo um dos poucos casos que contêm uma ordem tão taxativa. Sem que exista uma regulação geral expressa, o enfoque se centra nas proibições probatórias: de produção e de valoração. Com base nas primeiras, a obrigação de buscar a verdade não é absoluta, mas sim cabem limites em relação a diversas valorações: relativas aos fatos (*Beweisthemaverbote*), aos métodos de obtenção (*Beweismethodenverbote*), e aos meios de prova ou a ordenar ou obter meios de prova através de determinadas pessoas (*Beweismittelverbote*). Entre os primeiros podem ser citados os segredos oficiais;[117] entre os métodos proibidos, os referidos no § 136 da StPO;[118] e entre os meios, as intervenções corporais que vão além do estabelecido nos §§ 52 a 55 e 81 da StPO.[119]

A violação de uma proibição de produção não acarreta, necessariamente, uma proibição de utilização. Para chegar a uma proibição de utilização precisa-se de uma disposição legal expressa ou então uma fundamentação teórica que

---

[116] Como se verá em *infra*, IV. 5, especialmente devida à aplicação da teoria da conexão de ilicitude.

[117] § 93 da StGB; §§ 54, 61, f, BBG. Bull. crim. n. 243.

[118] Não se pode comprometer a liberdade do réu na manifestação de sua vontade através de nenhum método, nem fadiga mental, administração de drogas, tortura ou hipnose. Poderá ser aplicada uma coerção tão somente quando o Direito Processual Penal o permitir. Estarão proibidas as ameaças e as promessas de benefícios não previstos em Lei. As medidas que prejudiquem a memória ou a capacidade de compreensão do acusado não serão permitidas. A proibição dos apartados (1) e (2) se aplicarão independentemente do consentimento do acusado. As declarações que tiverem sido produzidas transgredindo essa proibição, não poderão ser aproveitadas, ainda que o acusado aprove a sua utilização.

[119] Os §§ 52 a 55 e 81, *c*, III, da StPO estabelecem que as pessoas que se recusarem a prestar testemunho ou ser objeto de exame corporal não poderão ser requeridas como meio de prova. Por sua parte, o § 81 da StPO autoriza as investigações corporais sempre que se pratiquem por um médico e unicamente com ordem judicial ou do Ministério Público, em caso de perigo eminente.

aplique diversas teorias e, muito raramente, a *teoria da ponderação de interesses*, à qual depois voltarei a me referir.

As «*proibições de utilização*» constituem uma sanção frente ao descumprimento das regras que devem ser observadas ao solicitar ou incorporar ao processo um meio de prova ou ao levar a cabo uma diligência, como a detenção e a declaração policial. Os casos são diferentes, mas podem ser sistematizados como segue: regras de exclusão baseadas na violação de proibições probatórias e regras de exclusão fundadas na violação a direitos fundamentais.

Entre as primeiras se efetua uma subdivisão, quando a violação da proibição afeta algum princípio ou direito fundamental, em cuja hipótese a exclusão da prova torna-se imperativa.[120] Caso contrário, as consequências se discutem, levando à exclusão somente aqueles casos em que os direitos do acusado são violados em sua essência, e negando-a de não ser assim.[121] Alguns exemplos seriam: a violação de informação ao detido ou acusado sobre seu direito de permanecer calado, hipótese que conduz à exclusão, sem que caiba inferir que o acusado conhece seus direitos,[122] ou a vulneração ao direito a um advogado, com efeito idêntico.[123] Mesmo assim, a exclusão pode derivar da negação a declarar por determinadas razões pessoais ou familiares (§ 52 da StPO), mas não poderá ser assim se os motivos forem profissionais (§ 53 da StPO).[124]

A doutrina admite a existência de uma colisão entre as proibições de prova e o princípio de investigação (§ 155, II; 160, II; e 244, II StPO) na medida em que as proibições probatórias constatam a existência de limitações à averiguação da verdade no processo penal, devido a interesses contrapostos de índole coletiva e individual.[125] Por um lado, servem para a *garantia de direitos fundamentais* enquanto protegem o acusado ante a utilização de provas ilegalmente obtidas contra ele. Por outro, preservam – componente coletivo – a integridade constitucional, particularmente através da realização de um processo justo.[126] A tensão entre ambos os fins conduz a complexas decisões de ponderação que, em termos da teoria dos fins da pena (em sentido

---

[120] BGH 11, p. 214 (GS), citada por AMBOS, K., n. 87.

[121] BGH 11, p. 215 (GS). BGH 17, p. 245. V. EISENBERG, Ulrich, 2002: *Beweisrecht der StPO*, 4. ed. Rn. 364.

[122] BGH 38, p. 214, ff., citada por AMBOS, K. n. 87.

[123] BGH 38, p. 372, citada por AMBOS, K. n. 87.

[124] Esses preceitos incluem as causas que escusam de prestar depoimento por um ou outro motivo.

[125] BELING, 1903: *Die Beweisverbote als Grenzen der Wahrheisfindung im Strafprozess.*

[126] ROGALL, *ZStW* (91) 1979, 1 (16ss); ROXIN, SCHÄFFER/WIDMAIER, StV, 2006, 655 (656, 659, 660); Eb.Schdmidt, *Lehrkommentar*, Band II, § 136a n. 21; e BEULKE, *Strafprozessrecht*, 9. ed. 2006, n. 454. Todos citados por AMBOS, K., 2008: «Las prohibiciones de utilización de pruebas en el proceso penal aleman» em AAVV, *Prueba y proceso penal*, Valencia: Tirant lo Blanc, p. 325 e ss.

funcionalista), permite falar de uma *dupla função estabilizadora da norma*. O Estado não somente deve estabilizar as normas jurídico-penais através de uma persecução penal efetiva, mas também os direitos fundamentais dos imputados, aplicando proibições de utilização de provas no caso de violações a direitos do indivíduo. A partir dessa perspectiva, contemplam-se nas repetidas proibições, uma certa função de controle disciplinar das autoridades de persecução penal, no sentido de prevenção geral negativa.[127]

As maiores dificuldades surgem quando a citada colisão se une à falta de proibição escrita de utilização de provas. Nesses casos, torna-se inevitável encontrar um critério para resolver os citados conflitos entre os interesses estatais de persecução penal e de averiguação da verdade, por uma parte, e a proteção aos direitos individuais, por outra. Ocorre que para resolver essa tensão, a jurisprudência do Tribunal Constitucional acudiu, sucessivamente, a diferentes teorias:[128] *teoria do âmbito ou círculo de direitos* (*Rechtskreistheorie*);[129] a doutrina do fim de proteção da norma (*Shutzzwecklhere*);[130] e a *teoria da ponderação.*

Ao que concerne à teoria da ponderação, de aplicação majoritária na atualidade, os interesses a ponderar se materializam tendo em conta a gravidade do fato e o peso da infração processual penal.[131] Essa ponderação corresponderá ao Juiz de instância, quem deve decidir em juízo se pode subsanar a infração processual ou deve entender que existe uma proibição de utilização, não-escrita. Elementos para esse julgamento poderiam ser a existência de uma infração legal de especial gravidade, do ponto de vista dos direitos humanos e/ou se a infração se manifesta como um atuar calculado ou consciente das disposições processuais.[132]

---

[127] Ambos, K., (nota 74) p. 327.

[128] BGH 14, p. 365; 19, p. 329; e 31, p. 308.

[129] A teoria do círculo de direitos questiona unicamente se a violação afeta substancialmente ao âmbito de direitos do recorrente, ou se somente é de ordem menor, e consequentemente carece de importância. Aplicada a alguns casos, rejeita-se atualmente por seu caráter restritivo dos direitos processuais do acusado. Conforme Ambos, K., *ob. cit.*, p. 342.

[130] Essa doutrina questiona se o sentido e o fim de uma disposição processual infringida demandam expressamente uma proibição de utilização, o que supõe de início a existência de uma norma que proíba a produção probatória, da qual cabe inferir um fim de proteção. No esclarecedor exemplo de Ambos: se à testemunha Z, parente do acusado, não É advertida de seu direito a negar-se a declarar (§ 55 II da StPO), se questionaria se o citado parágrafo serve somente para proteger a testemunha da autoincriminação e da incriminação de parentes, ou também se a norma tem por objetivo proteger o acusado frente a eventuais afirmações falsas da testemunha, o que fundamentaria a proibição de utilização. Cfr., Ambos, K., *ob. cit.*, p. 343.

[131] Volk, K., 2006: *Grundkurs StPO*, 5. ed, § 28, n. 1 e ss. Teoria dominante, não se aplica unicamente nos casos de erros processuais nos interrogatórios ou nas medidas coercitivas relacionadas com a proteção judicial do interrogado, nos quais se apoia a «*teoria do fim de proteção*»; Jäger, 2003: *Beweisverwertung und Beweisverwertungsverbote im Strafprozessrecht*, p. 4 e ss.

[132] V., nesse sentido, Ambos, K., cit. p. 327; e Finger, J.A., 2006, 529 (535).

2.3.3 O Código de Processo Penal uruguaio

O Uruguai carece de uma norma expressa que defina a ilicitude probatória. No entanto, possui limitações probatórias e proibições expressas que impedem a admissão de um meio probatório de tal índole: art. 185 (coação, ameaças ou promessas); art. 213 (interceptação de cartas ou documentos), ou art. 220 (revelar segredos conhecidos em razão da profissão desempenhada).[133]

O controle sobre a ilicitude se vê dificultado, também, pela falta de norma expressa que proíba a utilização em juízo de meio de prova obtido na investigação, nem regra que exija a necessidade de sua reprodução na fase plenária.

Nessa situação, tanto a doutrina como jurisprudência vinculam a ilicitude probatória com a vulneração a direitos fundamentais e com a violação a normas processuais que regulam a obtenção de provas.[134] Nesse sentido, apela-se à vulneração a princípios e garantias contidos nos arts. 72 e 332 da Constituição do Uruguai.[135]

2.4 Ausência de previsão normativa específica de uma regra de exclusão

Alguns ordenamentos jurídicos como o francês mantiveram-se na situação anterior à tendência a outorgar um tratamento específico e usualmente privilegiado à nulidade que, como no caso da ilicitude probatória, acompanha a existência de um óbice processual bastante significativo. Porém, a Argen-

---

[133] CPP de 1981 (Decreto-lei 15.002). O art. 185 do CPP (que reitera os termos do art. 20 da Constituição) estabelece: «*Em nenhum caso será imposto ao réu ou processado, juramento ou promessa de dizer a verdade. Tampouco poderá empregar-se contra ele qualquer espécie de coação, ameaça ou promessa*»; O art. 213 do CPP afirma: «*Não podem ser interceptadas as cartas ou os documentos enviados ou entregues aos Defensores para desempenhar seu encargo*»; e o art. 220 do CPP expressa: «*deverão abster-se de declarar sobre fatos secretos que cheguem ao seu conhecimento, em razão do próprio estado, ofício ou profissão, sob pena de nulidade...*». Cfr. Guariglia, F., 1993: «Las prohibiciones probatorias» em *El Nuevo Código Procesal Penal de la Nación*, Ed. del Puerto, Buenos Aires, p. 16 e ss.

[134] Véscovi, E., 1983: *Premisas para la consideración del tema de la prueba ilícita*, L.J.U., tomo LXX, seção Doutrina, Montevideu, p. 35 a 47; Bermúdez, V., *ob. cit.*, p. 317: Minvielle, B., 1988: *La prueba ilícita y el debido proceso penal*, Montevideu: Ed. Amalio Fernández, 191 p.; Marabotto, J., «Prueba – generalidades», em *Curso sobre el Código General del Proceso*, T.I, F.C.U. Montevideu, p. 144; e Landeira, R., n. 2, entre outros.

[135] «*A enumeração de direitos, deveres e garantias, feita pela Constituição, não exclui os outros que são inerentes à personalidade humana ou derivem da forma republicana de governo*». Por sua parte, o art. 332 estabelece que: «*Os preceitos da presente Constituição que reconhecem direitos aos indivíduos, assim como os que atribuem faculdades e impõem deveres às autoridades públicas não deixarão de ser aplicados por falta de regulamentação respectiva, mas sim esta será suprida recorrendo-se aos fundamentos das leis análogas, aos princípios gerais de direito e às doutrinas geralmente admitidas*». Sobre o processo penal uruguaio e suas linhas de reforma, Preza Restuccia, D., 2009: *El proceso penal uruguayo*, Fundación de Cultura Universitaria, 3. ed., Montevideu, *passim*.

tina ocupa um lugar diferenciado, especialmente em vista de sua configuração política federada e o fato de que tanto em Buenos Aires, como em outros Estados federados modificaram o Código de Processo Penal, incorporando regras de exclusão específicas, enquanto o Código de Processo Penal da nação encontra-se pendente de reforma e carece de tais regras.

2.4.1 A nulidade como remédio processual no Código de Processo Penal francês e o princípio da lealdade

O processo penal francês encontra-se dominado pelo princípio da liberdade probatória, o que equivale a que tanto os meios de prova como as regras de valoração não sejam submetidos à regulação legal expressa. Existe uma relação de meios de prova não exaustiva e a valoração é livre.[136] Somente se contemplam normas reguladoras em matéria de obtenção de prova, submetidas ao princípio de legalidade. Sendo assim, a doutrina francesa ataca a ilicitude probatória nem tanto da perspectiva substancial, mas desde a das provas obtidas ilegalmente (*illegally obtained evidence*). Desde tal perspectiva, não como «*prova ilegal*» em sentido próprio (contrária à lei), mas sim em outro mais amplo, que abrange a ilicitude e a irregularidade ou, em outras palavras, contraria o direito em um sentido amplo.[137]

Inclusive, as próprias regras legais sobre admissibilidade da prova são muito recentes, o que explica o uso geral das nulidades processuais relativas aos atos que não tenham seguido, em seu desenvolvimento, as regras estabelecidas pelo legislador.[138] Nesse sentido fala-se em «*nulidade textual*», como relativa à proibição de busca e apreensão em horário noturno ou às escutas telefônicas a determinados sujeitos.[139]

---

136 Tanto o art. 353, como o art. 427 do CPP francês, consagram a íntima convicção como elemento chave para determinar os fatos. Antes de a Cour d'assises se retirar, o presidente fará uma leitura da seguinte instrução, que será também anunciada em letras destacadas no lugar mais visível da sala de deliberações: «*A lei não perguntará aos Juízes sobre os meios pelos quais tenham alcançado o veredito, não poderá prescrever as regras das quais dependerão particularmente a plenitude e a suficiência de uma prova. Ela os ordenará que perguntem a si mesmos em silêncio e recolhimento, e que busquem, na sinceridade de sua consciência, que impressão lhes causarão as provas apresentadas contra o acusado e os meios de sua defesa. A lei somente lhes fará uma pergunta que reúne a totalidade de seus deveres: "Você está intimamente convicto?" Conforme o art. 427 do CPP: Aparte dos casos em que a lei não disponha de outro modo, a existência de infrações poderá ser estabelecida ou acreditada por qualquer meio de prova, e o Juiz decidirá segundo sua convicção íntima. O Juiz somente poderá basear sua decisão sobre as provas que lhe sejam aportadas no curso dos debates e contraditoriamente discutidas perante ele*». LELIEUR-FISCHER, J.; *Nouvelle tendances a propos de la preuve illègale* (Rapport sur le droit français). Inédito.

137 *Ob. et loc. cits.*

138 MERLE, R. e VITU, A., 2001: *Traité de droit criminel, Procèdure pénale*, 5. ed. Paris: Cujas, n. 159.

139 Os arts. 56 a 59; 95 e 96, ou o art. 100-7 do CPP, respectivamente.

A prova ilícita, contudo, não se inclui em tais casos, mas sim naqueles relativos às «*nulidades substanciais*». Desde essa perspectiva, dois preceitos obtêm relevância particular: o art. 171 e o art. 802, ambos do CPP, relativos às formalidades substanciais.[140] A jurisprudência francesa aplica, a partir deles, a doutrina sobre prova ilícita, considerando «*formalidades substanciais*» aquela referente aos direitos essenciais da acusação ou da defesa.[141] Contudo, a nulidade não é imediata, como veremos ao analisar o tratamento processual da prova ilícita.

Na falta de uma maior precisão legal, a jurisprudência desenvolveu uma ampla doutrina em torno das circunstâncias que devem provar aqueles que alegam vulneração de formalidade substancial que, por atentar a seus interesses, conduz à nulidade. Nesse âmbito é onde se destaca a frequente oscilação entre a proteção de interesses confrontados, na hora de investigar os delitos e proteger os direitos individuais.[142]

É interessante ressaltar que essa jurisprudência inspirou a recente inclusão de situações de nulidade no Código de Processo Penal, resultantes no caso de determinadas medidas limitadoras de direitos fundamentais, como a do art. 100-5.3 do CPP. Sanciona-se, assim, a transcrição da comunicação do advogado no exercício de sua defesa, provocação para cometer um crime por parte do agente infiltrado (art. 706-81,2 do CPP); ou a busca e apreensão que se afaste da investigação dos fatos delitivos para a qual foi autorizada, ou a exceção relativa aos «*achados casuais*».[143]

---

[140] Este último é de aplicação a todo tipo de processos penais. O primeiro tem restringida sua aplicação aos processos por delitos mais graves. O art. 171, incluído no capítulo dedicado às «*nulidades na instrução*», prescreve: «*haverá nulidade quando o desconhecimento de uma formalidade substancial prevista em uma disposição da presente Lei, ou qualquer outra disposição do julgamento penal, tenha atentado contra os interesses da parte à qual afete. Com relação ao art. 802: no caso de infração às formalidades prescritas pela lei sob pena de nulidade ou de inobservância das formalidades substanciais, qualquer órgão jurisdicional, incluindo a Cour de Cassation, que estivesse encarregado de uma petição de anulação, somente poderia pronunciar a nulidade quando esta houvesse prejudicado os interesses da parte a qual afetou*».

[141] Assim, por exemplo, sucede com a detenção e prisão provisória (*Cass. Crim.* de 04 de janeiro de 1996, *Bull. Crim.* n. 5; *Cass. Crim.* de 03 de dezembro de 1996, *Bull. Crim.* n. 443; *Cass. Crim.* de 30 de janeiro de 2001, *Bull. Crim.* n. 26; *Cass. Crim.* de 13 de fevereiro de 1996, *Bull. Crim.* n. 74).

[142] Assim aconteceu com sucessivos pronunciamentos sobre a necessidade de que o acusado estivesse presente na hora da busca e apreensão (arts. 57 e 59.2 do CPP), exigindo-a no *Cass. Crim.* de 27 de setembro de 1984, *Bull. Crim.* n. 275 e negando-a em *Cass. Crim.* de 17 de setembro de 1996, *Bull. Crim.* n. 316; para terminar apontando que a nulidade não deriva automaticamente por não provar que se assim se limita seu direito de defesa em *Cass. Crim.* de 15 de junho de 2000, *Bull. Crim.* n. 229.

[143] Art. 706-93 do CPP (Introduzido pela Lei 2004-204 de 09 de março de 2004, art. 1.º do Diário Oficial de 10 de março de 2004 em vigor a partir de 1.º de outubro de 2004). As operações previstas nos arts. 706-89 a 706-91 não poderão, sob pena de nulidade, ter outro objeto

Se fosse necessário estabelecer uma definição de prova ilícita no direito francês, ela se referiria àquela cuja obtenção tenha violado a uma norma legal específica ou, na falta de tal norma, tenham sido cometidas violações a direitos fundamentais ou ao princípio de lealdade.[144] O fundamento se encontraria na ideia de que, em um Estado de Direito, existem limites inerentes aos direitos da personalidade e do indivíduo, ao passo que se exige do aparato repressivo a submissão ao princípio de lealdade e às normas estabelecidas. Essa configuração permite acentuar que nem toda a prova ilícita acarreta a infração de um direito fundamental, na medida em que ela existirá quando se incorra em deslealdade, mas nem toda prática desleal supõem uma infração aos direitos fundamentais.[145]

Um aspecto notório dessa configuração é a existência de dois limites específicos: 1) o respeito aos direitos fundamentais e 2) o princípio da lealdade. Em relação à preservação dos direitos fundamentais, a construção francesa não difere das construções de outros países, especialmente da aplicada pelo Tribunal Europeu de Direitos Humanos (doravante TEDH): interdição absoluta da tortura e dos tratamentos degradantes (art. 3 da CEDH);[146] preservar o direito à intimidade da vida privada;[147] ou o respeito pelos direitos de defesa, especialmente a partir da modificação da Lei 2000-516, de 15 de junho, sobre a presunção de inocência e os diretos das vítimas.[148]

O «*princípio de lealdade na obtenção da prova*» constitui um aporte de inquestionável interesse. Trata-se de um princípio geral do direito, de origem jurisprudencial, em virtude do qual se incorpora um conceito jurídico indeterminado, permitindo-se excluir do processo aquelas provas obtidas com utilização de mecanismos desleais, armadilhas ou estratagemas, que fariam a justiça perder a dignidade com a qual se deve lutar contra a delinquência.[149]

---

senão a investigação e a constatação das infrações às quais se refere a decisão do *juge des libertés et de la détention* ou do Juiz de Instrução. O fato de que tais operações relevaram outras infrações diferentes às descritas na decisão do *juge des libertés* e da detenção, ou do Juiz de Instrução, não constituirá causa de nulidade dos procedimentos afetados.

[144] Boursier M. E., 2003: *Le principe de loyauté en droit processuel*, Préface de S. Guinchard, Paris: Dalloz, Nouvelle bibliothèque de thèses.

[145] Lelieur-Fischer, J. *Nouvelles tendances a propos de la preuve* illegale (Rapport sur le droit français), inédito.

[146] Podem examinar-se as condenações do TEDH à França nos casos: CEDH, 27 de agosto de 1992, Tomasi; CEDH, de 28 julho de 1999, Selmouni; CEDH, de 1.º de abril de 2004. Para ampliar as informações, pode-se ver: Merle, R. e Vitu, A., *ob. cit.*, n. 155, p. 197.

[147] Em muitos casos de vulneração do segredo de correspondência ou escutas telefônicas (art. 100 do CPP), a jurisprudência sanciona com a nulidade as vulnerações que somente contemplavam irregularidades legalmente.

[148] V. Guinchard, S. e Buisson, J., 2002: *Procèdure penale*, 2. ed. Paris, Litec, n. 555.

[149] M.-E. Boursier, 2003: *Le principe de loyauté en droit processuel*, Préface de S. Guinchard, Paris: Dalloz, Nouvelle bibliothèque de thèses; P. Bouzat, 1964: «La loyauté dans la recherche des preuves», em *Recueil d'études en hommage à L. Hugueney*, Paris: Sirey; C. Ambroise-

Aplicou-se, por exemplo, em casos de juízes de instrução que se passavam por outras pessoas para obter confissões;[150] agentes encobertos ou gravadores ocultos;[151] e, mais notadamente, em casos de «*provocação policial*»[152] e uso indevido de regras especiais em circunstâncias concretas ou processos especiais, como os do crime organizado.[153] Tal princípio informa que, em todos aqueles casos em que a falta de regulação legal específica, em um ordenamento como o francês, inspirado na liberdade da valoração probatória, a prova ilícita poderia ficar sem qualquer sanção jurídica. Por outro lado, permite uma aplicação potencialmente mais ampla que circunscrever os casos à vulneração a direitos fundamentais, ao abranger casos em que, sem existir a vulneração, cabe apreciar deslealdade.

Contudo, não se deve ocultar que, em casos mais recentes, tende-se a minorar os efeitos excludentes da aplicação desse princípio, admitindo o meio de prova sempre que cumpra duas condições: 1) poder submetê-lo ao contraditório no julgamento e 2) que não constitua a única prova em virtude da qual ocorra a condenação.[154]

2.4.2 O Código de Processo Penal Nacional argentino e os Códigos de Processo Penal provinciais

Na Argentina, o CPP Nacional não contém previsões legais expressas, como tampouco a maioria dos CPP das diversas Províncias do país. No seu lugar se recorre ao sistema de nulidades. O art. 168.2 do Código de Processo Penal da Nação (CPPN) dispõe: «*Somente deverão ser declaradas de ofício, em qualquer estado e estágio do processo penal, as nulidades previstas no artigo anterior que impliquem violação às normas constitucionais, ou quando assim se estabeleça expressamente*».[155]

-Casterot, 2005: «Recherche et administration des preuves en procédure pénale: la quête du Graal de la Vérité», *AJ Pénal*, n. 7-8, p. 261 a 267.

[150] *Chambre réunis*, 31 de janeiro 1888, D.1889, 1.241.

[151] *Cass. Crim.* de 12 junho de 1952, *Bull. Crim.* n. 153; n. 15, p. 179 e ts. *Cass. Crim.* de 19 de janeiro de 1999, Bull. Crim. n. 17; *Cass. Crim.* de 13 de outubro de 2004, *Bull. Crim.* n. 243. V. J. Pradel e Varinard, A., 2003: *Les grands arrêts de la procédure pénale*, 4. ed. Paris, 2003.

[152] Até a recente modificação do CPP pela lei de 2004, condenava-se a incitação de um agente de polícia infiltrado para surpreender em flagrante delito (*Cass. Crim.* de 2 de março de 1971, *Bull. Crim.* n. 71; *Cass. Crim.* de 2 de outubro de 1979, *Bull. Crim.* n. 266). A modificação do art. 706-81 do CPP tolera, em casos de crime organizado, mas somente nesses casos, e com prévia autorização judicial (art. 706-93 do CPP).

[153] Não tem teor correspondente.

[154] *Cass. Crim.* de 13 de octubre de 2004.

[155] «*Art. 167. Entender-se-á sempre prescrita, sob pena de nulidade, a observância das disposições concernentes: 1.º) à nomeação, capacidade e constituição do Tribunal, do Juiz ou do representante do Ministério Público; 2.º) a intervenção do Juiz, Ministério Público e querelante no processo e sua participação nos atos em que ela seja obrigatória; 3.º) à intervenção, assistência e representação do imputado, nos casos e formas em que a lei estabelece.*»

O Anteprojeto do Código Processual Penal argentino de 2007 prescreve a proibição da valoração daqueles atos processuais cumpridos (*sic*) com inobservância dos direitos e garantias previstos na Constituição Nacional, os instrumentos internacionais de direitos humanos e nesse Código, salvo que o vício tenha sido convalidado ou sanado.[156]

Somente algumas Províncias, como a de Buenos Aires, Mendoza e Córdoba, contem «*regras de exclusão*». Nessas províncias, através de uma redação muito similar nos três CPP, estabelece-se que carecerá de toda eficácia probatória os atos que vulnerem as garantias constitucionais. O art. 211 do Código Processual Penal da Província de Buenos Aires (CPPBs.As.) estabelece: *exclusões probatórias: carecem de toda eficácia probatória os atos que vulneram garantias constitucionais;* e no art. 194, § 1.º, do Código Processual Penal da Província de Córdoba (CPPCba.): *exclusões probatórias: carecem de toda eficácia probatória os atos que vulneram garantias constitucionais.* A mesma prescrição se aplica em Tucuman (art. 194), Buenos Aires (art. 211) e Chaco (art. 193).

Ressalta-se que na Argentina, como em outros países, houve épocas extremamente críticas em relação à regra de exclusão, contemplando, essencialmente, as impunidades que ela originava, valorizando outras que atendiam melhor a proteção dos direitos individuais e a garantia do jogo limpo na persecução dos delitos.[157] Tampouco faltam referências jurisprudenciais a teses moderadoras da regra citada, como a exceção da «*fonte independente*».[158] A partir de 1982 se estendeu a ideia de excluir, em todo caso, a prova que violasse princípios constitucionais, ao passo que se foi regulando, pormenorizadamente, os pressupostos legais que devem estar presentes para que haja a limitação de direitos fundamentais. O Anteprojeto do Código Processual Penal da Nação dedica, entre os «*meios de prova*» (Título III), o Capítulo III, que fixa os pressupostos da busca em lugares e revista pessoal, o Capítulo IV ao Sequestro, o Capítulo V à interceptação de correspondência e o Capítulo

---

CAFFERATA NORES, J. J., 1992: «Invalidez de las pruebas obtenidas en violación de garantías constitucionales» em *Revista de Derecho Penal I*; Rosário, Santa Fé, Edit. Juris. p. 7; MILL DE PEREYRA, R., 2006: «Prueba y sucedáneos de prueba en el proceso penal» em *Problemas actuales del proceso iberoamericano*, Servicio de publicaciones. Centro de ediciones de la Diputación Provincial de Málaga (Cedma), vol. II, p. 319.

156 Anteprojeto apresentado pela Comissão Assessora para a reforma da legislação processual penal, constituída pelo Decreto 115, de 13 de fevereiro de 2007. A convalidação (B.O 06.02.2007). A convalidação é regulada no art. 138 da ACPP, naqueles casos, excluídos os vícios absolutos, por solicitação do interessado, ou aceitação expressa ou tácita deste.

157 Em *US vs. Calandra* – 414 US 338 – (1974) se afirmava: «*a regra de exclusão é aquela que permite à Justiça evitar que se contamine a sociedade com ilegitimidades, e que assegura ao povo que o governo não tirará vantagens de seu comportamento fora da lei, minimizando o risco de desestabilizar a confiança popular no governo*».

158 *St. Ruíz, Roque vs. furtos reiterados* (Falhas: 310-2: 1.850).

VI à interceptação das comunicações (buscas e apreensões; intervenção das comunicações).[159]

2.5 Reações pendulares: entre períodos de paz social, teses garantistas, aumento da criminalidade, aparição de novas formas de criminalidade e o terrorismo

A variabilidade do conceito e a configuração da prova ilícita estão muito ligadas à já mencionada tensão entre a tutela de bens essenciais para a sociedade, através do processo penal e das garantias exigidas, seja para limitar os direitos fundamentais, seja para adotar as medidas necessárias para alcançar aqueles objetivos.

Como se apontou na apresentação, essa tensão aumenta em circunstâncias de grande insegurança dos cidadãos, os quais costumam produzir a um endurecimento na persecução criminal e, muito frequentemente, uma diluição das garantias, apelando a circunstâncias, de exceção. Eventos como os de 11/09, 11/03, ou o de 07/06 e suas consequências constituem um exemplo que não requer maiores explicações. Basta se referir à decisão do Tribunal de Distrito de Rotterdam no final de 2002, na qual se admitiram informes da polícia secreta para iniciar uma investigação, mas não como fundamento exclusivo para fundar a existência de uma «*suspeita razoável*», e a reação provocada na imprensa norte-americana através do *The Wall Street Journal Europe*, de 07 de julho de 2003, criticando seu teor, por dificultar a luta antiterrorista e frustrar os esforços das agências de inteligência através de «*Tribunais liberais e leis inadequadas*».[160]

Pode-se citar também a luta contra o terrorismo no Peru, em um conhecido caso resolvido pela Corte Interamericana de Direitos Humanos (*Caso Castillo Petruzzi e outros vs. Peru*), no qual o voto particular do Juiz Vidal Ramírez assenta seu peso nas especiais circunstâncias sociais e políticas entre os anos 1980 e 1994, quando, convocadas eleições para o estabelecimento da democracia, surgiu o terrorismo, através do Sendero Luminoso na Zona Andina, o Movimento Revolucionário Tupac Amaru (MRTA) na Zona Selvagem, realizando atentados, assaltos, sequestros e outros atos criminosos. Embora o voto particular não justifique nenhuma limitação ilegal de direitos fundamentais, já que de fato participa da condenação do Peru, lança importantes considerações sobre a necessidade, frente a tal situação, de decretar o estado de emergência, com a reconhecida legislação especial e a ampliação dos poderes da polícia.[161]

---

[159] Elaborado pela Comissão Assessora para a reforma da legislação processual penal, constituída pelo Decreto 115, de 13 de fevereiro de 2007 (BO de 06 de fevereiro de 2007).

[160] (LJN, n. AF2141, caso n. 10/150080/01). Citado por Vervaele, J. A., cit. n. 113, p. 446 e ss e n. 84, p. 427, n. 25.

[161] Sentença de 30 de maio de 1999. Em palavras próprias: «*em meu voto consigno o que tem significado o terrorismo na vida peruana e as medidas de exceção que, frente à violência*

Não são os únicos, no entanto. O aumento do crime organizado e sofisticado e a sua crescente globalização torna difícil, se não impossível, a persecução e a punição com as normas atuais, conduzindo a absolvições indesejadas.

Muitos países tomaram medidas urgentes, especialmente na luta contra o terrorismo, como os Estados Unidos da América através do *Patriotic Act*, no que se refere à segurança interior, e a «*Estratégia de Segurança Nacional*», de 17 de setembro, no exterior. Nessa linha, a França, mediante a «*Loi n. 2004-204 du 9 mars 2004*», reconhece novos poderes coercitivos à polícia francesa, à qual se agrega a nova redação dos arts. 706-81 ao 2, e 706-93 do CPP, referente às buscas sem consentimento do morador, os agentes encobertos para crimes organizados, ou, finalmente, as nulidades do art. 100-5 ao 3 do CPP, sobre transcrição de interceptações telefônicas (Lei n. 2005-1549, de 12 de dezembro de 2005).[162]

No marco da União Europeia, depois de 11/03, articulou-se uma série de medidas endereçadas a ampliar os instrumentos da luta contra o terrorismo.[163] As ações, a partir da ideia central de solidariedade aos Estados Unidos, estavam centradas no acesso e intercâmbio de informação e na prevenção. Em primeiro lugar destaca-se uma série de medidas focadas no intercâmbio de informação e cooperação sobre delitos terroristas, o intercâmbio de informações entre as autoridades encarregadas de garantir o cumprimento da lei dos Estados-membros, o intercâmbio de dados com a Interpol, as novas funções do SIS, na luta contra o terrorismo,[164] bem como o acordo PNR 2007 com os Estados Unidos.[165] Concentrando-se no que interessa em nosso estudo, basta

---

terrorista, se viu necessitado o Estado peruano a adotar, com a finalidade de sufocar e pacificar o país. Não obstante, e atendendo às normas da Convenção (sic: CIDH) e o caráter de obrigatoriedade que elas possuem para o Estado peruano, participo com meu voto na decisão adotada pela Corte, para declarar a invalidade do processo que com as normas de exceção foi instaurado contra os cidadãos chilenos que, como membros do MRTA, tomaram armas para atentar contra a vida de peruanos e contra a segurança cidadã».

[162] *Patriotic Act* de 26 de outubro de 2011. A *Estrategia de Seguridad Nacional,* de 17 de setembro de 2002, incorpora o conceito de «*guerra preventiva*» e possibilitou, de fato, as invasões do Afeganistão e do Iraque. Sobre ambos os documentos e sua incidência podem ver-se, entre outros, PÉREZ CEBADERA, M-A, 2002: «La reacción procesal penal en USA tras el 11 de septiembre» em *Tribunales de Justicia*, n. 11, nov. 2002; e VERVAELE, J. A. E., «Terrorismo e intercambio de información...», cit., em AAVV, *Prueba y proceso penal*, cit., p. 435 a 440.

[163] Criou-se um grupo contra o terrorismo em Europol, com o objetivo de coletar, analisar e difundir a informação dos serviços de inteligência. Em 2004 apresentou-se um Projeto de Decisão, marco da simplificação do intercâmbio de informação e inteligência entre os corpos de segurança dos Estados membros da União Europeia, em particular em relação aos delitos graves, incluídos nos atos de terrorismo, Conselho da EU, 10215/04, de 04 de junho de 2004.

[164] Serviços de inteligência.

[165] Acordo entre a União Europeia e os Estados Unidos da América sobre o tratamento e a transferência de dados do registro de nomes dos passageiros (PNR) pelas companhias aéreas ao Departamento de Segurança do Território Nacional dos Estados Unidos (Acordo PNR 2007).

observar as dificuldades que se originaram na hora de incorporar o fruto das investigações dos serviços secretos quando, como acontece, estes não podem ser revelados e aqueles que os obtiveram não podem ser reconhecidos e, muito menos, declarar como testemunhas no julgamento correspondente.[166] Isso apesar da falta de uma norma expressa que contemple uma proibição nesse sentido.

Merece atenção, finalmente, o fato de que a Espanha não promulgou nenhuma medida legislativa extraordinária, nem em torno à investigação dos acontecimentos de 11/03 (Madri), nem em relação ao julgamento posterior. Após uma demorada e necessariamente grande investigação, e quase um ano de julgamento público, ditou-se a sentença no dia 31 de outubro de 2007.

Mas os crimes terroristas e os não menos importantes, derivados do crime organizado, não são os únicos elementos a serem considerados. Paralelamente, observam-se efeitos pendulares na Justiça, que em períodos de menor incidência midiática em torno da falta de segurança pública «*abre mão*» e mostra uma maior sensibilidade para preservar as garantias individuais. No entanto, o aumento da criminalidade e a percepção de certo «*hipergarantismo*» provocam reações no sentido contrário, com diversas manifestações: a) reduzir o âmbito de aplicação da doutrina sobre a «*prova ilícita*»; b) aumentar as exigências para sua aplicação, ou incorporar doutrinas atenuantes mais causualistas ou objetivas, como a conexão de ilicitude; c) a boa fé do transgressor; d) a descoberta inevitável; e) o nexo causal atenuado; ou f) a «*fonte independente*», entre as mais conhecidas.

No âmbito normativo, cabe destacar: o *Reglamento del Consejo 2580/2001, de 27 de dezembro.* Além de conter medidas concretas, estabelece e atualiza as listas de indivíduos e organizações terroristas; a *Decisión del Consejo por la que se crea Eurojust* (28.02.2002); o *Reglamento 881/2002 del Consejo*, de 27 de maio de 2002, pelo qual se impõem determinadas medidas restritivas específicas, dirigidas contra determinadas pessoas e entidades associadas com Osama Bin Laden, a rede Al-Qaida e os talibãs; a Decisão marco, relativa à ordem de detenção europeia (13.06.2002); *a Decisão marco*, relativa à execução na UE das resoluções de embargo preventivo de bens e proteção de provas (22.07.2003).

[166] Na Itália, o Juiz de Instrução C. Forleo do «*Tribunale de Milano*» (24 de janeiro de 2004) declarou que não cabe utilizar no processo italiano algumas fontes de inteligência estrangeiras (N 28491/04 R.G., G.I.P.; N5774/04 R.G. G.I.P. E na Holanda, a decisão do Tribunal do distrito de Rotterdam, no final de 2002, admitiu os informes para iniciar uma investigação, mas não como fundamento exclusivo para fundar a existência de uma «*suspeita razoável*» (LJN n. AF2141, caso n. 10/150080/01). Uma análise desta última decisão é feita por Vervaele, J. A., cit. n. 113, p. 446 e ss. Essa decisão foi objeto de duras críticas no *The Wall Street Journal Europe* de 07 de julho de 2003, por dificultar a luta antiterrorista e frustrar os esforços das agências de inteligência através de «Tribunais liberais e leis inadequadas». Citado por Vervaele, cit. n. 84, p. 427, n. 25, 166) Assim se declara nas decisões da Segunda Câmara do Tribunal Superior Espanhol: S. n.. 786/2003, de 29 de maio (RJ 2003/4342) e STS 2084/2001, de 13 de dezembro (RJ 2002/1991).

Contudo, a existência e a sobrevivência da doutrina sobre a prova ilícita, em um Estado democrático, obriga a que o processo penal proteja um catálogo de direitos, fundamentais ou não, consagrados em seu Texto Fundamental, ou em normas de legalidade ordinária, de maneira que as vulnerações aos mesmos careçam de eficácia probatória no processo penal. Valorar uma prova proibida equivale a ignorar as garantias estabelecidas em seu próprio ordenamento.

Afastar tal valoração conduz à diluição das garantias e dos direitos do acusado, não somente na investigação, mas também em seu direito à prova, como parte ao seu direito ao devido processo legal. Essa finalidade não exclui a realização de outras formas de preservar a ação jurisdicional, corrigir os erros cometidos em detrimento dos cidadãos ou incorporar um efeito dissuasório sobre as condutas das autoridades de investigação.

CAPÍTULO II

CAUSAS E ESPÉCIES DE ILICITUDE PROBATÓRIA

Convém constar, desde o início, que as classificações são tantas quantas as diferentes perspectivas possíveis de serem abordadas as manifestações da ilicitude.[1] Em relação a essas, cabe isolar uma série de assuntos excluídos como objeto de alguma atividade investigativa ou probatória, em cujo caso a proibição recai sobre o mesmo tema da prova (segredos oficiais, evocação do privilégio de manter-se calado). A obtenção de fontes de prova pode estar ou não reguladas e, se assim for, deverá efetuar-se com base em normas de procedimentos pré-estabelecidas.[2] Finalmente, a introdução do material probatório no processo penal, através dos correspondentes meios de prova, resulta em uma atividade legalmente formalizada em normas materiais e processuais.

Expor, pormenorizadamente, cada uma delas, não obedece a desejos eruditos, mas sim se serve de seu alto grau ilustrativo e da sua importante função esclarecedora que comporta a exposição de cada aparato e as múltiplas categorias jurídicas que irão surgindo ao longo da explanação.

---

1 Entre as muitas classificações existentes, segue-se a de MIRANDA ESTRAMPES, M., 2004: *El concepto de prueba ilícita y su tratamiento en el proceso penal*, 2. ed, BCN, Bosch, p. 27 e ss. Outras correspondem a PASTOR BORGOÑON, B., que diferencia entre: a) «*matérias excluídas da investigação»; b) «métodos de investigação totalmente excluídos*»; e c) «*métodos de investigação admissíveis caso sejam respeitadas as condições e requisitos*» ou a seguida por ROXIN: a) proibições de proba (matéria qualificada como secreta, por exemplo); b) proibições de meio de prova (determinados testemunhos); c) proibições de método de prova (determinados tipos de interrogatório); d) proibições de provas relativas (que podem ser autorizadas por determinadas pessoas, por exemplo.); e d) proibições de aproveitamento ou de valoração) (cfr. *Derecho procesal penal*, Buenos Aires: Editores del Puerto, 2000).

2 As proibições probatórias derivam, neste caso, das normas – constitucionais ou ordinárias – que estabelecem procedimentos concretos à obtenção formalizada das fontes de prova, excluindo quaisquer outros; o que configuram o marco da livre atuação dos particulares. FERNANDEZ ENTRALGO, J., 1996: «Las reglas del juego. Prohibido hacer trampas: La prueba ilegítimamente obtenida» em AAVV, *La prueba en el proceso penal,* CGPJ, IX, p. 100.

1. SEGUNDO O ELEMENTO TEMPORAL

O momento temporal, como critério delimitador, se acomoda à distinção entre fonte e meio de prova. A fonte será obtida extraprocessualmente o meio deverá ser praticado em juízo ou reproduzir-se nos casos de prova antecipada e prova pré-constituída.[3] Ocorre que uma parte importante das ilicitudes se produz antes de o início do processo penal, incluindo em certas ocasiões, a denominada fase instrutória (alguns ordenamentos jurídicos), quer dizer, durante a busca e obtenção de fontes de prova. No entanto, por outra parte, tal discussão pesará de forma distinta em países como Alemanha, Holanda ou Chile, onde a investigação se confia, exclusivamente, ao Ministério Público, ou naqueles procedimentos e países nos quais se pode prescindir deste tipo de investigação. Na Espanha um relevante setor doutrinário limita o estrito regime de nulidades, derivado do art. 11.1 da LOPJ, aos atos de investigação, violadores de direitos ou de liberdades fundamentais, quando tais transgressões forem produzidas durante a obtenção da prova.[4] Em todo o caso, a ausência de garantia jurisdicional deve ser compensada com uma revisão judicial do processo e seus resultados, outorgando à revisão da ilicitude um papel relevante, tanto através de um controle de legalidade posterior ao modo articulado no CPP colombiano na fase investigativa,[5] quanto com uma abordagem diferente com um objetivo conexo, ao modo da *preliminary hearing* do processo penal norte-americano.[6]

Neste momento é importante analisar o CPP italiano para estabelecer uma categoria dupla: *inutilizzabilità* como proibição de admissão e *inutilizzabilità* como proibição de valoração, distinguindo seus efeitos excludentes em admissão do meio de prova ou no proceder sua valoração ou apreciação judicial.[7] Circunstância temporal que se apresenta no próprio *deterrent effect*, como efeito dissuasório, projetado, essencialmente, sobre a fase anterior ao processo penal.[8]

---

3 Vide Armenta Deu, T., 2010: *Lecciones de Derecho procesal,* 5. ed. Madri-Barcelona-Buenos Aires: Marcial Pons, Bosch.

4 O regime de nulidade do art. 238 da LOPJ fica restrito aos vícios que possam ser gerados na incorporação da fonte a um processo penal em que se provoca a falta de defesa (STC 221/1997). A menor gravidade do vício neste suposto impede o efeito reflexo.

5 Art. 213 e ss.

6 A audiência preliminar do processo penal nos EUA constitui um segundo filtro – após o primeiro comparecimento perante o magistrado – para determinar se procede ou não a manutenção da acusação. O magistrado examina a suficiência ou não da atividade probatória, na qual atuam acusação e defesa, podendo introduzir atividade probatória e, entre ela, a declaração de testemunhas submetidas à *cross examination.* Quando se infere a existência de *probable cause*, o caso passará ao Grande Júri ou ao Tribunal para o julgamento.

7 Miranda Estrampes, M., *El concepto de prueba ilícita...* n. 103; p. 94 e ss.

8 Yue Ma, 1999: «Comparative analysis of exclusionary rules in the United States, England, France, Germany, and Italy», em *Policing: An international journal of police strategies and management*, vol. 22, n. 3, p. 280 a 303.

Relacionando com a próxima sessão, um número importante de proibições probatórias atuam como limite ao trabalho policial, em momentos prévios ou iniciais do processo penal. Igualmente, a grande parte das medidas limitadoras de direitos fundamentais (busca e apreensão, escutas telefônicas, intervenções corporais etc.) constituem paradigmas de prova pré-constituída. Por essa razão, o deslocamento das atuações determinantes, para uma eventual condenação, posterior à fase investigativa, e o peso inegável da obtenção dos meios de prova nessa fase, transfere, inevitavelmente, a esta, boa parte da aplicação da doutrina sobre a prova ilícita.[9]

1.1 A prova antecipada e a pré-constituída

A prova antecipada e a pré-constituída constituem uma exceção, ou melhor, uma ponderação da exigência de que a atividade probatória respeite os princípios de imediação, oralidade e contraditório. Por este motivo, sua validade inicial e sua eficácia posterior, a efeitos de uma eventual condenação, não somente deve observar uma série de garantias que trasladem ao momento em que se concretizam, a maior aproximação a tal imediação, oralidade e publicidade, mas sim também devem velar por preservar o resultado no mesmo estado, através da conhecida «*cadeia de custódia*», garantindo sua incorporação ao processo, assim como garantir que em tal resultado se praticará a prova, caso seja possível, ou as medidas substituíveis para efeitos de publicidade e do contraditório.

Denomina-se *prova antecipada* aquela que tem lugar antes da fase oral do processo, em consideração a que previsíveis razões alheias à vontade das partes (por exemplo, enfermidade da testemunha ou residência no exterior) tornarão impossíveis sua prática naquela fase. Nesses casos, a prova se antecipa, integrando, na medida do possível, as garantias probatórias inerentes à fase de juízo. Uma condição básica dessa medida excepcional é a *irrepetibilidade* em relação ao futuro e ao adequado trâmite normal de sua prática. Tanto é assim que, se por circunstâncias novas, tal prática voltar a ocorrer (a testemunha que estava sob risco de morrer, melhora), a prova testemunhal deverá ser realizada na fase posterior, não podendo o Juiz basear a condenação nas declarações antecipadas.

As exigências do contraditório deverão ser garantidas em uma fase processual dupla: 1) quando se gera a prova antecipada e, 2) na fase proces-

---

[9] A doutrina italiana categoriza este fato como *inutilizzabilità fisiológica* e *inutilizzabilità patológica*. A primeira contempla os atos de investigação, que não poderão ser valorados como tais para efeitos probatórios (art. 526.1 do CPP). A *inutilizzabilità patológica* constitui um vício probatório na aquisição do meio probatório que acarreta a proibição de utilização (a *inutilizzabilità* como regime jurídico). Cfr. CONTI, C., 2007: *Accertamento del fatto e inutilizzabilità nel processo penale*, Cedam, p. 22.

sual denominada de juízo oral, articulando-se através da complementação das atuações necessárias para documentar a diligência, com suporte adequado (gravação ou registro autorizado pelo Secretário, por exemplo);[10] e instando a parte a quem interessa a reprodução posterior da gravação, da leitura literal da diligência,[11] ou o testemunho daqueles que atuaram na fase anterior.

A *prova pré-constituída* consiste na realização do ato probatório também antes da etapa correspondente à denominada fase do juízo oral do processo, pré-constituindo sua eficácia probatória. Como exceção está a necessidade de encobrir diversos interesses. De um lado, evitar a impunidade e os fins da investigação, garantindo simultaneamente que a prova se praticará em juízo e com todas as garantias. Por outro lado, articulando um remédio frente a determinadas diligências que, sendo de impossível reprodução, se geraram na etapa instrutória e naturalmente sem observar muitas das garantias de uma atividade encaminhada a flexibilizar a presunção de inocência. Trata-se de evitar tanto a impunidade dos autores de um delito, quanto a condenação que não respeite as garantias constitucionais.[12]

A questão oferece uma perspectiva dupla. De um lado, decidir até onde o ordenamento pode ceder na excepcionalidade dessa prova e, por outro, estabelecer quais mecanismos são indispensáveis para compensar a atenuação das garantias, levando a cabo um julgamento de ponderação, cuja aplicação marca posições ao longo de um arco de maior ou de menor exigência.

Para se valer de um exemplo difundido na Espanha, até uma conhecida decisão do Tribunal Constitucional de 1981 ponderava, por um lado, as conhecidas palavras da Exposição de Motivos da LECrim de 1882, denunciando a prática judicial de um veredicto com base nas evidências obtidas na fase anterior ao julgamento. Enquanto isso, se acudia, com excessiva frequência, ao art. 730 da LECrim, que permite ler, no ato do juízo oral, diligências praticadas na fase anterior (*sumario*) quando, por causas independentes à vontade das partes, não podem ser reproduzidas, o que propiciava ditar sentenças condenatórias

---

[10] Como se prevê nos arts. 777.2.I; II e III; e 797.2.I da LECrim. Conforme o primeiro preceito, o instrutor assegura a prova quando for necessário, documentando-a em suporte apto à reprodução e, devendo a parte a quem interessa, instar a reprodução em juízo. Nos termos do art. 797.2 (I, II e III) estão previstas garantias idênticas, dessa vez para as diligências urgentes no julgamento de garantia, quando se trata de um julgamento rápido.

[11] Como nos termos previstos no art. 730 da LECrim. Considerando o preceito exposto no lugar de exigir-se a prática de determinadas provas, permite-se a leitura do resultado das diligências praticadas na fase preliminar (*fase instructora*).

[12] Exemplos destes pressupostos são oferecidos pelos atos limitadores de direitos fundamentais (busca e apreensão; intervenções a comunicações pessoais; apreensão de drogas; retrato-falado; a gravação por uma câmera de segurança etc.). Em todos os casos é inegável que se a droga deve ser destruída, a apreensão e suas circunstâncias (quantidade, qualidade etc.) se tornam irreproduzíveis em julgamento. Daí a necessidade de pré-construir a atividade probatória durante a mesma instrução, por um lado, e de incorporar o resultado à fase de juízo oral, propiciando o contraditório necessário, por outro lado.

fundamentadas somente no que havia sido atuado durante a fase preliminar (*instrucción*).[13] A partir da STC de 28 de julho de 1988, fundamentou-se a doutrina conforme a qual somente merece a consideração de prova aquela que for produzida no ato de juízo oral, em condições de plena vigência das garantias essenciais da oralidade, contraditório, imediação e publicidade. As declarações inquisitórias, portanto, para que possam ser valoradas conforme o art. 741 da LECrim, devem ser reiteradas no juízo oral (STC 137/1988). Como critério geral, portanto, demonstrado que a diligência policial ou inquisitoriais não pode ser reproduzida em juízo, sua valoração como prova dependerá do cumprimento de certas formalidades. Singularmente, no caso das diligências policiais, será preciso que os agentes que as praticaram compareçam em juízo para ratificá-las, ou em seu lugar se fará a leitura no ato do juízo da correspondente documentação, conforme o art. 730 da LECrim. Em condições normais deverão salvaguardar-se as garantias consagradas legalmente nos arts. 777.2.I; II e III; e 792.2.I da LECrim: prática prévia jurisdicional; documentação em suporte adequado preservando a cadeia de custódia e reprodução em juízo.

1.2 A incidência da instrução e sua configuração

A ausência de jurisdicionalidade durante a investigação, por diferentes motivos, absolutamente neutros a estes efeitos, como encomendar a instrução a um órgão fora da jurisdição, ou prescindir da necessidade de articular uma fase de investigação (em delitos flagrantes ou de instrução especialmente simples), conduzirá a incrementar a necessidade de um exame prévio da legalidade durante a prática de diligências e na obtenção de fontes de prova, circunstância que incidirá igualmente no tratamento processual, conforme veremos mais adiante.

Os ordenamentos espanhol, francês e belga são paradigmas destes casos. Na Espanha, a Constituição (art. 18.2 da CE) e suas normas integradoras (art. 12 da DUDH, 17 do PIDC, e 8.º do CEDH) garantem a adesão à jurisdição nos processos ordinários; no caso de processos carentes de instrução, como os julgamentos rápidos ou naqueles cuja instrução do procedimento é encomendada ao Ministério Público (Lei de responsabilidade dos menores). Em todos os casos apresentados, a intervenção jurisdicional é obrigatória na hora de serem adotadas medidas cautelares (art. 28 da LORPM) e antecipar prova (art. 797.2 da LECrim). Além do mais, uma das atuações prévias à celebração do juízo é o exame e a revisão das diligências investigativas e das provas propostas (art. 785.1 da LECrim). Algo semelhante acontece em termos do CPP francês ao tratar-se de *délits* e *contravention*, para os quais a instrução judicial é facultativa ou praticamente inexistente. A aplicação do princípio *«quem é responsável dos atos não pode ser competente para declarar sua*

---

13 E o mesmo acontecia aplicando-se o art. 714 da LECrim, relativo à declaração testemunhal.

nulidade» impede extrair a «*diligência ilícita*» do «*dossiê*», devendo acudir-se, neste, caso à *Chambre de l'Instruction.*[14] Idêntico tratamento se prescreve na Bélgica.[15]

Por outra parte, essa é a razão fundamental da figura do «*Juiz de Garantias*», órgão proposto para compatibilizar dois fatos: que a investigação não esteja dirigida por um órgão dotado de jurisdição e, simultaneamente, que é preciso adotar medidas que afetam a direitos fundamentais e que por isso requerem uma autorização jurisdicional. Assim foi feito na Colômbia, país que reformou seu ordenamento, transladando a investigação (*instrucción*) aos membros da «*Fiscalía Geral del Estado*», os quais dirigem, coordenam e controlam as atividades da polícia judicial (art. 200 do CPP colombiano). Da mesma forma que no processo penal chileno, onde se exige a autorização judicial prévia para toda atuação do procedimento que prive o imputado ou a um terceiro do exercício dos direitos que a Constituição assegura (art. 9.º do CPP chileno), ou no art. 227 do CPP de Chihuahua (México), que também incorpora a figura do Juiz de Garantia.

1.3 O inquérito policial (*atestado policial*) e seu valor probatório

O inquérito policial representa outra exceção relevante à prescrição de que somente será válida a prova que se realize em juízo e com todas as garantias e oralidade, publicidade e contraditório. A respeito disso o Tribunal Constitucional espanhol enumera as seguintes advertências: a) o inquérito policial somente tem valor de ocorrência, pelo qual, considerados em si mesmos, os dados colhidos devem ser incorporados através de seus correspondentes meios de prova e, b) o valor probatório dependerá de que os funcionários concorram ao julgamento e testemunhem; ou em outro caso, que contenham dados objetivos e verificáveis, como quando se tratem de croquis, mapas ou fotografias, que podem ser incorporadas como prova documental, submetendo-a ao contraditório.[16]

2. SEGUNDO O ELEMENTO TERRITORIAL

Com a internacionalização do crime e a necessidade de harmonização das medidas, é importante saber em que jurisdição foi obtida a fonte de prova e a forma como ela foi incorporada ao processo penal. Isso influi, também, no

---

[14] Art. 181 do CPP francês.

[15] V. *infra*, Capítulo IV («Tratamento prévio») A).

[16] SSTC 145/1985, de 28 de novembro (RTC 1985, 145); 148/1985, de 30 de outubro (RTC 1984, 148) ; 5/1989, de 19 de janeiro (RTC 1989, 5); 3/1990, de 15 de janeiro (RTC 1990, 3); SSTC 222/1991, de 25 de novembro (RTC 1991, 222); e 111/1999, de 14 de junho (RTC 1999, 111); STC 145/1987, de 29 de setembro (RTC 1987, 145); (SSTC 145/1987, de 29 de setembro; e 24/1992, de 14 de febrero (RTC 1992, 24).

modo de articulação de eventual ilicitude. Essa circunstância é particularmente relevante, atualmente, no marco da UE, mas pode abranger outras realidades e âmbitos geográficos, quando não há um marco geral globalizado.

2.1 Recepção da prova obtida no exterior

O art. 3.1 do Convênio Europeu de Assistência Judicial em Matéria Penal, de 20 de abril de 1959, estabelece que as provas obtidas no exterior somente podem ser valoradas pelos Tribunais espanhóis, segundo o direito vigente na Espanha. No entanto, a partir do Convênio de Haya de 1970, sobre obtenção de provas, e no âmbito da UE, se estabeleceram mecanismos de comunicação e de execução análogos aos previstos entre órgãos jurisdicionais de cada país. Concretamente, o Regulamento 1206/2001, de 28 de maio, sobre obtenção de provas, constituiu um passo decisivo para agilizar e simplificar o procedimento e, ao mesmo tempo, conseguir a maior eficácia probatória possível no Estado requerente. No âmbito jurisprudencial, e a título de princípio geral, a jurisprudência do Tribunal Supremo espanhol remarca que não exercerá nenhuma forma de controle ou supervisão das fontes de prova obtidas em outros países ou as provas praticadas que se solicitem conforme uma Comissão Rogatória.[17] A partir deste ponto, com relação a essa doutrina jurisprudencial, aquele que alegar a vulneração a um direito fundamental deverá demonstrar tal acusação,[18] circunstância que, tendo em conta que a intervenção ilícita dos direitos fundamentais ocorrerá frequentemente no país de origem. Ademais, seu controle corresponderá aos órgãos do país da União ao qual se solicitou a ajuda, podendo supor, de fato, a diluição das garantias e a aplicação da «*desconexão de ilicitude*» sobre as provas praticadas no estrangeiro.[19]

2.2 A rogatória europeia de obtenção de provas

Baseado no princípio de reconhecimento mútuo foi criado, no âmbito da União Europeia, um formulário *standar* com perguntas e dados que objetivam e unificam a obtenção de provas, de fontes de provas concretas.[20] Este instrumento comunitário que se completará com o Programa de Estocolmo de outubro de 2009, culminará sua transposição na Espanha, em 2011.

Corresponde ao Estado emissor garantir que as provas solicitadas sejam necessárias e proporcionais a tais procedimentos. A rogatória poderá ser

---

[17] STS 25 de setembro de 2002.

[18] ATC 395/2003.

[19] Martinez García, E., 2009: *Actos de investigación e ilicitud de la prueba*, Tirant lo Blanch.

[20] Decisão Marco 2008/978/JAI do Conselho, de 18 de dezembro de 2008, relativa à rogatória (exorto) europeia de obtenção de provas para obter objetos, documentos e dados destinados a procedimentos em matéria penal.

transmitida à autoridade competente do Estado membro em que a autoridade competente do Estado emissor tenha motivos razoáveis para supor que se encontrem as provas correspondentes. A autoridade de execução deverá reconhecer a rogatória sem exigir outra formalidade, adotando as medidas necessárias para que seja executada a rogatória, salvo algum motivo para negar o reconhecimento ou a execução, ou suspendê-la. No caso da rogatória sofrer restrições por um Juiz, Tribunal, Juiz de instrução ou Ministério Público, a autoridade de execução poderá resolver a realização de medidas de busca e apreensão para fins da execução da rogatória.

A autoridade de execução observará as formalidades indicadas pela emitente, salvo quando a Decisão Marco disponha contrariamente. Não obstante, tais formalidades não podem contrariar os princípios jurídicos fundamentais do Estado de execução. Este pode negar-se a reconhecer ou a executar a rogatória, em um prazo de 30 dias a partir de sua recepção, nas seguintes hipóteses: quando, após requerimento, um Juiz, Tribunal, Juiz de instrução ou Ministério Público, não tenha validado a rogatória no Estado de emissão.

Sobre recursos se dispõe que os Estados-membros devem garantir que qualquer parte interessada possa recorrer contra o reconhecimento e a execução de uma rogatória. Estes recursos, que podem limitar-se aos casos em que se empreguem medidas coercitivas, devem ser levados a uma autoridade jurisdicional do Estado de execução, salvo quando a impugnação afetar motivos essenciais, segundo os quais se tenha expedido a rogatória. Estes somente poderiam ser impugnados mediante um recurso interposto frente uma autoridade jurisdicional do Estado de emissão.

3. SEGUNDO O ELEMENTO SUBJETIVO

O elemento subjetivo contempla a *distinção sobre o sujeito* que provocou a ilicitude ou que se beneficia desta. No primeiro caso, enfoca uma perspectiva dupla: a) diferenciar entre sujeitos públicos e privados, limitando ou não a inadmissibilidade da prova ilícita à obtida por funcionários ou autoridades públicas; b) suscitando questões como as referentes às atuações dos chamados agentes encobertos, do agente provocador ou dos sujeitos privados que operam sob comando da polícia. No segundo caso, distingue os efeitos da ilicitude ou da negação de tais efeitos, conforme beneficiem ou não o acusado.

3.1 Sujeito que comete a ilicitude

Esta seção, que originalmente limitava a referência aos sujeitos públicos, na medida em que, sob a perspectiva do *deterrent efect*, somente a eles pode ser encaminhada a sanção da ilicitude, foi ampliada a outras figuras bastante atuais. Isso, a partir do aumento do crime organizado e do progressivo avanço do uso da tecnologia para a realização de inúmeros delitos. Também, devido à atividades de sujeitos privados ou profissionais, os quais obtêm fontes de prova através da violação a direitos fundamentais, em face de sua atividade investigativa.[21]

3.1.1 Sujeito público ou privado

Nos EUA, a condição de funcionário público resulta tão determinante que o conhecido *deterrent effect* é, precisamente, um dos argumentos essenciais para fundar a regra de exclusão.[22] O Uruguai exige a condição de autoridade pública de persecução, embora aplicado a um caso de delitos cometidos por uruguaios no exterior.[23]

A França se prende a esta tese, em resposta a não-submissão dos particulares ao princípio de lealdade.[24] Os atos de sujeitos privados à obtenção de fontes de provas encontram seu limite na submissão geral às proibições probatórias relativas ao uso da tortura, dos meios que suprimam o livre arbítrio etc., bem como à falta de contraditório que possa conduzir a que uma prova não seja valorada pelo Juiz (art. 427 CPP). Não obstante, é preciso ressaltar que, atualmente, neste último país, foi aberta a discussão para aplicar a doutrina sobre a prova ilícita às atuações privadas ordenadas pela polícia, ao entender extensível o princípio de lealdade àqueles que atuam como intermediários dos sujeitos públicos.[25]

O México também aplica a regra geral, conforme a qual a ilicitude probatória é o resultado de atividades das autoridades de persecução dos delitos. Tal normativa se aplica aos casos fiscais e ao âmbito civil.[26]

Nessa mesma direção, a Holanda aplica a regra geral, segundo a qual as condutas ilegais das autoridades públicas, ao obter fontes de prova, prejudicam a informação colhida. Os casos de agentes infiltrados em prisões são paradigmáticos. Nessas situações, a informação obtida somente poderá ser utilizada à medida que supere os filtros de proporcionalidade e subsidiarie-

---

[21] O direito à intimidade pessoal ou familiar ou o direito à própria imagem, à confidencialidade das comunicações (art. 18.1 e 3 da CE).

[22] Allen, Kuhns y Stuntz, 1995: «Impeachment with uncostitutionaly obtained evidence» em *«Constitucional Criminal Procedure»* 3. ed, Boston, NY, Toronto, London: Advisory Board, p. 1433 e ss.

[23] Ilicitude declarada derivada de una interceptação de comunicações de uruguaios na Itália. Caso 12.614, L.J.U., T.109, Montevidéu, 1994.

[24] A *Cour de cassation* aceita as provas obtidas por sujeitos privados infringindo o Código Penal: *Cass. crim.* 6 abril 1993, JCP 1993.II.22144, note M.-L Rassat, e *Cass. crim.* 11 maio 2004, *JCP* 2004.II.10124, note. C. Girault.

[25] *Cass. Crim.* 11 maio 2006, *Bull. crim.* n. 132.

[26] N. Registro: 249, 419; 7.ª Época, p. 175-180 6.ª Parte, p. 55, Circuito, tese 5, N. Registro 182, 235, XIX fev. 2004, Tese XXIII, 1.º20P, p. 994. N. Registro 184, 724, 9.ª Época, XVII, fev. 2003, p. 337. N. Registro 189, 178, XIV, ago. 2001, Tese XII. 3.º4P, p. 1210.

dade, isto é, atendendo à seriedade do crime a às possibilidades de obter a informação através de outros métodos. Em não sendo assim se excluiriam as provas obtidas dessa forma, apelando-se também ao abuso de confiança na conduta do agente público.[27]

Outros ordenamentos processuais carecem de regulação expressa neste sentido Apresentam uma jurisprudência oscilante no que se refere às atuações de particulares sob comando da polícia. Na Bélgica, por exemplo, somente podem ser declaradas ilegais as atuações que cumprirem dois requisitos: 1) a ilegalidade tem que ter sido cometida pela pessoa que fez a denúncia, e estando relacionada com esta (detetive a seu comando, por exemplo), e 2) a ilegalidade foi cometida com o objetivo de ser utilizada no processo penal.[28]

3.1.2 Sujeito privado sem conexão com a autoridade investigadora

Na Itália, desde 2000, o legislador regula as investigações da defesa, prevendo normas que estabeleçam proibições probatórias diretas e sancionando ilicitudes cometidas pelo defensor ou pelos investigadores privados, sob seu comando. De fato, o art. 391-bis do CPP inclui em seu § 6.º, que a violação das normas que regulam as limitações dos direitos fundamentais converte os meios em *inutilizzabiles*, podendo incorrer em responsabilidade administrativa.[29]

Como já foi dito, na França os atos de sujeitos privados à obtenção de fontes de prova encontram limite na submissão geral das proibições probatórias relativas ao uso da tortura, dos meios que suprimem a liberdade de escolha etc. Essas, juntamente com a falta de contraditório, podem afastar a valoração da prova pelo Juiz (art. 427 do CPP). Assim ocorreu nas hipóteses *testing*,[30] prática cujos frutos foram incorporados ao processo penal e tem sido objeto de valoração, na medida em que a incitação ao delito provinha de sujeitos privados que, não se encontrando submetidos ao citado princípio da lealdade, não infringiam o princípio do contraditório,[31] de onde se inferia que a ilicitude cometida não era grave.[32]

---

[27] HR Março 9, 2004, NJ 2004, 263.

[28] STS de 17 de Janeiro de 1990, confirmada em 2004 (S. de 23 de março).

[29] Art. 391-bis, 6 do CPP: «*Le dichiarazioni ricevute e le informazioni assunte in violazione di una delle disposizioni di cui ai commi precedenti non possono essere utilizzate. La violazione di tali disposizioni costituisce illecito disciplinare ed è comunicata dal giudice che procede all'organo titolare del potere disciplinare.*»

[30] O *testing* consiste em una provocação por sujeitos privados não-policiais (se cita o caso de membros de associações antirracistas que simulam condutas racistas nas entradas de discotecas na França). V. Collet-Askri, J., 2003: *Testing or not testing? La Chambre criminelle de la tour de cassation valide ce mode de preuve, serait-il déloyale...*, Dalloz, jurisprudente, p. 1309-1314.

[31] *Cass. crim.* 6 abril 1993, *JCP* 1993.II.22144, note M. L. Rassat; e *Cass. crim.* 11 maio 2004, *JCP* 2004.II.10124, note C. Girault.

[32] C.Ambroise-Casterot, 2005: «Recherche et administration des preuves en procédure pénale: la quête du Graal de la Vérite», *AJ Pénal,* 7-8,, p. 265.

O agente privado, sem conexão com autoridades públicas, na Holanda é objeto de um tratamento específico, centrado nas regras de responsabilidade civil e penal. A existência de responsabilidade civil é regida por três *standars*: aproveitar-se de posição dominante ou de confiança (roubo de documentos do acusado ou de uma testemunha, por exemplo); atentar contra direitos especialmente protegidos (a intimidade, a propriedade);[33] ou infringir regras tácitas que regem o funcionamento da sociedade civil.[34]

3.1.3 Agente encoberto e agente provocador

A Espanha nega a vinculação de prova ilícita aos atos de agentes públicos considerando o efeito *erga omnes* dos direitos fundamentais.[35]

As «*diligências de investigação por meio de "agentes encobertos"*» (AE), foram objeto de regulação específica pela Lei 5/1999, de 13 de janeiro, cingindo seu âmbito de aplicação ao crime organizado, nos termos do art. 282-bis da LECrim, e no âmbito europeu, ao prescrito no art. 14 do Convênio de Assistência Judicial em matéria penal entre os Estados-membros da UE.[36] Sua admissibilidade e eficácia fica subordinada à estrita submissão dos agentes ao disposto em tais normas. Em termos gerais, e como medida limitadora do direito fundamental, compreende os seguintes requisitos: a) caráter excepcional; b) decisão habilitadora; c) juízo de proporcionalidade; d) especificidade; e) motivação; f) *ultima ratio*; g) indícios racionais de criminalidade; e h) controle judicial. O cumprimento de tais condições, no entanto, não é suficiente para efeitos probatórios (por diminuir a presunção de inocência). Por isso, se exige, além, que o agente infiltrado testemunhe na fase plenária do julgamento, cumprindo os requisitos de oralidade, contraditório e publicidade.

A atividade do AE se encontra sujeita à responsabilidade penal, civil e disciplinar. A responsabilidade penal surge da infração de alguma das

---

33 Se um cidadão grava uma conversa telefônica, contrata detetives privados, ou intercepta suas cartas ou mensagens, viola direitos fundamentais.

34 Trata-se de regras que conformam princípios orientadores da conduta humana, mais além das regras contratuais. Essas foram aplicadas no caso *Den Bosch* (*Court of Appeals Den Bosch*, dezembro 2, 1992, *NJ* 1993, 327). A diretora de um colégio contrata um detective privado para investigar a autenticidade da enfermidade alegada por um professor, ao suspeitar que ele se aproveitava da licença médica para dar aulas em outro estabelecimento. Além de não ter sido demonstrada a violação ao direito à intimidade do professor, o Tribunal apreciou a existência de responsabilidade por não se ajustar tal conduta aos padrões do «*bom empregado*». Cfr. Groenhuijsen, M., 2007: *Illegally obtained evidence: an analisys of new tendencies in the criminal justice system of the Netherlands,* declaração nacional para o XIII Congresso Internacional da Associação Internacional de Direito Processual, Salvador, Bahia, set. 2007. (Inédita).

35 A STC 11/1984, de 29 de novembro sempre negou validade à distinção entre ato público ou privado, equiparando ambos na perspectiva que nos ocupa.

36 De 29 de maio de 2000.

seguintes regras gerais: 1) ser consequência necessária à investigação; 2) guardar a devida proporcionalidade; e 3) não constituir um incentivo ao delito. A responsabilidade civil do AE deriva da previsão geral contida no art. 1911 do CC. Finalmente, o agente encoberto poderá beneficiar-se da Lei de Proteção às testemunhas e peritos, declarando como testemunha protegida.[37]

Questão diversa é o «*delito provocado*» e a atuação do «*agente provocador*». No caso do *delito provocado,* o agente é induzido a cometer um delito que, na falta de uma intervenção *ab initio* das forças policiais, não teria sido cometido. Nesse caso, a atividade probatória é obtida com a vulneração a direitos fundamentais, o que conduz a doutrina e a jurisprudência a determinar sua nulidade.[38] Outro ponto é o «*agente provocador*». Por *agente provocador* se entende aquele que se encaminha a descobrir delitos já cometidos, geralmente de trato sucessivo (como o tráfico de drogas, por exemplo), nos quais se buscam provas de uma atividade criminal que está sendo produzida, e da qual se suspeita. O ponto que os diferencia é que o delito teria sido cometido de qualquer forma, de modo que a jurisprudência não aprecia violação e nem lesão a princípios essenciais.[39]

A reforma do Código de Processo Penal francês, de 2004, incorporou a previsão normativa necessária para o «*agente encoberto ou infiltrado*». Os arts. 706-81 e ss. regulam os limites dessa figura, sancionando com nulidade as operações que se afastem do objeto da investigação e a constatação das infrações para as quais foram determinadas (art. 706-91 CPP).[40]

Na América Central, com exceção de El Salvador, cujo art. 15 regula esta figura, não existe previsão normativa da figura do AE.[41] Essa circunstância não impediu o seu uso, sua aceitação jurisprudencial,[42] e nem a formulação teórica de determinados requisitos para sua eventual incorporação em futuras reformas dos correspondentes códigos processuais penais, à semelhança da

---

37 Lei 19/94. V. GASCON INCHAUSTI, F., *Infiltración policial y Agente encubierto,* Granada, 2001, «passim».

38 SSTS: 881/1996, de 14 de novembro; e 13 de fevereiro de 1996. SUITA PÉREZ, N., 2006: «*La diligencia de investigación por medio de agente encubierto*» em AAVV, *La actuación de la policía judicial en el proceso penal,* Marcial Pons, p. 239.

39 SSTS de 20 de fevereiro de 1991 e 53/1997, de 21 de janeiro.

40 Não incorrem em nulidade os casos de «*achados casuais*», *ex.* art. 706-93if CPP.

41 Seu teor literal, no entanto, permite acolher dúvidas de caráter garantista em seus termos: «*(...) no obstante, tratándose de operaciones encubiertas practicadas por la Policia Nacional Civil, se permitirá el uso de medios engañosos con el exclusivo objeto de detectar, investigar y probar conductas delincuenciales del crimen organizado, (...). Igualmente podrá autorizarse dentro del desarrollo de la investigación y bajo estricta supervisión de la Fiscalía General de la República, la incitación o provocación de conductas a efectos de poder comprobar los hechos delictivos que se investigan*».

42 Jurisprudência citada por CÚELLAR CRUZ, R., 2008: «La problemática probatoria desde la perspectiva del fiscal: la experiencia centroamericana», em AAVV *Prueba y proceso penal,* Tirant lo Blanch, nota 31.

regulação espanhola anteriormente citada.[43] Não se pode olvidar a inegável influência da doutrina dos EUA a este respeito.[44]

Sobre este assunto, a Colômbia oferece, por razões conhecidas, uma normativa interessante, ainda que sempre condicionada por suas particulares circunstâncias sociais.

Primeiramente, deve-se recordar que a averiguação e a investigação correspondem à *Fiscalia General del Estado*, que é quem dirige, coordena e controla as atividades da polícia judiciária (art. 200 do CPP), e que os arts. 213 a 245 – entre os quais se encontram aqueles correspondentes ao assunto que abordamos – tratam das «*atuações que não requerem atuação judicial prévia a sua realização*». Isso, mesmo que depois se tornem objeto do controle da legalidade correspondente.[45]

Nesse contexto, e entre as atuações que não requerem prévia autorização judicial, os arts. 241 e 242 regulam a «*análise e infiltração a organizações criminais*» e a «*atuação de agentes encobertos*».[46]

Focando na figura do «*agente encoberto*», uma análise sucinta do art. 242 do CPP colombiano permite destacar os seguintes pontos entre os pressupostos: a existência de motivos razoavelmente fundados de que o «*indiciado*» (*sic*) ou acusado continua desenvolvendo atividade criminal, e que, sendo assim, essa medida se torna indispensável para o êxito das atividades investigativas. Em relação aos requisitos, contempla-se a recorrência de cinco tipos: 1) a prévia autorização do Diretor Nacional ou «*Seleccional de Fiscalías*»;

---

[43] Somente pode ser um agente encoberto um membro da polícia, nunca um sujeito privado. Mesmo assim, contempla-se o conhecimento e a revisão das atuações por órgãos responsáveis pela investigação, a necessidade de autorização judicial se as atividades limitam direitos fundamentais, que também deverá efetuar um seguimento pontual das atividades, e de sua incorporação ao processo através da declaração do agente como testemunha, eventualmente como testemunha protegida.

[44] Essa se foca em discriminar o *encouragement* (estímulo policial para cometer ato ilícito) do *entrapment* (armadilha policial) a partir das sentenças (*US vs. Russel*, 1973; e *Jacobson vs. United States*, 1992). A primeira, configurada em termos mais permissivos que na Europa, resulta constitucionalmente inadmissível; a segunda, não. Mais extensamente: CÚELLAR CRUZ, R. *La problemática...* (nota 31), p. 552 a 554.

[45] As medidas que não precisam de autorização judicial necessitam de um controle posterior, denominado de legalidade. Art. 237: «*Audiencia de control de legalidad posterior. Dentro de las veinticuatro (24) horas siguientes al diligenciamiento de las órdenes de registro y allanamiento, retención de correspondencia, interceptación de comunicaciones o recuperación de información dejada al navegar por internet u otros medios similares, el fiscal comparecerá ante el juez de control de garantías, para que realice la audiencia de revisión de legalidad sobre lo actuado. Durante el trámite de la audiencia sólo podrán asistir, además del fiscal, los funcionarios de la policía judicial y los testigos o peritos que prestaron declaraciones juradas con el fin de obtener la orden respectiva, o que intervinieron en la diligencia...*».

[46] Art. 241. Análise e infiltração de organização criminal, e art. 242. Atuação de agentes encobertos.

2) a relação detalhada das atividades que poderão ser realizadas (intervir no tráfico comercial, assumir obrigações, ingressar e participar de reuniões, e, de forma especial, antecipar transações e transmitir informações para propiciar uma *«operação especial»* para recolher elementos materiais probatórios e evidências físicas); 3) a utilização de meios técnicos previstos no art. 241 CPP; 4) a limitação temporal da ação (um ano, prorrogável por mais um, sem possibilidade posterior de outra prorrogação); e 5) a submissão a um controle de legalidade posterior que, no caso dessa medida específica, antecipa sua realização às trinta e seis horas seguintes ao término da operação.[47] Cabe ressaltar, finalmente, a previsão específica do recurso como agente infiltrado a particulares que gozem da confiança do indiciado ou acusado. Não deverão mudar sua identidade e seus atos se limitarão à busca e obtenção de informações relevantes, elementos materiais probatórios e evidência física.

3.2 Sujeito beneficiado pela ilicitude

Desde o ponto de vista de *a quem beneficia a ilicitude probatória*, a questão central é determinar se a proibição de admissão ou valoração da prova ilícita deveria ter, como única exceção, aqueles casos em que os resultados beneficiem o imputado ou acusado,[48] ou, inclusive, àquele que não tenha tido nenhuma relação com a ilicitude.[49]

Nos termos desta última distinção, a prova de defesa deveria ser excluída, de forma que, quando em virtude dela se demonstrasse a inocência, ela seria aceita, apesar de seu caráter ilícito. Nem a doutrina é unânime a esse respeito, nem a questão pode ser resolvida sem maiores matizes.[50] Devem ser ponderados em cada caso pelo menos os interesses em jogo, garantindo minimamente que nenhum inocente será condenado em virtude de uma prova ilícita.[51] Como declara o Tribunal Constitucional espanhol: nosso sistema processual não pode permitir que um inocente seja condenado.[52] Na mesma

---

[47] O controle se adequará ao previsto, com caráter geral, para o registro e outras medidas, no art. 237 do CPP.

[48] Fernadez Entralgo, J., 1996: «Las reglas del juego. Prohibición de hacer trampas: la prueba ilegítimamente obtenida», em AAVV, *La prueba en el proceso penal II, Cuadernos de Derecho Judicial*, CGPJ, Madrid, p. 158 ss.

[49] De Oliva Santos, A., 2003: «Sobre la ineficacia de las pruebas ilícitamente obtenidas», em *Tribunales de Justicia*, ago.-set. 2003, p. 10.

[50] Silva Melero, V., *La prueba...*, cit. p. 10; Cordero, F., 1961: «Prove illecite nel processo penale», em *Revista Italiana de Diritto e Procedura Penale*, p. 541; Ruiz Vadillo, E., 1992: «La actividad probatoria en el proceso penal español y las consecuencias de violarse en ella algún principio constitucional de producirse algunas determinadas irregularidades procesale», em AAVV, *La prueba en el proceso penal, Cuadernos de Derecho Judicial*, CGPJ, Madrid, p. 1249, entre outros, se mostram claramente a favor.

[51] Fernandez Entralgo, *Las reglas del juego...*, cit., p. 158-159.

[52] STC 238/1999, de 20 de dezembro.

linha, o Tribunal Europeu de Direitos Humanos, no caso *Scheichelbauer vs. Áustria*, onde se arbitrou que a gravação ilícita de um coacusado poderia ser incorporada ao processo penal, tendo em vista o seu direito de defesa, por sustentar seu álibi.[53]

Nessa linha, caberia diferenciar entre: a) outorgar eficácia plena que servisse para acusar um eventual culpado diferente, ou limitá-la a demonstrar a inocência do acusado ou a desvirtuar o resultado das provas de acusação;[54] e b) distinguir quando os elementos de defesa tenham sido obtidos pela vulneração ao direito fundamental do próprio acusado (nesse caso ele seria beneficiado), e quando infringem o direito de um terceiro, hipótese na qual não se enquadra.[55] No Brasil, a doutrina defende a aplicação da prova ilícita «*pró-réu*» como aplicação do princípio de proporcionalidade, desde a ótica do direito de defesa.[56] Na Espanha, o TC defendeu, em algumas decisões, que a não titularidade do direito fundamental lesionado rompe o nexo de ilicitude existente entre a original e a prova derivada para acusar. Essa decisão, criticada pela doutrina, por abrir a porta a atuações ilícitas preventivamente, como em uma escuta telefônica, sabendo-se de antemão que não servirá para fundamentar a exclusão contra aqueles que não são os titulares do telefone.[57]

Tanto a doutrina quanto a jurisprudência italiana contemplam *l'utilizzabilità a favore dell' imputato*, como um caso indiscutível em que a legalidade deve ceder para não pagar um preço excessivamente alto.[58] Em matéria jurídica, no entanto, existe uma diferenciação. Parece existir um acordo sobre a exclusão da exclusão quando tenha sido violado um direito do acusado, mas não sucede o mesmo quando se trata de um direito alheio.[59] De outro ponto de vista, ao referir-se à exclusão por haver vulnerado o princípio do contraditório (*inutilizzabilità fisiológica*), os diferentes preceitos prevêem

---

53 STEDH, 12 de julho 1988 (A.140). Lamentavelmente não voltou a se pronunciar sobre essa questão.

54 Cachón Villar, P., 1991: «La prueba ilícitamente obtenida» (reflexões em torno ao art. 11.1 LOPJ), em *Revista de la Asociación de Jueces y Magistrados Francisco de Vitoria,* n.1, 1 de junho de 1991, p. 58.

55 Rodriguez Sol, L., 1998: *Registro domiciliario y prueba ilícita,* Granada: Comares.

56 Pellegrini, Scarance y Magalhaes, 2006: *As nulidades no processo penal*, 9. ed. São Paulo, Parte II, Tít. III, Cap. IX, Sec. II. Cita o caso daqueles que gravam suas próprias conversas como método para provar sua inocência, circunstância que exclui a ilicitude.

57 A STC é a 238/1999 (FJ 4.º). Em contra se pronunciam Diaz Cabiale y Matín Morales, 2001: *La garantía constitucional de la inadmisión de pruebas ilícitamente obtenidas*, Cívitas, p. 96; e Martinez García, E., *Actos de investigación...*, cit., p. 59.

58 Conti, C., *Accertamento del fatto e inutilizzabilità nel processo penale,* p. 329 e ss. Entre a jurisprudência – citada por essa autora – *Cass.*, sez IV, 26 nov. 1996 (Usai, em *Cass. pen.* 1998, 2420) nota 171.

59 Defende-se a utilizabilidade a favor do réu ao conceituá-la como justiça social. Contudo, este suposto resulta bastante discutido: vide Conti, (n. 25) p. 331, n. 176.

a admissão, sempre que o acusado esteja de acordo (art. 238.2-bis e 4; 500.3; 513.1).[60]

Na Alemanha, a proibição da utilização não tem validade em benefício de terceiros, como aconteceria se fosse arquivado um processo contra um acusado (B) que foi interrogado sem respeitar o que está determinado no § 136 I. 2 da StPO, não podendo ser lida a sua declaração *ex* art. 251.1 n. 2 da StPO. A proibição que surgiu a favor de «B» não atinge outros acusados em outros processos. No entanto, o interrogatório de «B» pode ser introduzido na fase do juízo.[61]

4. SEGUNDO O ELEMENTO NORMATIVO: AS PROIBIÇÕES PROBATÓRIAS

O critério de *proibição probatória* conduz aos *casos de norma legal expressa de caráter proibitivo* que recaem sobre diversos aspectos: os métodos de investigação, o objeto dessa investigação, ou determinados meios de prova.[62] A estes aspectos se adiciona a categoria da norma vulnerada, critério determinante em diversos ordenamentos.

4.1 Referentes ao objeto dos distintos meios de prova

Na Espanha existem proibições legais de diferentes índoles, as quais atendem a determinados *métodos de investigação à obtenção de fontes de prova*, que proíbe as declarações obtidas sob tortura, coação ou ameaça,[63] interrogatórios longos que possam causar a perda da serenidade necessária em julgamento[64] ou determinados métodos utilizados nos interrogatórios.[65] Proibições que se repetem na grande maioria dos ordenamentos: o § 136 da StPO da Alemanha, com proibições praticamente idênticas; os arts. 53 a 74 do CPP francês, ao regular as investigações e os controles de identidade;[66] ou o art. 195 do CPP chileno, como visto em alguns exemplos.

---

60 Conti, C., *Accertamento del fatto e inutilizzabilità nel processo penale*, cit., p. 332 a 333.

61 Ambos, K., *Las prohibiciones de utilización de pruebas en el proceso penal alemán*, cit., p. 349.

62 Utiliza-se um conceito de «*proibição probatória*» limitado aos casos de norma legal expressa de caráter proibitivo que declara a ilicitude intrínseca da prova em atenção a sua inadmissibilidade *ex lege*.

63 Art. 389, 2.º e 3.º, da LECrim.

64 Art. 393 da LECrim.

65 Art. 396.2 da LECrim.

66 Assim, arts. 63-4; 64 e 65 (duração do interrogatório). Em linhas gerais, v. o Título II *De las investigaciones y de los controles de identidad,* Arts. 53 a 74 CPP. A partir do art. 75 até o art. 78 se regula a «*Investigação preliminar*». Estes preceitos são os mais modificados pela Lei de 10 de março de 2004, em boa medida, consequência dos atentados terroristas de Madri e da alta agitação social na França anteriormente a essa data.

Outros países consagram, também, diferentes proibições probatórias, como em Cuba, cuja Constituição proíbe que se exerça violência ou coação de qualquer tipo sobre as pessoas, para forçá-las a prestar declarações, sancionando com a nulidade toda declaração obtida por infração dessa norma (art. 166 do CPP). No México os arts. 87, 127-bis e 134 *if* do CFPP regulam as condições da declaração do acusado. No Uruguai, cujo art. 20 da Constituição proíbe que se utilize a coação, a ameaça ou a promessa, assim como a imposição ao acusado de prometer ou jurar a dizer a verdade. Finalmente, na Argentina, a previsão advém dos arts. 213 e 220.[67]

Junto a essas, existem *proibições referentes ao objeto de investigação ou prova*, como os segredos oficiais, o testemunho de funcionários, quando não possam prestar declarações sem violar o segredo que estão obrigados a guardar em razão de sua ocupação, ou se prestando declaração, em virtude da obediência devida, não tenham sido autorizados por seu superior hierárquico para prestar a declaração que lhe solicitem.[68]

4.2 Referentes a determinados meios de prova

As *proibições probatórias* podem afetar, por outra parte, *determinados meios de prova*, como a proibição de testemunhar no processo penal, atendendo à própria qualidade de testemunha,[69] ao parentesco com o acusado,[70] a sua profissão (sacerdote, funcionário público, advogado, procurador, membro do MP, Juiz ou Magistrado), ou tratar-se de testemunhos de referência nas causas de injurias e calúnias *ex* art. 813 da LECrim.[71]

Grande parte dos países acolhem classificações similares. Na Alemanha diferencia-se entre «*proibição de produção*» e «*proibição de utilização probatória*», ressaltando que para chegar a uma proibição de utilização de provas

---

[67] Cfr. Guariglia, F., 1993: «Las prohibiciones probatorias», em *El nuevo Código Procesal Penal de la Nación*, Buenos Aires: Ed. del Puerto, p. 16 ss.

[68] Art. 417.2 da LECrim.

[69] Não devem comparecer e declarar: o Rei, sua consorte, o Príncipe herdeiro e o Regente do Reino (art. 411 da LECrim).

[70] Estão isentos da obrigação de testemunhar aqueles cuja declaração prejudique o declarante ou a um parente próximo (art. 418 da LECrim). Também aqueles que tenham a relação de parentesco que se regula no art. 410 da LECrim (arts. 416.1 e 707 da LECrim) e SSTS 28 de novembro de 1996; de 26 de maio de 1999; e entre outras, de 6 de abril de 2001. Na Argentina, os arts. 242 e 243 do CPP da Nação proíbem declarar contra o imputado ou determinados parentes, salvo que o delito tenha sido cometido contrário a ele, ou contra um parente de grau igual ou próximo.

[71] Respectivamente, arts. 417.1 da LECrim; art. 417.2 da LECrim; art. 416.2 da LECrim; art. 438.2 da LOPJ; art. 50 da EOMF; art. 396 da LOPJ. Também na Argentina, art. 244 do CPP da Nação.

é necessária uma disposição legal expressa (no caso de normas escritas),[72] ou uma fundamentação teórica (em situações não escritas).[73] As proibições de produção probatória limitam as atividades das autoridades de investigação penal no esclarecimento dos delitos, enquanto as proibições de utilização impedem que os Tribunais valorem o material probatório. Colocando em outros termos: diferentemente da Itália, a transgressão contra uma proibição de produção probatória indica, mas não implica automaticamente, a sua não-utilização posterior.[74]

4.2.1 Testemunha referida

O Tribunal Europeu de Direitos Humanos se mostrou especialmente prudente em relação à idoneidade das declarações de referência como elemento probatório suficiente para fundamentar uma condenação penal. Isso porque significa, sempre, uma limitação da possibilidade plena de defesa contraditória.[75]

Em uma linha semelhante, o Tribunal Constitucional espanhol submeteu também a eficácia probatória do testemunho de referência a exigências especiais. Assim, mesmo que possa ser levada em consideração para fundamentar uma condenação – uma vez que a lei não exclui sua validade, com exceção dos casos de injúrias e calúnias verbais – não seria eficaz para determinar a presunção de inocência, quando constitui um meio de prova único ou determinante.[76] Não obstante, a desconfiança em relação a este meio de prova, se percebe, em ambas as decisões do Tribunal Supremo, nas quais qualifica de pouco recomendável, por afastar a garantia constitucional da imediação[77] e

---

[72] § 136a, III, da StPO; uso de extrações de sangue ou células do corpo humano além do § 81a, III, da StPO; intervenções corporais e extrações de sangue em menores de idade, que somente podem ser utilizadas no processo após o consentimento do representante legal (§ 81c III, 5, da StPO); dados pessoais obtidos através de meios mecânicos fora do § 98b III, 3, da StPO; objetos vinculados à interrupção de gravidez encontrados através de uma batida policial registro (§ 108, I) contra a paciente por este fato (§ 108 II); as informações pessoais obtidas por meio de um agente encoberto fora dos delitos contidos no § 110a I (§ 110e). Ou, finalmente, as declarações de uma testemunha informada de seu uso a negar-se a declarar nos termos do § 252.

[73] Abarcam todos aqueles casos em que se deve recorrer aos princípios para ponderar os interesses em jogo, os interesses da persecução penal e os interesses do acusado; os direitos violados ou que seriam objeto de violação, a gravidade do fato imputado e o pesa da infração processual.

[74] Beulke, 2006: *Strafprozessrecht*, 9. ed., n. 457.

[75] SSTEDH 19 de dezembro de 1990 (TEDH 1990, 30), caso *Delta c. França,* § 37; 19 de fevereiro de 1991 (TEDH 1991, 23), caso *Isgro c. Itália,* § 35; 26 de abril de 1991 (TEDH 1991, 29), caso *Asch c. Áustria*, § 28; 28 de agosto de 1992 (TEDH 1992, 55), caso *Artner c. Áustria*, § 22–24; e 14 de dezembro de 1999 (TEDH 1999, 66), caso *A.M. vs. Itália*, § 25).

[76] SSTC 217/1989, de 21 de dezembro, F. 5, e 303/1993, de 25 de outubro (RTC 1993, 303), F. 7.

[77] Destacando de forma expressa «*(...) incorporar al proceso declaraciones testificales a través de testimonios de referencia implica la elusión de la garantía constitucional de inmediación de*

evitar o contraditório,[78] o que leva a entendê-lo justificado unicamente em caráter excepcional, sempre e quando não substitua o testemunho principal.[79] A seu turno, o Tribunal Supremo espanhol mencionou as testemunhas de referência em diversas decisões, admitindo como situações justificadoras da intervenção no processo de testemunhas de referência: a) o falecimento da testemunha direta, antes do julgamento; b) encontrar-se em paradeiro desconhecido, depois de investidas policiais frustradas a sua localização, impedindo sua citação de forma legal; ou c) tratar-se de testemunha estrangeira ou residente no exterior, depois de sua citação sem êxito, por via de auxílio judiciário internacional.[80]

4.2.2 Testemunho do coacusado

Na Espanha se admite a legitimidade constitucional do coacusado e seu valor probatório, o que equivale a não constituir um caso de proibição probatória, mesmo sem esquecer que se considera uma prova «*suspeita*» na medida

---

la prueba al impedir que el Juez que ha dictar Sentencia presencie la declaración del testigo directo, privándole de la percepción y captación directa de elementos que pueden ser relevantes en orden a la valoración de su credibilidad.» Cfr. STC 97/1999, de 31 de maio, F. 6; em sentido similar, SSTC 217/1989, de 21 de dezembro, F. 5; 79/1994, de 14 de março, F. 4; 35/1995, de 6 de fevereiro, F. 3; e 7/1999, de 8 de fevereiro, F. 2.

78 «*(...) De otro, supone soslayar el derecho que asiste al acusado de interrogar al testigo directo y someter a contradicción su testimonio, que integra el derecho al proceso con todas las garantías del art. 24.2 CE y que se encuentra reconocido expresamente en el párrafo 3 del art. 6 del Convenio Europeo de Derechos Humanos, como una garantía específica del derecho al proceso equitativo del art. 6.1 del mismo*». Cfr. STEDH de 19 de dezembro de 1990 (TEDH/1990/30), caso *Delta*, §§ 36 e 37.

79 «*(...) esa medida, dado su carácter excepcional, hemos afirmado siempre que "la admisión del testimonio de referencia se encuentra subordinada al requisito de que su utilización en el proceso resulte inevitable y necesaria", afirmando que el hecho de que la prueba testifical de referencia sea un medio probatorio de valoración constitucionalmente permitida "no significa, como se indicaba en la STC 303/1993, que, sin más, pueda erigirse en suficiente para desvirtuar la presunción de inocencia, ya que, como se señalaba en la STC 217/1989, la declaración del testigo de referencia no puede sustituir la del testigo principal; antes al contrario, cuando existan testigos presenciales, el órgano judicial debe oírlos directamente, en vez de llamar a declarar a quienes oyeron de ellos el relato de su experiencia. Por lo tanto, la necesidad de favorecer la inmediación, como principio rector del proceso en la obtención de las pruebas impone inexcusablemente que el recurso al testimonio referencial quede limitado a aquellas situaciones excepcionales de imposibilidad real y efectiva de obtener la declaración del testigo directo o principal".*» Cfr. SSTC 79/1994, de 14 de março (RTC\1994\79), F. 4; 261/1994, de 3 de outubro (RTC 1994, 261), F. 3; 35/1995, de 6 de fevereiro (RTC 1995, 35), F. 3; 131/1997, de 15 de julho (RTC 1997, 131), F. 2; 7/1999, de 8 de fevereiro (RTC 1999, 7), F. 2 B); 97/1999, de 31 de maio (RTC 1999, 97), F. 6; e 209/2001, de 22 de outubro (RTC 2001, 209), F. 4.

80 SSTS 1141/2005, de 29 de setembro (RJ 2005, 7409); 1308/2005, de 30 de outubro (RJ 2005, 7520); 332/2006, de 14 de março (RJ 2006, 1636); 640/2006, de 9 de junho (RJ 2006, 3727); 161/2007, de 27 de fevereiro (RJ 2007, 742); e SSTS de 11 de setembro de 2000, de 16 de outubro de 2001 e de 8 de maio de 2002.

em que o acusado, diferentemente da testemunha, não tem obrigação de dizer a verdade.[81] Isso leva a carência de suficiência e consistência plena como prova incriminatória quando, sendo o único testemunho, não seja minimamente corroborado com outras provas, sendo preciso que a veracidade da declaração resulte minimamente corroborada por elementos externos e objetivos.[82]

4.2.3 Confissão do acusado

A confissão do acusado, na fase de investigação, além de constituir mais uma exceção ao axioma, segundo o qual somente será válida a prova praticada em juízo e com todas as garantias, representa uma das práticas sobre as que recaem mais dúvidas. Assim o é por estar ligada, secularmente, à tortura como meio de obtenção de tal confissão ao longo da história.

A confissão do acusado e sua eventual eficácia, como prova de acusação, esteve em evidência na Itália, por causa de uma série de reformas e contrarreformas, em face de um longo enfrentamento entre a Corte Constitucional e o legislador, interpretado como uma luta entre o «*reformador pró-acusatório*» e uma Corte apegada ao modelo inquisitorial anterior.[83] Muito resumidamente, a Corte Constitucional admitiu como prova a utilização das declarações emitidas sem contraditório na fase de investigação preliminar, argumentando que o Juiz deveria poder valorar todas as fontes, também as incorporadas fora do debate oral. Essa interpretação levou a uma primeira reforma da lei em 1992,[84] e outra em 1997, voltando a excluir as declarações do acusado.[85] Mesmo assim, a Corte pronunciou uma nova decisão, censurando tal disposição.[86] A situação se resolveu, finalmente, mediante a lei de reforma constitucional de 23 de novembro de 1999, que introduziu o art. 111 à Constituição, consagrando o «*justo processo*» e «*o princípio do contraditório*» na formação da prova (art. 111.4), produzindo, posteriormente, uma nova reforma do CPP,[87] acolhida pela jurisprudência da Corte.[88]

Na Espanha o art. 406 da LECrim obriga o Juiz a seguir buscando a verdade, apesar da confissão do acusado, circunstância que, à margem

---

[81] STC 102/2008, de 28 de julho.

[82] STC 30/2005, de 14 de fevereiro; e (SSTC 68/2002, de 21 de março; 17/2004, de 23 de fevereiro; 134/2009, de 1 de junho; SSTS de 19 de dezembro de 2005 e 20 de fevereiro de 2006).

[83] ILLUMINATI, G., 2005: «The Frustrated Turn to Adversarial Procedure in Italy (Italian Criminal Procedure Codeo f 1988)», em 4 *Wash U.Global Stud. L. Rev.* 4, p. 573 e ss.

[84] Lei 356, de 7 de agosto de 1992.

[85] Lei 267, de 7 de agosto de 1997.

[86] S. 361, de 2 de novembro de 1988.

[87] Lei, 63, de 1 de março de 2001.

[88] S. 439, de 25 de outubro de 2000; S. 32, de 26 de fevereiro de 2002; e S. 36, de 26 de fevereiro de 2002. Cfr. ILLUMINATI, G., 2008: *El sistema acusatorio en Italia*, em AAVV (BACHMAIER, L. (coord.), Marcial Pons, p. 149-150.

de outras valorações, diminui o interesse em se obter a admissibilidade do delito pelo acusado como possível fonte de prova. Unido a isto, o art. 24.2 CE consagra o direito a não declarar contra si mesmo e a não declarar-se culpado que, na interpretação do Tribunal Constitucional, são manifestações do direito de defesa e do direito à presunção de inocência.[89] Ademais, buscam a «*interdição da compulsão do testemunho de alguém contra si próprio*» e o reconhecimento da liberdade necessária para declarar ou não, no sentido que creia conveniente.[90] No exercício de tais direitos, o acusado não está obrigado a dizer a verdade, mas sim pode calar-se, total ou parcialmente ou, inclusive, mentir.[91] Contudo, o direito ao silêncio não impede que se avalie a confissão realizada durante a fase de instrução, ainda que limitado aos únicos efeitos de corroborar o valor incriminatório derivado de outras provas de acusação, como ressalta também o Tribunal Europeu de Direitos Humanos.[92] As declarações na polícia, não ratificadas na presença judicial, não podem ser valoradas isoladamente para fundamentar a sentença condenatória. No entanto, se essas declarações forem incorporadas ao julgamento através de outro meio de prova, como o testemunho de policiais que presenciaram a declaração, a jurisprudência se divide entre a sua validade[93] e aqueles que a negam. Isso na medida em que a confissão não seja realmente voluntária, pois o confessor não foi previamente informado da ilicitude de uma medida determinante para tal confissão.[94] Torna-se importante, neste último sentido, recordar a doutrina do Tribunal Supremo, segundo a qual, para a possível valoração da confissão como prova das declarações prestadas pelos acusados, como consequência de informações obtidas previamente com a vulneração a um direito fundamental, de acordo com a doutrina implementada da «*desconexão de ilicitude*». São necessários os seguintes requisitos: a) que tal confissão seja prestada ou ratificada em juízo oral, estando o declarante devidamente assistido por um advogado de defesa e sendo conhecedor da transcendência convalidante que o conteúdo de suas declarações tenha em relação a provas que, no momento, possam ser tomadas por nulas pela vulneração a algum de seus direitos fundamentais; b) que não se retrate em juízo em relação à confissão prestada na fase

---

[89] SSTC, 29/1995, de 6 de fevereiro.

[90] STC 161/1997, de 2 de outubro.

[91] SSTC 103/1985, de 4 de outubro; 129/1996, de 9 de julho; 68/2001, de 17 de março; 233/2002, de 9 de dezembro; 312/2005, de 12 de dezembro; e 170/2006, de 5 de junho.

[92] Sentenças do TEDHH, de 8 de fevereiro de 1996 (caso *Murria* e S. de 2 de maio de 2000 (*caso Condrom*). Em igual sentido, SSTC 82/1988, de 28 de abril y 2/2002, de 14 de janeiro; e STS de 29 de novembro de 1995, de 20 de setembro de 2000 e de 30 de dezembro de 2005.

[93] SSTS 22 de fevereiro de 2002; 16 de julho de 2004 e 30 de setembro de 2005.

[94] STS 529/2010, de 24 de maio. Não se outorgou valor probatório às declarações efetuadas frente à polícia – e não ratificadas em juízo – porque a confissão do acusado ocorreu sem o conhecimento da existência de algumas diligências e de escutas telefônicas, através das quais se obteve informação para a ocupação de substâncias admitidas nessas declarações, que foram declaradas nulas.

inicial; e c) que se trate de uma confissão completa, quer dizer, com admissão da responsabilidade penal pelos atos confessados ou, pelo menos, com aceitação expressa de todos os fatos necessários à qualificação dos mesmos como delito, não podendo utilizar-se a declaração com caráter fragmentário, tão somente naqueles aspectos que possam ser contra o confessor, e ignorado o que lhe for favorável.[95]

A liberdade da declaração informada e assistida de um advogado, quando se está privado de liberdade, resulta no argumento utilizado para entender-se produzida a desconexão de ilicitude entre provas «*causalmente conectadas*».[96] Nesse sentido, não parece correta a proposta do TC espanhol para quem a validade da confissão não depende dos motivos internos do confessor, mas sim das condições externas e objetivas de sua obtenção.[97] Situação compartilhada tanto pelo Tribunal de Justiça das Comunidades Europeias,[98] como pelo TEDH, quem ressalta que a «*liberdade para auto incriminar-se*», no âmbito deste direito, não se limita a evitar a coação ou não considerar a vontade do acusado, mas sim se estende ao uso de subterfúgios.[99]

4.2.4 Novos meios de prova: as gravações audiovisuais, a informação procedente da prova de DNA, a observação das comunicações eletrônicas e a prova eletrônica

A ilicitude probatória provocada por atividades de busca e obtenção de fontes de prova encontra um novo foco de interesse naquelas derivadas do uso de novas tecnologias. Assim, se constata na Europa, através de inúmeras iniciativas diferentes (Comunicação da Comissão Europeia, de 30 de maio de 2008, e a Decisão do Parlamento Europeu sobre E-justiça, de 2008), e outros instrumentos legislativos, todos tendentes ao uso de meios técnicos como a videoconferência.[100]

---

[95] STC 7/1999, STS 240/2004, de 3 de março, STS 918/2004, de 16 de julho, STS 1940/2002, de 21 de novembro, STS 1348/2004 de 25 novembro 2004, STS 240/2004 de 3 março 2004, STS 944/2003 de 23 junho 2003, STS 577/2002 de 3 abril 2002, STS 349/2002 de 22 fevereiro 2002, STS 57/2002 de 28 janeiro 2002, STS 26/1999 de 27 janeiro 1999 e APAP Sevilla (Seção 1ª) , sentença de 31 maio 2006.

[96] STC 161/1999, de 27 de dezembro.

[97] STC 86/1995 e 136/2006, e STS de 17 de janeiro 2003. Como ressalta Goyena, J., os poderes públicos encarregados da persecução podem e devem respeitar os direitos fundamentais e as garantias processuais restantes, o que não cabe ser exigido é que além do mais sua conduta seja cândida e ingênua. Cfr. «Correcciones a la doctrina de los frutos del árbol envenenad. El engaño del imputado», *Jornadas sobre ilicitude da prova*, Santa Cruz de Tenerife, junho 2009.

[98] STJCE, de 30 de junho 2008, caso *Gäfgen*.l.

[99] *Allan c. Reino Unido*, sentença de 5 de novembro de 2002.

[100] Art. 10 do Convênio relativo à assistência judicial em matéria penal entre os Estados-membro da UE e art. 6.º, Acordo sobre assistência judicial firmado entre a UE e os USA em 2003. Sobre a utilização dos dados obtidos a partir do DNA, a *Recomendación sobre la utilización de los*

a) A existência de *câmaras de segurança no âmbito público e privado* pode entrar em colisão com o direito à intimidade e à própria imagem e com outros contemplados em leis especiais.[101] Prevista em diferentes textos legais, que dizer, complementando o pressuposto de previsão normativa, se reconhece a licitude das gravações com diferentes requisitos, segundo se trate de lugares públicos ou privados. No primeiro caso é requerida a autorização governamental, sujeita aos princípios de necessidades, idoneidade e proporcionalidade. As gravações que contenham atos delitivos serão colocadas à disposição judicial nas 72 horas seguintes a sua captação, com o devido relato ou, caso isso seja impossível, a polícia deverá comparecer para declarar o que foi registrado pela câmera. Tratando-se de gravações de câmeras de segurança em estabelecimentos comerciais ou oficiais, são admitidas como fonte de prova sempre que se avise o público mediante informativo devido, podendo ser solicitada a correspondente prova pericial que verifique a autenticidade das gravações, sendo exibidas no julgamento, acompanhadas do correspondente testemunho em juízo. Isso porque as gravações, por si próprias, são puros atos de investigação.[102] Verifica-se, inclusive, a existência de gravações subreptícias, sempre que aquele que grava e divulga seja um dos interlocutores na comunicação, por não se entender vulnerado, neste caso, o direito ao segredo das comunicações.[103] A ilicitude neste tipo de fonte de prova derivará da quebra de algum dos pressupostos destacados como justificativas da limitação do direito à intimidade, à própria imagem ou à inviolabilidade do domicílio, do resultado do juízo de proporcionalidade e do obtido com a violação.

b) A utilização de *dados obtidos a partir de DNA* para fins de investigação, constitui um foco de atenção como eventual causa de prova ilícita. Seu uso na Europa seguiu um processo pouco comum. Nesse, a adoção de normas comunitárias conduziu e obrigou a implementação de reformas internas.[104] Isso ocorreu na Espanha, através da regulação da base de dados policiais sobre identificadores obtidos do DNA.[105] A reforma do art. 326 da LECrim, pela Lei 13/2009, de 3 de novembro, implementa a nova Secretaria Judicial, a qual encomenda ao Juiz instrutor – ou àquele que ocupe seu lugar – já no primeiro parágrafo, que se obtenha e se conservem os vestígios de provas

---

análisis del ADN en el marco y del sistema de la justicia penal, adoptado pelo Conselho de Ministros do Conselho da Europa, de 10 de fevereiro de 1992.

[101] Art. 18 da CE e da LO 1/1982, de 5 de maio, de proteção civil do direito à honra, intimidade pessoal, familiar e imagem própria.

[102] STS de 19 de maio de 1999.

[103] STS de 3 de maio 2006.

[104] Recomendação R (92) já citada; Resoluções do Conselho de 9 de junho de 1997 (97/C 193/02) e de 25 de junho de 2001. *Tratado de Prüm* (Tratado relativo ao aprofundamento da cooperação transfronteiriça e particular sobre a luta contra o terrorismo, os crimes transfronteiriços e a imigração ilegal), de 27 de maio de 2005; e Decisão Marco 2008/615/JAI do Conselho, de 23 de junho de 2008, sobre o aprofundamento da cooperação internacional

[105] LO 10/2007, de 8 de outubro.

materiais, e sua consignação (§ 2.º). Já, o terceiro parágrafo prescreve as garantias, visando salvaguardar a coleta, custódia e exame das amostras que se encontrem em condições, e que garantam sua autenticidade.[106] A Disposição Adicional Terceira da LECrim ordena ao Governo que regule uma Comissão Nacional sobre o uso forense de DNA. Essa Comissão de inegável importância, teria outras funções: a) autorizar que os laboratórios possam contrastar perfis genéricos na investigação e persecução de delitos, e a identificação de cadáveres; b) estabelecer os critérios de coordenação entre tais laboratórios; c) elaborar os protocolos técnicos oficiais sobre a obtenção, conservação e análise de amostras; d) determinar as condições de segurança em sua custódia; e e) fixar as medidas que garantam a estrita confidencialidade e reserva das amostras, das análises e dos dados que se obtenham delas.[107]

Neste tipo de fonte de prova é especialmente delicado preservar os dados para não vulnerar o art. 8.º da CEDH e os preceitos correlativos nos ordenamentos internos, já que no processo completo da prática dessas medidas de investigação (desde a colheita de amostras, seu tratamento técnico, sua incorporação ao processo e seu eventual uso como prova, até sua inclusão na base de dados, e dependendo do caso, seu possível cancelamento ou retificação) se afetam direitos e garantias fundamentais à intimidade e à integridade física, ao direito de defesa ou ao necessário respeito ao princípio de proporcionalidade. Isso, especialmente, quando as informações incluídas em bases de dados nacionais serão utilizadas de forma cruzada, internacionalmente, a cuja proteção se ocupa a DM 2008/615/JAI, não estendendo, no entanto, seu tratamento interno a cada país, aspecto que permanece reservado a cada legislação nacional.[108]

c) A *intervenção das comunicações eletrônicas* foi objeto de diversas diretivas europeias, todas encaminhadas a justificar a limitação do direito à privacidade das comunicações e a proteção dos dados de caráter pessoal (arts. 7.º e 8.º da CEDH) que foram sendo justificadas, em face da luta contra o crime organizado e contra o terrorismo.[109] A medida deve ser adotada no

---

[106] Sobre a necessidade de autorização judicial para extrair do detido amostras para análise de DNA e outros pormenores, vide o Acordo da Sala 2.ª do TS, de 13 de julho de 2005.

[107] Apartado quarto da Disposição Final primeira da LO 15/ 2003, de 26 de novembro, de reforma do Código Penal. Em cumprimento do disposto na citada disposição adicional 3.ª da LECrim, o Real Decreto 1977/2008, de 28 de novembro regula a composição e funções da Comissão Nacional para o uso forense do DNA.

[108] Perez Marin, M. A., 2008: *Inspecciones, registros e intervenciones corporales. Las pruebas de ADN y otros métodos de investigación en el proceso penal,* Valencia: Tirant lo Blanch, 2008; e Cámara Villar, G., 2007: «La garantía de los derechos fundamentales afectados por el Convenio de Prüm» em *Revista de Derecho Constitucional europeo,* n. 7, p. 97-118.

[109] A mais recente, de 15 de março de 2006. Sanz Hermida, A., 2010: «Cooperación internacional en la transmisión de informaciones procedentes de muestras de ADN versus protección de datos personales en el espacio europeo de justicia penal: el difícil equilibrio entre la segu-

âmago de uma investigação de delito grave, utilizando-a para identificar o usuário registrado e não para conhecer o conteúdo das comunicações. Podem ser conservados unicamente os dados que sirvam para este fim, assim como os procedentes para identificar a data, hora e duração de uma comunicação, mas nunca o conteúdo desta. A Lei 25/2007, de 18 de outubro, de Conservação de Dados relativos a Redes Públicas de Comunicações transfere ao direito espanhol a DM de 2008, remarcando a obrigação dos operadores de telecomunicação de reter os dados que sejam gerados através de uma comunicação, colocando-os à disposição dos agentes, prévia autorização judicial, dos membros das forças de segurança, nos termos do art. 547 da LOPJ. Além das citadas Diretivas europeias, sobrepostas às diferentes legislações nacionais, cabe apontar a existência de novas propostas, como as adotadas no Conselho Europeu de Lisboa, de 2006, e o plano 2010 *A European Information Society for growth and employement*, no momento da relançada Estratégia de Lisboa.[110] Na Espanha não existe uma regulação específica na LECr, remetendo-se à precária regulação legal da intervenção das comunicações dos arts. 579 a 588 da LECrim, isto é, decisão judicial motivada, em cuja virtude se autoriza a polícia a entrar em um procedimento de comunicação ou de base de dados pessoais, com o objetivo de conhecer e, dependendo do caso, recolher e custodiar uma notícia, pensamento ou imagem penalmente relevante para sua reprodução em um julgamento oral, como fonte de prova.[111] Precisamente na Espanha, a mais recente jurisprudência do Tribunal Supremo já contempla o âmbito das comunicações eletrônicas e sua interceptação,[112] assim como as comunicações e informações contidas nos telefones celulares.[113]

d) Os avanços tecnológicos supuseram um passo transcendental, e por outro lado inevitável, na investigação policial através do que se denomina *tecnovigilância, busca automática na Rede, análise de pastas de arquivos, programas de informática para leituras automáticas, videovigilância mediante IP com ativação remota, sistemas de imagens aéreas, infravermelhas ou de visão noturna,* entre outros programas de informática para a interceptação e gravação, em tempo real, da informação transmitida ou recebida através dos

ridad y el derecho a la intimidad», em AAVV (Carmen Senés, coord.) *Presente y futuro de la e-Justicia en España y la Unión Europea*, Aranzadi-Thomson Reuters, p. 532 e ss.

110 Em: http://europa.eu.int/information_society/eeurope/i2010/ index_en.htm.

111 Sobre essa medida e os eventuais problemas que possa encontrar, cfr. Bueno Mata, F., 2009: «La interceptación de los e-mails», em *Justicia, Rev. de D. Proc.*, n. 3-4, p. 693 e ss.; e Gimeno Sendra, 2009: «La intervención de las comunicaciones», *Diario La Ley,* n. 7192, Sección Doctrina, 9 jun. 2009.

112 SSTS de 236/2008 de 09 de maio; de 256/2008 de 14 de maio e de 785/2008 de 25 de novembro.

113 SSTS de 23/2007 de 23 de janeiro; de 130/2007 de 19 de fevereiro; 249/2008 de 20 de maio; 630/2008 de 8 de outubro; 40/2009 de 28 de janeiro; 316/2000 de 3 de março; 1235/2002 de 27 de junho; 1231/2003 de 25 de setembro; 1397/2005 de 30 de novembro; 1040/2005 de 20 de setembro.

diferentes meios de comunicação etc.[114] Seu surgimento também no âmbito da criminalidade exige um novo entendimento do conceito de comunicação e do objeto de proteção do direito fundamental que estenda a proteção a estes novos âmbitos, como lembra o Tribunal Constitucional espanhol.[115] A Recomendação R (95) 13 do Conselho da Europa propõe a adoção das legislações nacionais para regular, não somente o registro de equipamentos de informática, mas também a extensão de tal registro a outros sistemas tecnológicos.[116] O desenvolvimento foi muito desigual e a discussão atualmente centra-se na admissibilidade de programas espiões, como o CIPAV norte-americano,[117] ou o *on line Durchsuchung* alemão.[118]

Sobre essa e as restantes medidas abordadas neste apartado, se projeta a exigência da necessária previsão normativa, como segundo pressuposto de toda medida limitadora de direitos fundamentais, estendendo-se ao estabelecimento do grau de rompimento de cada um dos pressupostos para entender como vulnerado o direito fundamental de que se trate, além do julgamento ponderativo correspondente entre os objetivos em tensão, a investigação do delito e a persecução dos especialmente graves, assim como a obrigação estatal de tutelar os direitos fundamentais. Agregado a isso, bem como aos demais meios de prova referidos, o correto da «*cadeia de custódia*» e a incorporação ao processo, para sua posterior prática, obedece aos princípios de publicidade, oralidade, urgência e contraditório.

4.3 Referentes ao caráter das normas vulneradas

Um último critério, de singular importância em alguns ordenamentos, atende ao *caráter das normas vulneradas*, distinguindo-as entre normas processuais integrantes da chamada legalidade ordinária e normas constitucionais. No primeiro caso se refere também a «*provas irregulares*», enquanto se reserva a qualificação de «*prova ilícita*» para as segundas. Em relação às primeiras, existe um acordo em defini-las como aquelas em cuja obtenção se tenha infringido a legalidade ordinária e/ou se tenha praticado atos em

---

[114] *Electronic surveillance* en termos norte-americanos, cfr. BELLIA, P., 2004: «The future of internet surveillance» em *The George Washington Law Review*, 72, p. 1375 ss.

[115] STC 70/2002, de 13 de março.

[116] ORTIZ PRADILLO, J. C., 2010: «Cooperación penal europea e internacional en la obtención de prueba electrónica», em AAVV (C. Senés coord.) *Presente y futuro de la e-Justicia en España y la Unión Europea,* Aranzadi-Thomson Reuters, p. 559 e ss. DE JORGE MESAS, F., 2007: «La incorporación de las nuevas tecnologías informáticas y de telecomunicaciones al proceso penal» em *Los nuevos medios de investigación en el proceso penal. Especial referencia a la tecnovigilancia, Cuadernos de Derecho Judicial*, n. 2, p. 370 e ss.

[117] *Computer and Internet Protocol Address Verifier.*

[118] Medida excepcional para os registros remotos, regulada na Lei de 25 de dezembro de 2008, de Defesa contra os perigos do Terrorismo Internacional, fechando a brecha legal que se denunciava na regulação legal das intervenções das comunicações nos §§ 100 e ss., da StPO.

desrespeito às respectivas normas processuais. As segundas se enquadram perfeitamente na discussão sobre a extensão ou não da prova ilícita às provas irregulares, e se – ainda detendo-se à vulneração de normas e direitos fundamentais – deve ser feita a diferenciação entre direitos fundamentais absolutos e relativos, ou se a vulneração afeta à obtenção da fonte de prova ou incide em sua incorporação e produção no processo penal. Isso até discriminar, finalmente, a vulneração ou não de direitos fundamentais substantivos ou processuais.

A doutrina espanhola diferencia entre requisitos de legalidade constitucional e de legalidade ordinária. A ilicitude probatória se circunscreve à vulneração dos primeiros, cujo alcance delimita o art. 11.1 do LOPJ. A irregularidade compreende o rompimento das normas de legalidade ordinária, com o alcance presente no art. 238 e ss. da LOPJ. A seu juízo, um direito fundamental pode ser violado mediante a quebra de requisitos de um ou outro tipo, mas somente a vulneração daqueles compreendidos na legalidade constitucional acarreta proibição probatória com efeitos diretos e automáticos.[119] A partir dessa diferenciação se defende que os vícios manifestados na obtenção da prova afetam normalmente a legalidade constitucional, enquanto os vícios na incorporação ao processo afetam a legalidade ordinária.[120]

Na Argentina e no Chile, a nota que permite qualificar uma prova como ilícita é a afetação a garantias constitucionais.[121] Um paradigma desta última afirmação é Portugal, em cuja configuração legal, a proibição probatória – categoria específica da ilicitude – se reduz à hipótese em que se vulneram direitos fundamentais, configuração que outorga à prova ilícita um sistema normativo próprio, no qual os problemas e as soluções constituem um *prius* normativo.[122]

---

[119] *Memória da Procuradoria Geral do Estado*, Madri, 1996.

[120] Contrário a essa opinião, Pastor Borgoño, B, cuja opinião, no art. 11.1 da LOPJ se projeta sobre a obtenção das provas indiretamente com a vulneração como aquelas que ocorrem na admissão e prática da prova, e somente diretamente, no momento da obtenção das fontes, cfr. *Eficacia en el proceso de las pruebas...*,cit., p. 82.

[121] Deve distinguir-se a legislação federal entre a que, a termos do art. 168 2 do CPPN, somente deverão ser declaradas oficiais, em qualquer estágio e grau do processo penal, as nulidades previstas no artigo anterior, que impliquem violação das normas constitucionais, ou quando assim for estabelecido expressamente. Nos códigos mais recentes, as diversas legislações determinam expressamente a nota distintiva da ilicitude probatória (art. 211 do CPP Bs.As); art. 207 do CPPMz; art. 194,1ª do CPP Cba). No Chile, o art. 276 do CPP contempla como causa de exclusão ou inadmissão da prova, tê-la obtido em inobservância das «*garantias fundamentais*». Cfr. Mill De Pereyra, R., «Prueba y sucedáneos de prueba en el proceso penal», em *Problemas actuales del proceso iberoamericano* (Atas da XX Jornada Ibero-americana de Direito Processual), tomo II, CEDMA, 2006.

[122] Costa Andrade, M., 1992: *Sobre as proibições de prova em processo* penal. Coimbra Editora, p. 192.

O Brasil reformou, em 2008, o art. 157 do CPP, segundo o qual são inadmissíveis – devendo ser excluídas – as provas ilícitas, entendendo por tal aquelas obtidas através da violação às normas constitucionais ou legais.[123]

Previsão semelhante está contida no Código de Processo Penal colombiano, onde a conexão pode existir por transgredir direitos fundamentais, postulados em geral em normas constitucionais, mas sem excluir, entretanto, a apreciação por vulneração à legalidade ordinária.

O Código Federal mexicano não prescreve vinculação expressa, ainda que outros Códigos reformados recentemente o façam.[124] A regulação de muitos países europeus contempla, como regra geral, a ausência de conexão, circunstância que não impede que os respectivos Tribunais façam essa conexão, mais especificamente na hora de determinar as consequências da ilicitude. Esta, como sendo de maior gravidade quando infringir um direito fundamental, e de menor gravidade quando se tratar de direitos presentes em normas que conformam a legalidade ordinária: Alemanha,[125] Bélgica,[126] França ou Holanda.[127]

Contudo, se identifica uma tendência geral a restringir o conceito de prova ilícita às situações de vulneração de direitos constitucionais, considerando, principalmente, um critério pragmático que permita pelo menos garantir o respeito a tais direitos, ainda que para isso deva remeter-se o resto das ilicitudes probatórias a outros tratamentos, como a nulidade ou a irregularidade.

4.4 A limitação dos direitos fundamentais e sua incidência sobre a prova ilícita

É incontroverso constituir a averiguação dos fatos delituosos uma atividade que encerra um interesse público, digno de proteção no Estado de Direito, por ser um elemento essencial ao castigo dos delitos e à realização do direito penal. Porém, é igualmente indiscutível que tal finalidade não pode ser atingida a qualquer custo: que o Estado não pode renunciar a sua função de garantidor dos direitos, especialmente daqueles elevados à categoria de direitos fundamentais. Todavia, é claro que parte da justificação do Estado provém da necessidade de consolidar o conteúdo dos direitos fundamentais,

---

123 Lei 11.690.

124 Dessa forma, por exemplo, o art. 19 do CPP de Chihuahua, que aponta que no terá valor a prova obtida mediante torturas, ameaças ou violação de direitos fundamentais das pessoas.

125 Cabe apreciar a existência de prova ilícita por infração de normas reguladoras da prova (§ 136 a III, da StPO).

126 A infração de direitos fundamentais constitui um motivo, mas não é o único.

127 A falta absoluta de imbricação não impede, no entanto, que a jurisprudência, em sua ampla margem de avaliação, não acuda a tal relação, como faz a Convenção Europeia e o conceito *fair trail* do art. 6.º CEDH.

de organizar sua realização ou sancionar sua violação, assim como da obrigação negativa de respeitá-los, ajustando o exercício de seu próprio poder a limites e formas específicas.[128]

A tutela dos direitos fundamentais e a limitação de qualquer deles, como medida necessária para fins de investigação, deve ser realizada salvaguardando-se um conjunto de garantias que, no caso dos respectivos direitos fundamentais, precisamente por carecer da condição de direitos absolutos, pode legitimar ou não a prevalência sobre outros fins, como a investigação penal e a punição aos delitos. Para julgar se a priorização foi correta, ou mesmo que tenha sido prevalecer o efeito devastador de sua limitação ilegítima. Serão examinados a ingerência na esfera dos direitos fundamentais e o respeito a uma série de requisitos graduados, através de uma cadeia de consequências, ligadas à relevância outorgada a cada um deles. Em outras palavras, a análise dos diferentes pressupostos e requisitos que devem estar presentes na hora de uma limitação legítima a um direito fundamental atuará como critério relevante no julgamento ponderativo correspondente sobre as necessidades de tutela do direito fundamental afetado pela ilicitude.

A adoção de qualquer medida limitadora de direitos fundamentais se contempla em diferentes textos normativos, Constituições, Tratados Internacionais e normas internas, que submetem sua adoção ao reconhecimento e respeito de princípios de singular relevância, como o princípio da proporcionalidade, formando assim o arcabouço jurídico de um elemento chave à proteção de tais direitos.[129]

Existe um acordo geral em submeter a limitação aos direitos fundamentais à ocorrência de uma série de pressupostos oriundos, em grande medida, do fato de sua inclusão em textos constitucionais ou em leis ordinárias, submetendo-os à garantia normativa e jurídica. A partir dessa perspectiva, se contemplam os seguintes pressupostos: 1) fim constitucionalmente legítimo; 2) previsão normativa (princípio da legalidade formal e material); 3) constar no marco de um processo, isto é, juridicidade; 4) necessidade qualificada de motivação; 5) estar sujeita ao princípio de proporcionalidade *stricto sensu*; e 6) execução e controle judicial da medida. A partir de tais linhas mestras, as diversas regulações, considerando as circunstâncias sociais, políticas ou simples diretrizes da polícia criminal, limitam, em maior ou menor grau, cada um, ou determinados aspectos de um pressuposto específico, como iremos vendo ao referir diferentes ordenamentos.

---

[128] RUBIO LLORENTE, F., «Derechos fundamentales, derechos humanos y Estado de derecho», em AAVV, *Fundamentos,* n. 4, Cuadernos monográficos de teoría del Estado, derecho público e historia constitucional, Junta General del Principado de Asturias, p. 205 e ss.

[129] Art. 12. Declaração Universal de Direitos Humanos; art. 17 do PIDCP e art. 8 do CEDH.

1) Este pressuposto se refere à necessidade de que o objetivo visado com a medida limitadora resulte, em si mesmo, em um fim ajustado à legalidade constitucional. Dito de outra forma, que não vise uma finalidade que se oponha ao espírito e letra da Constituição. Circunstância que ocorre, por exemplo, na determinação dos fatos relevantes e na identificação de um sujeito como fim genérico das medidas investigativas no processo penal.

2) A respeito da chamada «*previsão normativa*», qualquer restrição a direitos e liberdades fundamentais, para ser legítima, deve estar prevista na própria Constituição ou em lei.[130] Essa categoria costuma atuar como autêntica pedra de toque em novas medidas relacionadas a novas técnicas investigativas. A estas, o ordenamento processual penal deve ir adequando-se, impedindo vícios legais que, apesar do bom desempenho dos Tribunais, provocam, inevitavelmente, aplicações desiguais e situações de insegurança jurídica.[131] É o caso, por exemplo, da interceptação nas comunicações na Espanha, umas das questões pior reguladas e que, consequentemente, deu lugar a um importante número de decisões jurisprudenciais, às vezes com pronunciamentos claramente opostos, como no caso da STS de 2 de junho de 2010.[132] Isso sem mencionar outra variante, a que diz respeito aos avanços tecnológicos relacionados às comunicações ou aos científicos, na área da sanidade ou da investigação médica.[133]

3) No que tange à *juridicidade*, a medida deve ser adotada por um órgão jurisdicional e no seio de um processo penal. Devem existir indícios razoáveis de que os incidentes de fato ocorreram e, além do mais, tais suspeitas devem ser formalizadas na decisão processual correspondente.

A prévia autorização judicial, baseada em uma decisão motivada que enuncie o cuidado à proporcionalidade, é requisito comum na jurisprudência europeia, encabeçado pelo Tribunal Europeu de Direitos Humanos.[134] Mesmo assim, constitui um pressuposto contemplado no novo Código de Processo

---

[130] Assim sucede na Espanha nos seguintes casos: direito à liberdade (art. 17.2 e 4 da CE); inviolabilidade do domicílio (art. 18.2 da CE); secreto das comunicações (art. 20.5 da CE); e direito de associação (art. 22.4 da CE) ou na lei processual correspondente (STC 49/1999).

[131] Uma sugestiva aproximação em Esteve Pardo, J., 2009: *El desconcierto del Leviatán. Política y derecho ante las incertidumbres de la ciencia,* Madrid: Marcial Pons, *passim.*

[132] Mais extensamente, v. Barja de Quiroga, J. L., 2010: *La interceptación de las comunicaciones: jurisprudencia del TS,* Madrid: Civitas.

[133] No âmbito europeu, a complexidade das comunicações e sua intervenção se tenta abordar através de quadro jurídico no qual se destacam a *Resolución del Consejo de la Unión Europea de 17 de enero de 1995*; aspecto sobre o qual voltarei mais adiante. As intervenções corporais à determinação do perfil de DNA constitui outro exemplo recorrente, regulado recentemente na Espanha através da modificação do art. 363 da LECrim.

[134] SS. Do TEDH de 25 de março 1998 (caso *Kopp*) e de 30 de julho de 1998 (caso *Valenzuela*). Obvia-se a citação das legislações europeias pelas razões já explicadas na apresentação desta monografia.

Penal chileno, cujo art. 9.º requer a ordem judicial prévia para toda medida que prive o acusado ou um terceiro do exercício de seus direitos constitucionais, dispondo: «*portanto, quando uma diligência investigativa possa produzir algum destes efeitos, o fiscal deverá solicitar autorização prévia ao Juiz de Garantias*».

Semelhante orientação se encontra também na Colômbia, onde o art. 246 do CPP requer a autorização prévia do Juiz de Garantias para atuações que constam no capítulo correspondente àquelas que requerem tal autorização prévia, como as de exames de corpo de delito, a revista pessoal ou a obtenção de amostras que envolvam o acusado.[135] Junto a essas se enunciam outras medidas, também limitadoras de garantias fundamentais, que não requerem autorização judicial prévia. Entretanto, são contempladas posteriormente com uma «*audiência de controle de legalidade*», como ocorre com a inspeção do lugar do delito,[136] a exumação,[137] o aviso de inclusão de supostas vítimas,[138] as buscas e apreensões,[139] a interceptação de correspondência,[140] de comunicações telefônicas e afins.[141] A audiência de controle de legalidade ocorre vinte e quatro horas depois da medida, frente ao Juiz de Garantias. Ademais, sua decisão é impugnável, salvo se a defesa não esteve presente.

4) A exigência de motivação das decisões judiciais limitadoras de direitos fundamentais, por sua parte, além de ser um dever geral consagrado para todo tipo de decisão, alcança maior intensidade quando, como aqui ocorre, as medidas adotadas limitam um direito fundamental ou uma liberdade pública.[142]

5) A *proporcionalidade*, sob essa ótica, abarca um tríplice aspecto: idoneidade, necessidade e proporcionalidade *stricto sensu*. A idoneidade faz referência, objetiva e subjetiva, à causalidade das medidas em relação com seus fins, tanto qualitativamente (busca e apreensão para conseguir provas), como quantitativamente (duração da gravação telefônica). A *necessidade*, também denominada como *alternativa menos onerosa*, que compara e avalia a medida restritiva que se pretende adotar em relação a outras cabíveis, devendo recorrer-se à menos lesiva para os direitos dos cidadãos (a liberdade provisória ou a prisão provisória, por exemplo; ou a prisão domiciliar ou a ordem de não

---

[135] Arts. 246; 247; 248; 249 e 250 (procedimento no caso de ataques ou de vítimas de agressões sexuais). Todas constam no Capítulo III (Atuações que requerem autorização judicial prévia para sua realização).

[136] Arts. 213 a 216.

[137] Art. 217.

[138] Art. 218.

[139] Arts. 219 a 232.

[140] Arts. 233 e 234.

[141] Art. 234.

[142] STC 62/1982 e muitas outras posteriores.

ausentar-se). A *proporcionalidade em sentido estrito*, para terminar, se aplica uma vez examinada a ocorrência dos precedentes, implicando ponderação de interesses segundo a circunstância do caso concreto. Determina, ademais, se o sacrifício dos direitos individuais que a restrição comporta mantém uma relação proporcional com a envergadura do interesse estatal que se trata de salvaguardar em casos de tensão entre a necessidade de limitar o direito à honra para salvaguardar a liberdade de expressão, ou o direito à informação em prol do interesse da acusação penal.

6) A *execução e controle judicial da medida* supõe a revisão do órgão jurídico na ordenação, desenvolvimento e encerramento da intervenção.[143] Será o caso, por exemplo, da intervenção nas comunicações, ao exigir-se que seja o próprio Juiz aquele que materialmente escute as gravações – sempre originais, não cópias – e selecione o que é relevante e, especialmente, quando decida sobre a prorrogação da intervenção ou a cessação da medida.[144] Também caber-lhe-á a ordem de destruir a informação irrelevante, ou a necessidade de comunicar, posteriormente, a medida ao indivíduo, mesmo que ela tenha sido infrutífera, e a entrega das gravações originais, uma vez que tenham cumprido sua finalidade, embora estas últimas duas estejam sob constante debate doutrinário. Referindo-se a outra medida, temos as intervenções corporais, cuja execução deve respeitar os direitos fundamentais em jogo e a dignidade da pessoa, sem representar risco à saúde, nem implicar trato vexatório ou degradante, e exigirá, em muitos casos, que sua prática seja limitada a pessoal da saúde, em centros médicos e conforme a *lex artis*. O controle judicial corresponderá ao Juiz que a solicitou, a quem os resultados devem chegar, sem que se rompa a cadeia de custódia. Assim está disposto, por acudir à doutrina jurídica espanhola, no caso de *«existência de digitais ou vestígios, cuja análise biológica possa contribuir para o esclarecimento do fato investigado»*, prescrevendo que o Juiz adote ou ordene à polícia judicial ou ao médico forense que adotem as medidas necessárias para sua obtenção custódia e análise, garantindo sua autenticidade.[145]

A ocorrência destes pressupostos tem caráter genérico. Portanto, resultam aplicáveis a todas as medidas limitadoras de direitos fundamentais. Tal configuração cumpre, ademais, uma importante função hermenêutica na complexa regulação legal, frente a sua ausência ou nas diferentes interpretações dos Tribunais, em torno de ambas. Com o mesmo objetivo, é relevante a jurisprudência dos Tribunais Constitucional e Supremo, tendo em vista a sua interpretação, nem sempre coincidente. Também, a do Tribunal Europeu de Direitos Humanos, da Corte Interamericana de Direitos Humanos e a de

---

[143] STS de 18 de abril de 1994 e, entre outras que contém jurisprudência constante, 662/1998.
[144] STS 8546 e 9956/2001.
[145] Art. 326.3 da LECrim, redação em virtude da LO 15/2003, que modifica o CP.

outros Tribunais internacionais, cujo âmbito de competência abranja a tutela dos direitos fundamentais.

A incidência que o respeito a estes requisitos tem sobre a prova ilícita será descrita, pormenorizadamente, no próximo capítulo. Porém, se pode adiantar que, além da própria categoria de prova ilícita que se reserva na maioria dos ordenamentos, a vulneração de direitos fundamentais e não de qualquer outro tipo de direito, os diferentes graus de ineficácia direta e indireta, se articulam nos ordenamentos legais. Considera-se a relevância dos requisitos, cuja vulneração se alegue: juridicidade idoneidade, mera regularidade que sustenta a graduação a qual se fez referência ao citarmos as consequências de sua infração entre a nulidade e a mera irregularidade. É particularmente ilustrativo observar que a construção de teorias encaminhadas a diluir a ineficácia derivada da ilicitude cometida, entre elas, muito particularmente, a da conexão de ilicitude, assentam sua doutrina na proteção do direito fundamental, implicado na denúncia de ilicitude, cuja conexão de ilicitude deve ser constatada.[146]

[146] *Infra*. Capítulo IV; 5; C) c).

CAPÍTULO III
A EFICÁCIA DA PROVA ILÍCITA

1. CONSIDERAÇÕES GERAIS

Como podemos comprovar, grande parte da delimitação do conceito de prova ilícita, e consequentemente muitas das discussões a este respeito, se projetam sobre as consequências de tal ilicitude, isto é, sobre a ineficácia processual vinculada à reiterada ilicitude.

Em torno a este relevante aspecto existiam e existem duas correntes de opinião. A primeira defende a admissibilidade, validade e eficácia processual das provas obtidas ilicitamente, servindo-se de dois argumentos: a busca da verdade material como objeto final e essencial do processo penal (tudo aquilo que possa contribuir à descoberta da verdade deve ser valorado pelo Juiz para basear sua sentença) e o princípio da livre apreciação ou valoração da prova, segundo o qual corresponde ao Juiz, na hora da valoração da prova, considerar ou não as provas cuja fonte foi obtida ou praticada ilicitamente.[1] De fato, muitas das teorias atenuadoras do efeito excludente da ilicitude probatória recorrem, em maior ou menor grau, a argumentos conexos, quando não semelhantes, como veremos depois.

Uma segunda linha defende que a investigação ou averiguação da verdade não possa realizar-se a qualquer preço,[2] e que a ilicitude não é questão de apreciação ou valoração, mas sim um pressuposto inevitável desta apre-

---

[1] A favor se pronunciavam: Schöncke, A., 1955: «Límites de la prueba en el derecho procesal» em *Revista de Derecho Procesal*, n. 3, p. 373 e ss.; Cordero, F., 1961: «Prove illecite nel processo penale», em *Rivista italiana di Diritto e Procedure Penale*», p. 32 e ss.; Ortega Pinto, L. T., 1966: «Tratamiento de la ilicitud probatoria en el proceso penal», em *Revista de Derecho Procesal*, n. 1, p. 171 e ss.

[2] S. do BGH (Tribunal Supremo alemão) de 14 de junho de 1960, citado por Sentís Melendo, S., 1973: «Que es la prueba (Naturaleza de la prueba)», *Revista de Derecho Procesal Iberoa-*

ciação, isto é, que se requer tanto a inadmissibilidade da prova em cuja fonte se provocou a ilicitude, quanto à proibição de sua valoração.[3] Nessa mesma linha de pensamento estão as posições mais radicais sobre a exclusão da prova ilícita direta e indireta.

A partir de outra perspectiva, a falta de eficácia derivada da ilicitude probatória pode ser objeto de um tratamento singular, articulado especificamente para a ocorrência de vícios processuais ou materiais que constituam ilicitude probatória. Na falta destes, se aplica o regime geral de ineficácia, ligado à ilicitude dos atos processuais, consistente na ausência de pressupostos ou no descumprimento de requisitos jurídicos de especial relevância, isto é, o correspondente à nulidade dos atos processuais.

Essa opção foi evidenciada nas diferentes propostas que foram discutidas antes da redação do chamado *Código Processual Penal Modelo para Ibero-américa.*[4]

Uma primeira posição, defendida por De La Rua, propugnava a nulidade da atuação processual penal que violasse a norma processual fundamental (a diligência de prova).[5] Dessa forma, as nulidades atuavam como meio de impugnação para lograr a invalidação da atividade processual tida por irregular, considerando-a como demanda incidental à obtenção da revogação. Para este fim era desnecessário invocar o prejuízo ocasionado, sendo suficiente o vício na forma da atuação.[6]

A segunda posição, defendida por Maier, rejeitou a nulidade como forma de correção dos vícios processuais, de modo que, produzido um ato processual penal viciado, corresponde às partes reclamar o saneamento ou a eliminação do vício produzido, indicando o defeito e propondo a solução correspondente, ainda que sempre subordinada, exclusivamente, à decisão judicial.[7] Nessa configuração, a queixa é peça chave, determinante, tanto às partes que devem demonstrá-la, quanto para a própria declaração, visto que na falta de protesto prévio do lesionado, a nulidade não será declarada (arts. 225, 1, e 226 do CM).[8]

---

mericana, n.. 2 e 3, p. 267, n. 26. Em sentido idêntico, o Tribunal Constitucional espanhol em Auto de 08 de junho 1992 (Ar. 6102).

3 WALTER, G., 1985: *Libre apreciación de la prueba*, trad. Tomás Banzhaf, Bogotá: Temis, p. 315 e ss., citado por MIRANDA ESTRAMPES, M., 1999: *El concepto de prueba ilícita y su tratamiento en el proceso penal,* 2. ed., Bosch, p. 54.

4 Instituto Ibero-americano de Direito Processual. Buenos Aires: Hamurabi, Argentina, 1989.

5 Essa proposta recebeu o nome de «*sistema de especificidade*».

6 A ofensa reside na irregularidade do ato, ainda que não produza nenhum efeito processual.

7 Essa posição visa, também, evitar o abuso da nulidade para atrasar deliberadamente o processo judicial.

8 Incluídos no Capítulo 7.º (Atividade processual defeituosa) o art. 225 prescreve: não poderão ser valorados para fundamentar uma decisão judicial, nem utilizados como pressupostos, os atos cumpridos com inobservância das formas e condições previstas neste Código, salvo que

Tampouco se requer protesto prévio nos casos de «*defeitos absolutos*».[9] Notas características deste sistema seriam: 1) ausência de aplicação obrigatória pelo Juiz no ato irregular;[10] 2) a retificação ou correção dos vícios sem a necessidade de repetir-se todo o procedimento;[11] 3) a renovação completa da gestão, quando for possível; 4) a conformidade do ato omitido, conforme a preclusão; e 5) a exigência de queixa como manifestação do interesse processual penal, necessária para solicitar a declaração de nulidade.[12]

Os diversos Códigos que foram tomados como referência pelo Código Modelo (doravante CM) acolheram, no entanto, uma fórmula que está distante de estabelecer-se como uma ou outra opção, mas sim contemplam ambas as vias. Por um lado, o sistema regulado nos arts. 225 a 228 do CM, e a nulidade direta, ao introduzir o tratamento incidental para interpor a demanda subsidiária. Por outro, a nulidade mediante a aplicação suplementar das leis orgânicas que a regulam.[13]

Como se sabe, a nulidade absoluta, ou de pleno direito, é um fenômeno de ineficácia, ligado à ilicitude, consistente na ausência de pressupostos ou no descumprimento de requisitos jurídicos de relevância especial. A ineficácia própria da nulidade, uma vez declarada, não somente anula qualquer efeito que fosse produzido a partir do ato nulo, mas também elimina os efeitos que possam ter sido produzidos até a declaração da nulidade (*ex tunc*). A ilicitude determinante da nulidade absoluta pode viciar tanto um único ato,

---

o vício tenha sido corrigido (art. 228) ou não tenha se protestado oportunamente por ele (art. 226).

[9] O art. 228 contempla os «*defeitos absolutos*» nos seguintes termos: «*não será necessário o protesto prévio e poderão ser reconhecidos oficialmente os defeitos concernentes à intervenção, assistência e representação do acusado nos casos e formas que a lei estabelece ou os que impliquem inobservância de direitos e garantias previstos pela lei fundamental e por tratados subscritos pelo Estado*».

[10] Art. 225.2 do CM: «*o Ministério Público e os participantes somente poderão impugnar as decisões judiciais que lhes causem gravame, fundado no vício, nos casos e formas previstos por este Código, sempre que o interessado não tenha contribuído para criar tal vício. Proceder-se-á do mesmo modo quando o vício consista na omissão de um ato que a lei prevê. 3. O acusado poderá impugnar, mesmo que tenha contribuído na criação do vício, nos casos previstos pelo art. 227 (vícios absolutos).*»

[11] Art. 228 do CM.

[12] Para expor estas posturas, me servi do trabalho de Barrientos Pellicer, C. R., «Las Constituciones Lationamericanas...» em AAVV, *Prueba y proceso penal,* (n. 110), p. 572.

[13] Dessa forma, implementando-se o controle judicial, não se impede recorrer posteriormente ao incidente de nulidade de atuações para os atos processuais que não sejam sentenças (art. 175 do CPP da Costa Rica) e (arts. 164, 160 e 277 do CPP da Nicarágua). Em virtude deles, os atos cumpridos com inobservância das formas essenciais e dos requisitos processuais básicos, previstos neste Código, não poderão ser valorados para fundamentar uma decisão judicial, nem utilizados como pressuposto dela, salvo que não se trate de um direito absoluto. Conforme o art. 277 do CM, além da ação de nulidade, permite-se às partes solicitar a inadmissibilidade da prova por razões de ilegalidade, em uma audiência preparatória para o julgamento, assim como solicitá-la durante o processo, na fase do *juízo oral.*

quanto todas as atuações a partir de um ato determinado. Contudo, salvo os casos em que uma nítida *ratio jurídica* impõe a nulidade absoluta, a decisão exige ponderação de bens distintos, interesses e efeitos que se contrapõem. A efetividade do requisito ou pressuposto, por um lado e o rigor inerente à nulidade absoluta, por outro, com retroatividade e, inclusive, inutilidade ao processo inteiro.

A nulidade relativa ou anulabilidade, por sua parte, liga a ineficácia à ilicitude de menor relevância ou não-essencial, o que protege bens jurídicos e interesses legítimos de menor importância. A declaração produz efeitos *ex nunc*, e somente pode ocorrer quando solicitada pela parte, submetendo-se a prazos preclusivos. Os atos processuais irregulares são os realizados com infração de algum requisito de parca identidade, infração que origina correção e responsabilidade disciplinar, e, neste caso, sanção ao responsável, restando o ato subsistente e eficaz.

Aplicando estas categorias e tendo em conta o amplo âmbito de atuações para obter as fontes de provas e incorporá-las, posteriormente, ao processo, o espectro resultante abarca desde a nulidade absoluta e sua consequente exclusão, até a permanência e eventual subsanação ou a mera declaração de irregularidade. Não se descarta a declaração de nulidade e a conservação das atuações para seu eventual exame, por parte do órgão de decisão.

Quando se considera a incidência sobre determinados direitos, categorizados como fundamentais, surgem três diferentes avaliações ou critérios: 1) circunscrever exclusivamente a «*prova ilícita*» aos casos em que sejam vulnerados os direitos fundamentais contidos na Norma Suprema correspondente; 2) considerar indiferente a classificação do direito vulnerado pelo desconhecimento das normas reguladoras da obtenção e prática de prova, entendendo que toda infração a normas processuais implica o desconhecimento do direito a um processo com todas as garantias e à igualdade das partes e, assim, a valoração da prova estaria constitucionalmente proibida; 3) adotar uma postura intermediária, aceitando que, em princípio, a vulneração de um direito fundamental impede a valoração da prova resultante e que, em outras hipóteses, deve ser ponderada a transcendência da infração processual, atendendo aos interesses em conflito (proporcionalidade).[14]

Poucas dúvidas recaem sobre as vantagens e inconveniências de qualquer destas opções. A nulidade aparece como a mais desaconselhável desde a perspectiva da economia processual. É a pior, na medida em que uma aplicação coerente desta categoria à prova ilícita supõe a falta de eficácia de tudo o que foi levantando até então, incluindo o que derive de forma direta ou indireta. Contudo, e na falta de uma regulação específica, constitui a categoria jurí-

[14] González Cuéllar-Serrano, N., 1990: *Proporcionalidad y Derechos fundamentales en el proceso penal*, Madrid: Colex, 1990.

dica aplicável aos casos de ilicitude probatória, unicamente quando esta afeta pressupostos ou requisitos de relevância singular. Por sua parte, a tendência de salvaguardar o possível subjacente ao princípio de conservação dos atos e outras circunstâncias se encontram no pano de fundo das teses jurisprudenciais endereçadas a preservar ao máximo os atos processuais. Abre-se, assim, um panorama que pode delinear-se da seguinte maneira:

Para aqueles ordenamentos que englobam toda irregularidade material e processual, qualquer prova viciada carece de eficácia, efeito que se traslada a todas aquelas derivadas dela. Por outro critério, quando se restringe o conceito de prova ilícita à vulneração de direitos fundamentais, esse efeito radical se predica somente delas, reservando à nulidade a constituição do remédio processual, frente às provas viciadas por defeitos processuais vulneradores da legalidade ordinária, sempre que também tenham provocado efetiva falta de defesa.

A partir de então, o leque de possibilidades se situa entre: a) proibir a valoração quando sejam vulnerados direitos ou liberdades fundamentais, o que equivale a constituir uma garantia constitucional de natureza processual que se projeta somente sobre direitos de conteúdo substancial; b) estender o efeito excludente à vulneração de direitos fundamentais de direito processual; ou c) deixar fora da exclusão aquelas situações nas quais a fonte de prova tenha sido obtida, ou o meio de prova tenha sido praticado, vulnerando a legalidade ordinária, ou infringindo normas processuais, mas sem violentar direitos fundamentais.

Inclinar-se por uma delas exige contrapesar os interesses em conflito (o de persecução penal, a tutela judicial efetiva e a utilização dos meios de prova pertinentes para a defesa ou a relevância e transcendência do delito em questão) de um lado, e de outro, os interesses individuais na obtenção regular e prática de prova, assim como a exigência de submissão das autoridades de persecução à legalidade vigente. Somente quando os interesses individuais alcancem uma intensidade constitucional suficiente, sua força poderá impor-se ao interesse, na persecução penal que salvaguarda bens essenciais da comunidade, aos direitos de tutela judicial efetiva e a utilizar os meios de prova pertinentes. Somente então caberá apreciar um «*processo devido*», inexistente de outro modo, quando se permite incorporar provas obtidas ilicitamente.[15] Observa-se que a defesa radical desta posição protege os interesses individuais, mesmo que ao custo de impunidades, em ocasiões difíceis ou impossíveis de assumir.[16]

---

15 STC 114/84, de 29 de novembro.

16 Paz Rubio, J. Mª., 1992: «La prueba en el proceso penal» em AAVV, *La prueba en el proceso penal*, Cuadernos de Derecho Judicial (Edição especial), CGPJ, p. 229.

Caso prevaleçam os interesses gerais na persecução ou a salvaguarda de outros interesses, como o das vítimas, se reduzirá o marco da declaração de ilicitude probatória, de maneira direta ou através das numerosas teorias que diluem a exclusão direta, por entender prevalente o interesse geral sobre o particular, ou porque não se admite lesão direta ao direito constitucional infringido. Não se pode negar que o seguimento extremo desta tendência pode conduzir, praticamente, à erradicação da doutrina sobre a prova ilícita, na medida em que aquele interesse persecutório e de averiguação se sobreporiam a toda consideração contrária.[17]

O risco de posturas extremas conduz a uma terceira posição, intermediária, com o objetivo de conciliar os interesses em conflito, recorrendo ao uso da proporcionalidade, da ponderação de interesses, ou ao *«teste de equilíbrio»* (*balancing test)*, sem olvidar o peso da ocorrência ou ausência dos requisitos inerentes ao *fair trail* e a consideração da gravidade da lesão produzida e a utilidade probatória, entre outros. Assim ocorre, por exemplo, na Alemanha, onde o recurso ao *Abwägungslehre* (doutrina da ponderação) supõe uma dupla valoração judicial. Em virtude da primeira se avaliará a existência de uma proibição de aquisição processual, escrita ou não. No que concerne ao segundo juízo ponderativo, e para o caso específico, se leva em conta a situação específica, a dificuldade e gravidade do caso e a lesão do bem jurídico protegido.

Como se examinará no seguinte apartado, a exclusão tem muito que ver, mesmo assim, com o tratamento processual que receba a prova ilícita. Caso este se encontre na fase investigativa, a consequência de sua apreciação será a eliminação absoluta do processo, de maneira que o órgão julgador não chegará a conhecer a sua existência. Caso contrário, ou negando tal radicalidade, poderá examinar-se no início do julgamento, ou ao ditar a sentença. Na primeira hipótese, ainda caberia sua exclusão; na segunda, os efeitos se limitam a não poder ser valorada para fundamentar uma eventual condenação.

Ao tratamento processual se dedica um capítulo posterior. Antes serão examinados diferentes ordenamentos que exemplificam o regime jurídico da eficácia probatória da prova ilícita, desde aqueles que partem da legalidade vigente. Também serão analisadas as propostas doutrinárias e jurisprudenciais.

2. NA LEI PROCESSUAL PENAL ESPANHOLA

Seguindo a linha condutora do ordenamento espanhol, por este assunto abarcar um amplo espectro temporal, a jurisprudência do Tribunal Constitu-

---

[17] Basta recordar, neste sentido, as circunstâncias apontadas no Primeiro Capítulo, no que tange à incidência do terrorismo ou do crime organizado.

cional não reconheceu, até 1984, a garantia constitucional da inadmissibilidade de provas obtidas ilicitamente.[18]

Até então, a LECrim contemplava determinadas situações nas quais a busca, obtenção, aporte e prática de meios de investigação não era possível, circunstância que conduzia ou à nulidade absoluta do ato, e consequentemente do próprio processo, ou à nulidade relativa, levando à declaração de nulidade e exclusão do processo. Assim acontecia, a exemplo do primeiro caso, com a previsão legal contida no art. 389, III, da LECrim, que proibia a confissão do acusado sob tortura, provocando a nulidade absoluta do processo em seu conjunto. No segundo caso, com o exemplo da prescrição, em virtude da qual a mulher, obrigada a comparecer na frente de seu marido, deveria ser advertida de sua faculdade de recusar-se a declarar contra ele (art. 416.1.I, da LECrim). A falta de tal advertência não estava prevista legalmente e, na sua ausência, a doutrina defendia a exclusão de tal declaração como meio de investigação (art. 311.1 da LECrim) ou de prova, por resultar impertinente (art. 659. I da LECrim).[19]

O impacto da decisão do Tribunal Constitucional de 29 de novembro de 1984 foi tal que seu conteúdo essencial determinou, em grande medida, o texto legal do art. 11.1, inciso primeiro, da Lei Orgânica do Poder Judiciário, aprovado em julho de 1985.[20]

A partir de então, se abriu caminho à doutrina da ilicitude da prova, embora oscilando entre as diversas posições, especialmente aquelas que defendem sua total erradicação desde a própria admissão, até outras, que a situam na fase de valoração da prova, ainda que sempre limitadas a que tal conduta tenha vulnerado algum direito fundamental. Tal configuração não reconhece um direito fundamental autônomo à não- recepção das provas de origem possivelmente ilícita, mas sim que «*se trata da expressão de uma garantia objetiva implícita no sistema de direitos fundamentais, cuja vigência e posição preferencial no ordenamento pode requerer repudiar toda prova obtida com lesão dos mesmos.* (...)».[21]

Em uma primeira aproximação, as linhas gerais desta doutrina podem ser expostas da seguinte maneira: a) as provas obtidas pela violação direta a direitos fundamentais (que são os consagrados pela CE) não geram efeitos no

---

[18] A evolução e questões pendentes em Armenta Deu, T., «Prueba ilícita y reforma del proceso penal», em *Revista del Poder Judicial*, n. especial (*Propuestas para una nueva Ley de Enjuiciamiento Criminal*), n. especial XIX, 2006, p. 177 a 211. Também em Aguilera Morales, M., 2008: «Regla de exclusión y acusatorio», em AAVV, *Proceso penal y sistemas acusatorios*, Marcial Pons.

[19] Fenech Navarro, M., 1960: *Derecho procesal penal,* 3. ed., Barcelona: Labor, 1960, t. I, p. 672 e 673.

[20] *Infra*, 5. C.

[21] STC 114/1984 (RTC 1984/114), F.J. n. 5.

processo; b) as provas obtidas pela violação indireta a direitos fundamentais tampouco geram efeitos no processo penal; c) é indiferente quem tenha obtido a prova ilícita; d) não importa o momento processual em que se tenha obtido a prova ilícita, se na fase investigativa ou em outra; e) torna-se irrelevante o tipo de processo em que se queira fazer valer; e f) exclui-se do processo a prova proibida, ficando vedada a sua admissão, prática e valoração.[22]

Desdobrando estas linhas, se identificam as seguintes etapas: em caso de vulneração, se constata a exigência prioritária de atender a plena efetividade dos repetidos direitos fundamentais, relegando a um segundo plano os interesses ligados à fase probatória do processo. Desta maneira, a infração das normas processuais que regulam a obtenção de provas comporta uma irregularidade processual simples, a não ser que a norma processual infringida sirva de garantia de um direito fundamental. Assim ocorre quando a única prova de acusação possui uma origem ilícita. Nesses casos, admiti-la como apta para enfraquecer a presunção de inocência vulneraria o direito a um procedimento com todas as garantias e à igualdade das partes. A impossibilidade de avaliação processual da prova ilícita pode existir em alguns casos, mas não em virtude de um direito fundamental que possa ser considerado originalmente afetado, mas sim como expressão de uma garantia objetiva e implícita no sistema dos direitos fundamentais, cuja vigência e posição preferencial no ordenamento pode exigir que se exclua toda prova obtida com lesão aos mesmos. Melhor dizendo, ainda que a recepção hipotética de uma prova lograda de forma antijurídica não implique necessariamente lesão de um direito fundamental, tampouco se deve ignorar completamente esta implicação e sua consequente lesão, mas se produzirá somente por referência aos direitos que passem a existir no âmbito do processo penal (art. 24.2 da CE).[23]

Esta posição nega um direito à inadmissibilidade da prova ilícita, incluído no direito a um processo com todas as garantias (art. 24.2 da CE), que diferencie dois aspectos interdependentes do direito fundamental e das garantias processuais constitucionais.[24] Dito de outro modo, a possibilidade de diferenciar, por sua vez, entre a violação de direitos constitucionais subs-

---

[22] Gómez Colomer, J. L., «La evolución de las teorías sobre la prueba prohibida aplicadas en el proceso español: del expansionismo sin límites al más puro reduccionismo. Una meditación sobre su desarrollo inmediato», em AAVV, *Prueba y proceso penal*, (n. 110), p. 116.

[23] Decisão do Tribunal Constitucional, de 18 de junho de 1992 (caso *Naseiro*).

[24] Diferença ressaltada por muitos autores, distinguindo uma faceta positiva e outra negativa dos direitos fundamentais, que obriga não somente a que o Estado os respeite ou se abstenha de limitá-los (*status libertatis*), mas também que deva criar meios que garantam o direito em questão (*status citatis*), entre os que o primeiro não permite a ingerência ilegítima do Estado e o segundo reclama frente a ele. Entre outros muitos: Rubio Llorente, 2006: «Derechos fundamentales, derechos humanos y Estado de Derecho», em *Fundamentos* n. 4, p. 204 a 233; Ferrajoli, 2004: *Derechos y garantías. La ley del más débil*, Trotta, p. 37 e ss.; Pérez Luño, A., 1995: *Los derechos fundamentales*, Tecnos, p. 174.

tanciais e direitos constitucionais processuais, entendendo estes últimos como aqueles contidos no art. 24 da CE, e entre eles o direito à inadmissibilidade da prova obtida com a violação a direitos fundamentais, além da existência de uma determinada conexão de ilicitude.[25] Posição negada pela jurisprudência mais recente, ao defender que a infração de direitos fundamentais de conteúdo processual não origina, em sentido estrito, uma ilicitude probatória, mas sim a nulidade da prova, amparada no regime geral das nulidades processuais.[26]

Determinadas decisões que resultaram em impunidades, em casos de relevância pública, problemas operacionais nas investigações causadores de inevitáveis frustrações (particularmente em matéria relacionada com o tráfico de drogas e casos de corrupção política) e uma tendência jurisprudencial nem sempre uniforme em questões relativas aos pressupostos que devem ser observados na limitação de direitos fundamentais (busca e apreensão), como os efeitos da ausência do Servidor da Justiça (*Secretaria Judiciali*), ou intervenções telefônicas e corporais) evidenciaram, uma vez, mais a tensão entre a efetividade da persecução dos delitos e da busca da verdade material, e a plena proteção dos direitos fundamentais e outros direitos merecedores de tutela jurídica.

As sucessivas variações entre uma tendência inegavelmente expansionista e uma notável redução posterior se manifestaram claramente em torno dos efeitos reflexos ou indiretos da ilicitude probatória. Isto é, nos conhecidos como «*frutos da árvore envenenada*» e a incidência das diversas teses atenuadoras para justificar a não-aplicação da exclusão probatória, especialmente a partir da Sentença do Tribunal Constitucional de 14 de março de 1994, bem como na teoria da desconexão de ilicitude. Sobre eles versará boa parte do apartado 5.º, deste capítulo.

3. A NULIDADE NO CÓDIGO PROCESSUAL PENAL FRANCÊS E OS SISTEMAS PORTUGUÊS E HOLANDÊS

A França aplica os efeitos da ilicitude probatória através das nulidades, conforme o disposto nos arts. 171 e 802 do CPP, criando assim um mecanismo

---

25 A favor desta tese a STS de 29 de março de 1990 (Ar. 2647). Ao contrário, a STC 81/1998, de 02 de abril, vinculou o tema da ilicitude probatória e o direito a um processo com todas as garantias, diferenciando-o do direito à presunção de inocência, o que certamente é correto, negando depois um direito processual autônomo, ao exigir a concordância da conexão de ilicitude. Entre a doutrina, defende a necessidade de tutelar o direito processual constitucional, entre outros, Díaz Cabiale, J. A., 2001: *La garantía constitucional de la inadmisión de prueba obtenida ilícitamente,* Cívitas; e Martínez García, E., 2009: *Actos de investigación e ilicitud de la prueba (El derecho al proceso y sus garantías como límite a la actuación de los poderes públicos en la investigación del delito),* Tirant lo Blanch.

26 Tal negação é um dos efeitos mais visíveis da teoria da desconexão da ilicitude (STC 81/1998, de 02 de abril, e todas as posteriores que se encontram na seção 5 deste capítulo).

de controle sobre «*as formalidades essenciais*», entendidas como aquelas inerentes à constituição da medida ou aos direitos de acusadores e acusado.

As diversas consequências variam, na perspectiva de um duplo parâmetro: a) quando se tratar de casos de ilicitude, proibição ou simples irregularidade, e b) segundo se declare em um processo com ou sem fase de instrução (*instrucción*). Com relação ao primeiro parâmetro, a jurisprudência francesa segue uma linha interpretativa similar à espanhola, deixando os casos de irregularidades à livre apreciação do Tribunal (art. 427 do CPP). Em relação ao segundo, se faltou instrução ao processo, a fonte ou ato probatório permanecerá nos autos até sua eventual anulação em juízo, *in limine litis* (art. 385 do CPP). Quando a ilicitude é questionada em um processo com instrução, o efeito será a exclusão declarada exclusivamente pela Câmara de Instrução.

A nulidade é também o conceito utilizado em Portugal (arts. 126 do CPP e 32.8 do CRP), ligando a prova ilícita a não poder ser utilizada como tal.[27] Proibição de utilização que diversifica seus efeitos segundo afete ou não um direito fundamental. Assim sendo, provocada a inadmissão; caso contrário, e mesmo assim tendo sido admitida, tampouco será susceptível de valoração para fundar uma condenação.[28]

A França ocupa um lugar de destaque devido ao enorme respeito ao princípio da livre valoração dos meios probatórios reconhecidos aos juízes. A Holanda oferece um leque mais amplo: nos termos do art. 359 do WsSv.: apreciada a ilicitude e, dependendo da sua gravidade, o Tribunal julgador pode: corrigir o erro; incluir uma declaração de ilicitude no veredicto, sem maiores consequências; reduzir a pena; excluir o meio de prova; ou arquivar o processo.[29]

Semelhante efeito se produz na Bélgica e na Argentina, onde tal declaração impede toda valoração posterior, independentemente da etapa processual

---

[27] São nulas, não podendo ser utilizadas, as provas obtidas mediante tortura, coação ou, em geral, ofensa à integridade física ou moral das pessoas. São ofensivas à integridade física ou moral das pessoas as provas obtidas, inclusive com seu consentimento, mediante: a) perturbação da liberdade de escolha e de vontade, através de maus tratos, ofensas corporais, administração de meios de qualquer natureza, hipnose ou utilização de meios cruéis ou enganosos; b) perturbação, por qualquer meio, da capacidade de memória ou de avaliação; c) utilização da força, fora dos casos e dos limites permitidos pela lei; d) ameaça com medida legalmente inadmissível e com a negação ou condicionamento da obtenção de benefício legalmente previsto; e) promessa de recompensa legalmente inadmissível.

[28] A jurisprudência transita entre a validade e a nulidade e inclusive a inexistência do meio de prova em questão (intervenção telefônica, por exemplo), reservando os efeitos excludentes a que sejam afetados direitos fundamentais. Vide STJ de 17 de junho de 2004 (http://www.dgsi.pt); SS do Supremo Tribunal de 09 de outubro de 2002 e de 09 de julho de 2003 (www.stj.pt); e SS do Tribunal Constitucional, 407/97; 299/01, e 163/03 (www.dgi.pt), especialmente a S. Relação de Guimarães, de 10 de janeiro de 2005.

[29] Tratamento processual em *infra*, Capítulo IV.

em que a sentença é proferida.[30] O princípio da exclusão da prova ilegal foi contemplado já em uma decisão de 12 de março de 1923, e foi confirmada em outra de 4 de março de 1992, estendendo-se às provas que foram consequências direta e indireta.[31] A jurisprudência atual estabelece, em decisões recentes, que o fato de que uma fonte de prova tenha sido obtida de maneira ilegal, tem como única consequência que o Juiz não leve em conta este elemento, direta e nem indiretamente, quando forme sua convicção, quando a utilização da prova resulte incompatível com o direito a um processo justo, a ilegalidade cometida afete a «*fiabilidade*» da prova ou suponha um caso de nulidade. No restante das hipóteses, o Juiz não está obrigado a excluir a prova, cabendo-lhe apreciar as circunstâncias citadas e o *balancing test*.[32]

O Brasil incorporou, recentemente, a inadmissibilidade e consequente exclusão das provas obtidas ilicitamente.[33] No entanto, no Código de Processo uruguaio, as nulidades são relativas e, em princípio e, como regra geral, sanáveis através de impugnações, salvo que a lei disponha expressamente o contrário, o que não se contempla em matéria de prova ilícita.

4. A *INUTILIZZABILITÀ* COMO REMÉDIO PROCESSUAL ESPECÍFICO

Para abordar o complexo tema das consequências da prova ilícita, a Itália cunhou o conceito da *inutilizzabilità*, que é um tipo de invalidez que atua diretamente, não sobre o ato, mas sim especificamente sobre seu valor probatório. Através dele, a ilicitude probatória se separa da nulidade, circunscrevendo-se à admissão e valoração dos meios de prova, de modo que o ato ou atos, mesmo que válidos do ponto de vista substancial, não podem produzir seu

---

30 Art. 172 1.º do CPPN argentino: a nulidade de um ato, quando seja declarada, tornará nulos todos os atos consecutivos que dele dependam. Art. 194 2.º do CPPCba: a ineficácia se estende a todas àquelas provas que, sob as circunstâncias do caso, não puderam ser obtidas sem sua violação e foram consequências necessárias dela. Art. 207 2.º do CPPMza.: a ineficácia se estende a todas aquelas provas que, em relação às circunstâncias do caso, não puderam ser obtidas sem sua violação e foram consequência dela. Nos Códigos de procedimento acusatório, a possibilidade de sua aplicação é mais elástica. No projeto do CPP para a Província de Corrientes há uma previsão expressa «*Art. 21 Exclusiones: os atos que vulnerem garantias consagradas pela Constituição Nacional, os Patos internacionais que possuem a mesma hhierearquia (art. 75 inc. 22 da CN) e a Constituição da Província, carecem de toda eficácia probatória. A ineficiência se estende a todas aquelas provas que, com base nas circunstâncias do caso, foram consequência necessária do ato excluído; a menos que se tivesse podido aceder à informação que elas aportam através de uma fonte independente de investigação*».

31 Na falta de uma regulação legal expressa onde se contemple os pressupostos da exclusão, corresponde à jurisprudência determinar as formalidades precisas que suponha a ilegalidade da prova.

32 Sentenças de 14 de outubro de 2003 e de 23 de março de 2004.

33 Art. 157, Lei 11.690, de 09 de Junho de 2008.

efeito principal, que é claramente o de fundamentar uma decisão jurídica (art. 191 do CPP).[34]

A ilicitude da prova e a nulidade dos atos processuais operam em âmbitos diferentes. A ilicitude faz referência a um fenômeno que não reúne as notas conceituais das nulidades dos atos ou negócio jurídico, mas sim, a se uma prova pode ser valorada no processo ou se, pela forma de sua obtenção ou outra circunstância, existe sobre ela uma proibição de valoração.[35]

Com o termo *inutilizzabilità* se descrevem dois aspectos de um mesmo fenômeno: o vício que afeta o ato ou documento, por um lado, e por outro, o regime jurídico a que se submete o vício. O regime jurídico da *inutilizzabilità* se aplica não somente ao ato, mas também ao seu valor probatório (art. 191.2 do CPP). Com a *inutilizzabilità* se regula a consequência derivada da atuação judicial ao adquirir uma prova utilizando-se de um poder que a lei proíbe, como aconteceria se fossem valorados os fatos incorporados através de determinados documentos (art. 234.2 do CPP),[36] ou se fosse admitida e valorada uma perícia sobre a recorrência, a tendência a cometer delitos ou, em geral, as qualidades psíquicas independentemente das patológicas (art. 220.2 do CPP).

Desta forma, a *inutilizzabilità* se traduz em um limite ao livre convencimento do Juiz. O mandado contido no art. 191 do CPP exclui alguns elementos de prova do material utilizado pelo Juiz ao tomar uma decisão e motivá-la, como acontece, por exemplo, com a prova testemunhal disposta por algum daqueles sobre os quais recai uma incompatibilidade (art. 197 do CPP) ou por alguém sujeito ao segredo profissional (art. 195.6 do CPP).

Existem vários tipos de *inutilizzabilità*: a «*absoluta*», quando o Juiz não pode fundar nela nenhuma *decisão*, e a «*relativa*», quando a lei indica a *pessoa* frente à qual não se pode utilizar o fato obtido ilicitamente,[37] ou o *tipo de procedimento.*[38] Um segundo critério, já citado ao tratar do conceito de prova ilícita, distingue entre «*inutilizzabilità patológica*» e «*inutilizzabilità* fisiológica». A primeira abarca os vícios mais graves do procedimento probatório (admissão e valoração da prova). A segunda é consequência da divisão do processo em diferentes fases e atos. A mais relevante das patológicas (*inutilizzabilità* geral) é a regulada no art. 191.1 do CPP.

---

[34] TONINI, P., *Manuale di procedura penale* (n. 38); CONTI, C., *Accertamento del fatto e...* (n. 38).

[35] Assim se argumenta em algumas Sentenças do Tribunal Supremo espanhol (STS de 08 de maio de 1997, R.Ar. 4039).

[36] «*E' vietata l'acquisizione di documenti che contengono informazioni sulle voci correnti nel pubblico intorno ai fatti di cui si tratta nel processo o sulla moralità in generale delle parti, dei testimoni, dei consulenti tecnici e dei periti.*»

[37] Art. 63.1 do CPP.

[38] Art. 360.5 do CPP.

A aplicação do art. 191.1 do CPP exige a violação de uma norma processual. Quando o dano foi causado a uma norma substantiva, se trataria de «*prova ilicitamente obtida*», mas não inutilizável, desde que não viole também uma norma processual específica que assim o disponha, como ocorre no caso do art. 188 do CPP, onde se proíbe utilizar métodos que comprometam a vontade ou alterem a capacidade de recordar ou avaliar os fatos.

5. EXTENSÃO E/OU LIMITES DA PROIBIÇÃO DE VALORAÇÃO DA PROVA ILÍCITA. EFEITOS INDIRETOS. «*DOUTRINA DOS FRUTOS DA ÁRVORE ENVENENADA*». RESTRIÇÕES DO EFEITO INDIRETO E TESES ATENUADORAS

O que é obtido diretamente, após a violação a um direito fundamental, não possui origem, ficando fora de qualquer especulação sobre a aplicação da doutrina dos frutos da árvore envenenada quanto a sua inadmissibilidade. O que ocorre com o que não é obtido diretamente, mas sim indiretamente através de uma violação como a citada? É afetada de modo semelhante pela garantia de inadmissibilidade? Os Estados Unidos seguiu uma linha, atualmente restritiva, mas não foi o único país. A Espanha e outros países foram objeto de movimentos pendulares a partir de posições mais garantistas a uma posição mais recente, certamente de orientação restritiva.

5.1 Consagração legal dos efeitos reflexos

Caso a regulação legal da prova ilícita for evidentemente escassa, ainda mais o é quando inexiste a normativa sobre a eficácia reflexa dela.

Assim não ocorre com o art. 23 do Código de Processo Penal colombiano, que incorpora a *exclusionary rule* e, ao mesmo tempo e de forma expressa, as regras atenuantes de tal efeito excludente.[39] Dispõe o título: «*nulidade derivada de prova ilícita: para efeitos do art. 23 devem ser considerados, sobre este tema, os seguintes critérios: o vínculo atenuado; a fonte independente, a descoberta inevitável e o que mais estabelecer a lei*».[40]

Tendência também acolhida na recente reforma do Código Processual Penal brasileiro, cujo art. 157, § 1.º, regula a inadmissibilidade das provas derivadas das ilícitas, com duas exceções: a inexistência de nexo de causa-

---

[39] Art. 23: «*Cláusula de exclusão. Toda prova obtida com violação às garantias fundamentais será nula de pleno direito, motivo por que deverá excluir-se da atuação processual. Igual tratamento receberão as provas que sejam consequência das provas excluídas, ou as que somente possam explicar-se em razão de sua existência.*»

[40] Art. 455 do CPP.

lidade entre umas e outras, ou no caso de provas derivadas obtidas mediante fonte independente.[41]

5.2 Linhas jurisprudenciais

Na falta de regulamentação legal expressa, a jurisprudência referente aos problemas concretos determina linhas interpretativas oscilantes entre admitir os efeitos reflexos ou excludentes às provas derivadas, negá-los radicalmente, ou atender aos diferentes casos aplicando teses atenuadoras para evitar a exclusão. A eleição constitui, por outra parte, uma relevante pedra de toque na hora de optar por algum dos interesses que devem ser ponderados na hora de ampliar ou restringir a ineficácia direta e indireta das provas obtidas ilicitamente. Na verdade, grande parte das teses utilizadas para resolver a tensão, nos casos de eficácia direta, são originárias de situações de eficácia indireta ou derivada.

Este é o caso da Alemanha, onde a aplicação da doutrina dos frutos da árvore envenenada vem sendo discutida há anos,[42] ou da Itália, cuja jurisprudência se divide entre aqueles que negam sua aplicação ou a reconhecem, timidamente, em hipóteses de nexo funcional de dependência expressamente previstos pela lei (busca e apreensão, por exemplo) ou em outros em que a motivação de uma prova se refere, expressamente, ao antecedente legítimo.[43]

Na Argentina existe um duplo parâmetro, ainda mais restritivo, nos chamados «*Códigos mistos*», e mais favoráveis à exclusão, nos códigos reformados recentemente, ainda que, em geral, os Tribunais relutem em sua aplicação.[44]

Também, na falta de previsão normativa, a jurisprudência na Holanda incorpora a *exclusionary rule* e, simultaneamente, o recurso a teses atenuadoras, ainda que deva ser destacada a minoração detectada na hora de acudir-se à doutrina da «*conexão causal*» (*required causal link*), por entender que tal conexão carece de força nos casos como a confissão do acusado, sem que este tenha sido advertido, previamente, sobre seu direito a permanecer em silêncio, ou de busca e apreensão consentida pelo detido ilegalmente, que conduzem inevitavelmente à exclusão. Poderia afirmar-se, no entanto, que o efeito excludente se vê reduzido aos casos em que incidam alguma das

---

[41] O próprio preceito define, no parágrafo 2.º, como «*fonte independente*» aquela que por si mesma, seguindo os trâmites habituais próprios da investigação ou instrução criminal, conduziria a estabelecer os fatos objeto de prova.

[42] Eisenber, G., Rn. 403ff.; Roxin, § 24, RN. 47.

[43] No art. 191 do CPP italiano, onde se define a *inutilizabilidade* como efeito direto, não se menciona a ineficácia derivada.

[44] V. Mill de Pereyra, R., «Prueba y sucedáneos de prueba en el proceso penal», em *Problemas actuales del proceso iberoamericano* (Atas das XX Jornadas Ibero-americanas de Direito Processual), T.II, p. 3335 a 3367; assim como sua Declaração Nacional sobre Argentina.

seguintes circunstâncias: a prova declarada ilícita deve resultar determinante para a condenação. Circunstância ausente, por exemplo, em situações como a confissão do acusado após uma detenção ilegal, por entender que a primeira não é consequência inevitável da segunda.

Mesmo assim, se atenta ao «*enfraquecimento ou ruptura da cadeia causal*» nos casos como a confissão frente à polícia, sem que o confessor tenha sido advertido sobre seu direito a permanecer calado, quando se reitera tal confissão frente ao Juiz, com a prévia advertência daquele direito. Também se o lesado consente, tal como ocorreria se o detido ilegalmente, permitindo-se a busca e apreensão em seu domicílio, circunstância que permitirá utilizar como fonte probatória, o que for encontrado.[45] Esta última direção é confirmada pela decisão amparada em uma hipótese na qual o acusado admitiu sua culpa após ter escutado uma gravação telefônica obtida ilegalmente, e uma apreensão domiciliar irregular. Neste último caso, não se reconheceu que a confissão fosse consequência unicamente do uso indevido do poder estatal, já que foi repetida em juízo e com a consciência do acusado sobre seus direitos e estando assistido por um advogado.[46]

Orientação semelhante se observa em Portugal, cuja doutrina interpreta que a literalidade do art. 32.8 da Constituição da República portuguesa possui base suficiente à proibição da valoração de todas as provas contaminadas pelo veneno do método proibido ao não circunscrever a proibição às provas obtidas diretamente.[47] Essa interpretação não implica, no entanto, que se imponha o *efeito-à-distância*, de maneira que se analisará a singularidade do caso, o tipo de proibição de prova vulnerada e a natureza e importância do direito em conflito, assim como o bem jurídico ou o interesse sacrificado, o sujeito passivo da vulneração etc. A doutrina propõe, e a jurisprudência ampara, a discriminação entre vulneração das condições e a admissibilidade e requisitos procedimentais para levar a cabo o juízo de proporcionalidade. A Sentença do Tribunal Supremo português, de 06 de maio de 2004, aponta: «*quando, como neste caso, a nulidade do meio utilizado (a escuta telefônica) não vulnera os requisitos e as condições de admissibilidade (art. 187 do CPP), mas sim os requisitos formais das correspondentes "operações". (...), mesmo sendo esta modalidade igualmente proibida (art. 126. 1 e 3 e art. 189 do CPP), menos agressiva do conteúdo essencial da garantia constitucional da inviolabilidade das comunicações (art. 34.4 da Constituição), a otimização e a concordância prática dos interesses em conflito (inviolabilidade das comunicações telefônicas vs. "verdade material" e punição dos culpados)... poderá reclamar a limitação com base nos princípios de necessidade e de proporcionalidade*

---

[45] HR Janeiro 26, 1988, NJ. 1988, 818.

[46] HR Junho 14, 2005, LJN. AS8854.

[47] Costa Andrade, M., 1992: *Sobre as proibições de prova em processo penal*, Coimbra Ed., p. 196.

– dos interesses individuais, ainda que constituam emanações dos direitos fundamentais, que não colidam diretamente com a garantia à dignidade da pessoa humana».

O mais notável desta decisão é que trata de determinar, com clareza, em quais casos é possível ou não de se proceder com a exclusão do efeito expansivo (*dominó)*, contaminante das demais provas com a obtida ilegitimamente. Assim o faz, afirmando que se produz a contaminação das provas restantes (efeito indireto ou reflexo) «*quando está em jogo a garantia da dignidade da pessoa humana – como no caso de utilização da tortura para obtenção de uma confissão – nenhuma negociação é possível, outorgando-se a tal garantia um caráter predominante absoluto em qualquer conflito com o interesse*». Sobre tal efeito, indica-se que «*então, não se poderá invocar a necessidade de ponderação dos interesses em conflito e a validade das provas consequentes*», nem negar a doutrina alemã chamada *femwirkung des Beweisverbots*, ou a americana *fruit of the poison tree*, com o (fraco) argumento de que prevalece a verdade material e a punição de um real culpado (Rogall), porque assim acabariam prevalecendo interesses relativos frente ao valor absoluto da dignidade humana. Ao invés, «*frente a interesses individuais que não pugnem diretamente com a garantia à dignidade do ser humano, deverá ser aceito – diferentemente do que acontece com o primeiro vetor – que tais interesses – ainda que emanações dos direitos fundamentais –, possam ser limitados, atendendo aos interesses em conflito*».[48]

O Código de Processo Penal italiano submete a *inutilizzabilità* ao princípio de taxatividade, o que o impede, em um primeiro momento, de estender esta figura aos efeitos reflexos, diferentemente do que ocorre com a nulidade, que contempla a nulidade dos atos derivados do ato nulo no art. 185.1 do CPP.[49] Esta consideração não impede discutir sobre a contaminação do ato *inutillizabile.* A existência de um «*nexo funcional de dependência*» entre o ato ilícito (de investigação, por exemplo) e o fato derivado (detenção, por exemplo) mantém a polêmica em determinadas decisões jurisprudenciais que admitem, ocasionalmente, a rejeitada figura da *inutilizzabilià derivata.*[50] Por sua parte, a doutrina restringe o conceito aos casos de provas entre as que

---

[48] Figueiredo Dias, 1983: *Para uma nova justiça penal- para uma reforma global do processo penal português*, Almedina, p. 206 e ss.Tal opção jurisprudencial, eminentemente operacional, recebe, segundo aponta, os aportes de direito comparado, por um lado através da importação da terminologia utilizada (*fruit of the poisonous tree, Fernwirkung des Beweis verbots,...*), e por outro, da recepção da distinção realizada por Roxin: proibições de valoração probatória independentes (impossíveis de valorar quando lesionam a dignidade humana) e dependentes (sem proibição de valoração quando há mera inobservância dos pressupostos formais).

[49] Tonini, P., 2006: *Manuale di Procedura Penale*, 7. ed., Giuffrè, p. 193. Na nota 49 cita jurisprudência da Corte Suprema, nesse sentido.

[50] *Cass. Pen.*, Sez., um., 16 de maio 1966, Sala, em *Cass. Pen,* 1996, 3268.

existem uma conexão causal juridicamente relevante, como ocorre com a investigação e a detenção dela derivada.

A partir de então, divide-se em duas linhas hermenêuticas inconciliáveis: 1) a que aplica o ditado *male captum bene retentum*, segundo o qual, ainda que o ato originário seja ilícito, a detenção é válida;[51] e 2) a *teoria dei frutti dell'albero avvelenato*, conhecida também como «*efeito dominó*».[52] A elas se une uma solução intermediária, que apela à análise caso a caso, levando em conta diversos critérios: o vício se estende somente nos casos em que a ilegitimidade das atuações originais influenciem decisivamente no resultado da prova dependente; ou quando as atuações indagatórias resultem funcionalmente anteriores à aquisição da prova derivada. Em outros casos, não.

Em relação ao Chile, somente se incorpora o efeito excludente direto, sem fazer referência ao indireto ou reflexo. Por outro lado, como a última reforma do CPP chileno é recente, é difícil identificar uma jurisprudência confiável a este respeito.[53]

Pode-se concluir que, como ocorre na Espanha, Holanda, Alemanha e França, a jurisprudência italiana seguiu orientações pendulares entre um garantismo extremo e uma sucessiva restrição, até quase a erradicação da regra de exclusão, para voltar e iniciar o movimento em direção oposta.[54]

5.3 As diferentes exceções à regra de exclusão na Espanha

Vinculando com o que exposto na seção 2 deste mesmo capítulo, a partir da doutrina enunciada na decisão 85/1994, de 14 de abril, em 1985, incorporou-se o art. 11 da Lei Orgânica do Poder Judiciário, que constitui a primeira menção expressa à prova ilícita e, segundo a qual, não surtirão efeito as provas obtidas, direta ou indiretamente, violentando direitos ou liberdades fundamentais.[55] Cumprindo o objetivo de erradicar o efeito direto, as questões surgiram em torno à eficácia indireta ou reflexa da ilicitude probatória, da seguinte forma: a ilicitude da prova se estende a todas as restantes, mesmo que tenham sido obtidas ou praticadas de forma lícita, sempre que tenham origem na primeira. Este foi o caso da última decisão citada: a exclusão da conversa telefônica ilegal supôs, também, a exclusão de seus efeitos derivados (prova indiciária derivada daquela) anulando as duas decisões impugnadas e absolvendo os condenados.

---

51 Cordero, F., 1963: «Prove illecite», em *Tre studi sulle prove penale*, Milano, p. 159.

52 *Cass. Sez.*V. 13 março 1192; Casini, em *Riv. It. Dir. Proc. Pen.*, 1994, 1127.

53 Zapata, M. F., 2004: *La prueba ilícita*, Santiago de Chile: Lexis Nexos.

54 Podem ser seguidas as numerosas citações de Conti, C, *Accertamento...*, cit., p. 267 a 273.

55 Sobre os efeitos da nulidade probatória STC 812/2006 de 19 de julho de 2006.

5.3.1 Aplicação crescente da doutrina dos frutos da árvore envenenada

A evolução sobre o reconhecimento destes efeitos reflexos transcorre entre uma fase de aplicação generosa,[56] que derivou em um efeito pendular em direção a diversas exceções a tal aplicação, através da adoção da chamada doutrina da conexão de ilicitude, reação anunciada, em boa medida, com a admissão de exceções à aplicação de doutrinas causalistas («*frutos da árvore envenenada*»), mediante outras conectadas à doutrina da «*imputação objetiva*» («*a descoberta inevitável*»; «*o nexo causal atenuado*»; «*a fonte independente*» e «*a boa-fé do transgressor*»). Esta hermenêutica é menos utilizada na Espanha devido à quase hegemonia da aplicação da doutrina da «*conexão de ilicitude*».

5.3.2 Primeiras restrições: exceções da descoberta inevitável; da fonte independente; do achado casual; da irregularidade sanada e da boa-fé

A doutrina da fonte independente atenua a aplicação dos efeitos indiretos da ilicitude implícitos na doutrina dos frutos da árvore envenenada, quando não existe uma vinculação direta entre a prática de uma diligência de forma ilícita e a(s) diligência(s) posterior(es). Não há fruto envenenado se existe prova válida independente.[57]

Há outras duas exceções, variantes dessa doutrina: «*a descoberta inevitável*» e «*o achado casual*».

A exceção da «*descoberta inevitável*», também de reminiscências norte-americanas,[58] aperfeiçoa a exceção da prova independente e fundamenta a valoração da prova obtida de maneira lícita, ainda que este fato tenha se tornado conhecido através de prova ilícita, direta ou indiretamente.[59] O efeito

---

[56] SSTS 985/1996, de 27 de novembro e 448/1997, de 04 de março, entre muitas outras da época.

[57] A exceção da fonte independente tem sua origem na exceção jurisprudencial norte-americana da *independent source* aplicada no caso *Wong Sun vs. US*, 371 U.S. 471 (1963). Velasco Núñez, E., 1996: «Prueba obtenida ilícitamente. Doctrina del "fruto del árbol envenenado": Correcciones actuales y tendencias de futuro», em *CGPJ*, *Medidas restrictivas de derechos fundamentales.* (Cuadernos de Derecho Judicial, n. 12, CGPJ, Madrid, p. 427 a 446). Entre as muitas sentenças que a abrigam e aplicam, são significativas as SSTTCC 86/1995, de 06 de junho; 54/1996, de 26 de março; 238/1999, de 20 de dezembro; 136/2006 de 08 maio 2006 197/2009 de 28 setembro; 49/1999, de 05 de abril, FJ 14; 94/1999, de 31 de maio, F. 6; 171/1999, de 27 de setembro, F. 4; 136/2000, de 29 de maio, F. 6; 28/2002, de 11 de fevereiro, F. 4; 167/2002, de 18 de setembro, F. 6; 259/2005, de 24 de, F. 7; 8/2000, de 17 de janeiro. E do Tribunal Supremo: as SSTTSS 1490/1998, de 26 de novembro; 588/2002, de 04 abril, 498/2003, de 24 de abril, 590/2004 de 06 maio 2004, 556/2006 de 31 maio 2006, 594/2008 de 08 outubro 2008 406/2010 de 11 maio, 513/2010 de 02 junho, 27/2010 de 25 janeiro, 328/2010 de 08 abril, 529/2010 de 24 maio e 617/2010 de 22 junho.

[58] Caso *Nix vs. Williams*, 467 U.S. 431 (1984).

[59] SSTS 836/2002, de 10 de maio; 885/2002, de 21 de maio e, entre outras muitas, 227/2006, de 8 de março.

excludente se aplica àquelas provas que, no caso de não haver sido cometida a primeira ilicitude, teriam sido encontradas de qualquer forma, seguindo o curso próprio das investigações. A debilidade dessa teoria reside em que a descoberta inevitável pode não estar baseada em fatos que possam ser provados claramente, mas sim em hipóteses e suposições.[60]

A exceção do «*achado casual*» admite a licitude do que for encontrado casualmente, ainda que a prova original seja ilícita. Exemplo típico e, nesse caso, real, é a descoberta de um delito de tráfico de drogas através de uma escuta telefônica autorizada para investigar outro delito.[61] Trata-se na realidade de uma variante da teoria da descoberta inevitável, na qual o achado casual elimina a conexão de ilicitude e converte, por fim, a prova encontrada casualmente em prova válida para fundamentar uma eventual condenação.[62]

Irmãs menores da exceção da descoberta inevitável são as «*da irregularidade sanada*» e «*da boa-fé do transgressor*». A doutrina da *irregularidade sanada* impede a exclusão em face de a existência de um nexo causal muito frágil deixar de estender a ineficácia. Assim, na STS de 28 de abril de 1995, a validação probatória do achado casual de drogas em uma diligência de busca e apreensão que não havia sido autorizada para investigar este delito, mas sim outro contra a propriedade, sustentou-se que na diligência estava presente o Juiz plantonista (*juez de guardia*), assistido pelo secretário judicial, razão pela qual não foi necessário «*a formalidade de exigir a suspensão da diligência de apreensão para obter uma autorização judicial ou uma nova decisão extensiva à autorização de outros delitos*». Ainda que a prova válida não emane de «*fonte independente*», mas sim da própria (busca e apreensão), o nexo causal entre ambos está tão debilitado pela presença judicial, que a menor ilicitude resta sanada. Conforme a «*doutrina da boa-fé do transgressor*» a eliminação do efeito excludente obedece à crença fundada e razoável de estar agindo licitamente, o que invalida o efeito dissuasório da regra de exclusão.

5.3.3 Nova restrição: a teoria da conexão de ilicitude e a prática da erradicação da eficácia reflexa

A partir da decisão do Tribunal Constitucional, incorporando, pela primeira vez, a chamada *tese de desconexão de ilicitude*,[63] foram sendo identificados os diferentes conteúdos do direito à tutela judicial efetiva (art. 24.2

---

60 MIRANDA ESTRAMPES, M., 2003: «La regla de exclusión de la prueba ilícita: historia de su nacimiento y de su progresiva limitación», *Revista Jueces para la Democracia*, n. 47, p. 59.

61 STS 1313/2000, de 21 de julho. Idêntico pronunciamento se produziu na decisão do TS, de 12 de junho de 2003.

62 ECHARRI CASI, F. J., 2003: «Prueba ilícita: conexión de antijuridicidad y hallazgos casuales», em *Revista del Poder Judicial*, n. 69, 1.º Trim., p. 231 a 261.

63 STC 81/1998, de 2 de abril.

da CE),[64] convertendo o direito ao processo com todas as garantias no regramento interpretativo das licitudes ou ilicitudes das provas e sua admissão, incorrendo em teses discutidas, como o reconhecimento da proteção do direito fundamental ao processo através da expulsão das provas ilícitas, mas limitando-se unicamente às provas causalmente conectadas.[65] O que é equivalente, restringindo-se ao conceito de prova ilícita, ou quando assim outorgar a tutela jurisdicional, não somente àquela em cuja obtenção foram vulnerados direitos fundamentais, mas também àquelas em que os Tribunais também apreciem existentes no caso concreto de «*conexão de ilicitude*».[66]

No que tange à teoria da conexão de ilicitude (autêntico ponto de inflexão de posições restritivas), já não é suficiente, ao reconhecimento de eficácia reflexa, a existência de uma relação ou conexão causal-natural entre a prova ilícita e a prova derivada lícita, mas sim se exige que, além da existência de uma «*conexão de ilicitude*», cuja apreciação dependerá da índole e características da vulneração original do direito fundamental, do resultado e das necessidades essenciais de tutela do direito fundamental afetado pela ilicitude.[67]

Essa exigência, nos termos do Tribunal Constitucional, conduz ao exame do caso desde uma «*perspectiva interna*» e outra «*perspectiva externa*». A primeira investe na relevância, desde o ponto de vista da causalidade, entre a vulneração do direito fundamental e os efeitos gerados, direta e indiretamente. Por sua parte, a perspectiva externa atende ao exame das necessidades de tutela do próprio direito fundamental (confidencialidade das comunicações, inviolabilidade do domicílio etc.), de maneira que excetuar a regra geral de exclusão das provas obtidas a partir do conhecimento que tem origem em outra, contrária ao direito fundamental em questão, não signifique, de modo algum, incentivar o cometimento de infrações a tal direito fundamental, privando-o, desta forma, de uma garantia indispensável a sua efetividade.

Essa análise remete, novamente, à correta salvaguarda das garantias na limitação do direito fundamental. Ao considerar-se vulneradas frontalmente tais garantias (ausência de decisão judicial, ausência completa de motivação, por exemplo), deverá estimar-se que a apreciação da prova, baseada indiretamente em fonte ilicitamente obtida, contribui para atenuar a necessidade de

---

[64] CALDERON CUADRADO, P., 2000: «El derecho a un proceso con todas las garantías (aspectos controvertidos y jurisprudencia del Tribunal Constitucional», em *Cuadernos de derecho público,* maio-ago. 2000, p. 153 a 158.

[65] *Infra*, Capítulo III. 5.3.

[66] Sobre as insuficiências desta doutrina, v. Voto divergente (*Magistrado Perfecto Andrés Ibañez*) à STS 1/2006 de 09 de janeiro e, mais amplamente, *infra*, Capítulo III, 5.3 D.

[67] Como se recorda na recente STC 197/2009 de 28 setembro e, em igual sentido: SSTC 49/1999, de 5 de abril, F. 14; 139/1999, de 22 de, F. 5; 171/1999, de 27 de, F. 15; 299/2000, de 11 de dezembro, F. 9; 28/2002, de 11 de fevereiro, F. 4; 167/2002, de 18 de setembro, F. 6; 253/2006, de 11 de setembro, F. 7.

tutela do direito fundamental. Ao contrário, se não existe tal vulneração, mas sim uma simples irregularidade (ausência de decisão permitindo a intervenção telefônica de dados objetivos, além das simples suspeitas, por exemplo), a necessidade de tutela do direito fundamental (neste caso, o sigilo das comunicações) se entenderá suficientemente satisfeita com a proibição da valoração da prova originada diretamente da intervenção, aquela diretamente causadora da lesão, sem necessidade de estender a proibição às provas derivadas.

Para citar um exemplo: a STC de 02 de abril de 1998 versava sobre algumas escutas telefônicas ilegais, a partir das quais se produziria, posteriormente, uma busca domiciliar legal. Atendidas as circunstâncias do caso (a pessoa estava submetida a vigilância policial, era suspeito e, também, mediante a intervenção telefônica somente se soube que iria fazer uma visita), o TC considerou que a informação obtida através da intervenção telefônica possuía um «*valor neutro*» em relação à apreensão da droga encontrada, inevitavelmente, no domicílio. Entendeu-se, desta forma, «*rompido o nexo entre a prova original e derivada*».

Para fins de resumo, e segundo a própria jurisprudência, são postulados essenciais da doutrina da conexão de ilicitude: a) a necessidade de partir-se de uma fonte probatória obtida, efetivamente, com a violação a um direito fundamental reconhecido constitucionalmente, e não afetada simplesmente por irregularidade de caráter processual, por mais grave que seja; b) a nulidade constitucional de uma prova no processo não impede a demonstração dos extremos penalmente relevantes mediante outros meios de prova de origem independente ao da fonte contaminada, pois se não existe uma «*conexão causal*» entre ambos, esse material estará desconectado de toda contaminação; e c) não basta que o material probatório derivado dessa fonte viciada esteja vinculado com ela em conexão exclusivamente causal, de caráter fático, para que se produza a transmissão da anulação. Requer-se, também, que entre a fonte corrompida e a prova derivada dela exista a «*conexão de ilicitude*».[68]

5.3.4 Críticas à teoria da conexão de ilicitude. Recepção de outras teses atenuadoras frente a determinadas carências

Não faltaram críticas doutrinais à doutrina referenciada, denunciando consequências indesejáveis à sua aplicação: 1) a erradicação da doutrina dos frutos da árvore envenenada e, a partir desta perspectiva, a perda de visão da natureza processual da garantia constitucional; 2) a insuficiência do argumento conforme o qual os direitos fundamentais não são absolutos, o que permite excepcionar a garantia de exclusão; 3) a duvidosa independência do meio de prova em relação à lesão do direito fundamental lesionado; 4) a insuficiência

[68] STS 1151/2002, de 19 de junho.

da verdade como critério restritivo dos direitos fundamentais; 5) a indesejável restrição do âmbito processador do próprio Tribunal Constitucional sobre os direitos fundamentais no que tange à presunção de inocência e à inadmissão da prova ilícita,[69] e o indesejado efeito de pairar de forma ameaçadora sobre a divisão de poderes, desde o momento em que o Juiz, ao realizar a ponderação sobre a conexão de ilicitude, se assoma perigosamente a funções legislativas, pela interpretação.[70]

A própria jurisprudência, que dificilmente pode ser unidirecional se considerarmos a variedade de casos e a diversidade de orientações e sensibilidades existentes, não deixa de alertar sobre a doutrina da conexão de ilicitude por sua orientação teleológica,[71] e pelo risco de que constitua uma fórmula originadora de fonte de inseguridade que prive de conteúdo efetivo a disposição legal expressa contida no art. 11.1 LOPJ, e com ela a regra de exclusão.[72] Chega-se a afirmar em diversas decisões: (...) é necessário manejar com suma precaução a doutrina da denominada «*conexão de ilicitude*», pois com independência de sua utilidade em situações concretas, deve evitar-se que esta fórmula se torne uma fonte de insegurança que prive de significado a disposição legal expressamente, contida no art. 11.1 da LOPJ.[73]

A partir de 1988, e considerando que a aplicação da teoria da conexão de ilicitude exige uma adequação caso a caso, os Tribunais foram determinando uma série de parâmetros que servem para definir a existência ou não da referida conexão de ilicitude e, na sua ausência, as diretrizes para aplicar outras teorias atenuadoras.

Como já se adiantou, em várias decisões entendeu-se que não é aplicável a doutrina dos frutos da árvore envenenada se os agentes públicos atuaram de boa-fé ou, o que é o mesmo, com a convicção de respeitar a legalidade e os direitos do acusado. Rejeita-se também a eficácia reflexa da ilicitude quando resulta da aplicação da chamada «*teoria da fonte independente*», quer dizer,

---

69 Díaz Cabiale, J. A.; Martínez Morales, R., 2001: «La teoría de la conexión de antijuridicidad» em *Estudios, Justicia Democrática,* e mais profundamente, dos mesmos autores, *La garantía constitucional de la inadmisión de la prueba ilícitamente obtenida,* Madrid: Civitas, *passim.*

70 Perigo denunciado por Jellinek, G. (1919: *System der subjektiven offentlichen Rechte,* Aalen, p. 87 e 94) e acolhido por Rubio Llorente, F. (2006: «Derechos fundamentales, derechos humanos y Estado de Derecho», em *Fundamentos* n. 4, p. 204 a 233).

71 «(...) Posto que com ela se trata de circunscrever a incidência da previsão do art. 11.1 da LOPJ, de reduzir sensivelmente a eficácia incapacitante da prova ilícita, onde a lei claramente não impõe nenhuma restrição, mas pelo contrário, posto que compreende tanto os efeitos diretos como indiretos.» (STS 28/2003 (RJ 926/2003); FJ Cuarto). No mesmo sentido, entre outras: STS 1203/2002 (RJ 2002/7997).

72 STS 1985/1578, RJ 2635; e entre outras muitas posteriores, a repetidamente citada STS 1203/2002 (RJ 2002/7997); SSTS, de 24 de maio de 2010 e de 20 de março de 2001.

73 SSTC 161 (RTC 1999, 161) e 171/99 (RTC 1999, 171) ambas de 27 de setembro e 8/00, de 17 de janeiro (RTC 2000.8).

quando não exista vinculação direta entre a prática de uma diligência de forma ilícita e a(s) diligência(s) posterior(es); acode-se também à noção de «*descoberta inevitável*». Finalmente, considera-se que a própria confissão do acusado em juízo «*sana*» possíveis ilicitudes prévias, sempre que seja uma confissão voluntária e livre, para o qual é imprescindível que se tenha informado sobre a ilicitude de outras provas operativas na causa. Assim foi declarado na STC 161/1999, de 27 de setembro, na qual se resolveu que a confissão voluntária do réu rompeu a conexão de ilicitude com a prova ilícita original. Ao resultar válida a confissão, incorporam-se ao processo todos os dados probatórios que haviam sido obtidos de maneira ilícita, convalidando o ato ilícito original.[74]

5.3.4.1 O efeito da *ilicitude da fonte de conhecimento*. Confissão do imputado

A partir da decisão do Tribunal Supremo, de 18 de julho de 2002, entre outras, se reiteram os perigos de aplicar a doutrina da conexão de ilicitude acriticamente, utilizando-se, para tanto, casos discutidos, como a declaração de falta de validade da confissão do acusado obtida a partir de medidas realizadas ilicitamente.[75]

Decisões posteriores, ainda que nem sempre lineares, rejeitam a *objetivização* inerente às citadas exceções e promovem o retorno, em boa medida, a teses causalistas, que supõem a aplicação do fundamento da doutrina dos EUA sobre o efeito dissuasório da sanção de nulidade, como estímulo frente à tendência dos poderes públicos de valer-se de transgressões à obtenção de meios de prova ilícitos.

Pedra de toque desta tendência foi a *confissão do imputado derivada de prova ilícita.* Em uma linha tendente à «*autonomia gradual da autoincriminação*» se volta a posições causalistas na tessitura de salvar a ineficácia, em virtude dos efeitos reflexos e erradicar comportamentos ilícitos derivados do prejuízo em torno à existência de certa tendenciosidade na busca do limite nas transgressões a direitos fundamentais. Tratava-se de reagir, definitivamente, frente à doutrina do Tribunal Supremo, reconhecendo tal autonomia, reunindo determinados requisitos,[76] sempre que: a) Em tal direção se recorra

---

74 Encontrados drogas e utensílios à venda, durante uma busca domiciliar considerada ilegal, o TC declarou que a confissão voluntária do acusado enfraquece a presunção de inocência, ao não existir conexão de ilicitude com o a busca ilegal, o que permite a condenação.

75 STS de 17 de janeiro de 2003, que nega também a eficácia probatória às declarações do acusado obtida a partir de uma diligência de busca e apreensão realizada sem estar presente o interessado, detido pela polícia; STS de 22 de janeiro de 2003 (exclusão da declaração do acusado por busca e apreensão ilícitos).

76 Que a declaração fosse praticara frente ao Juiz, com prévia informação ao réu de seus direitos constitucionais (a não se declarar culpado e a não declarar contra si mesmo), com possibilidade de manter silêncio ou de não responder a alguma ou a nenhuma das perguntas formuladas; que

a outras doutrinas como: «*a ilicitude da fonte de conhecimento*»; «*a ilicitude da confissão informada*»; ou «*o conhecimento da ilicitude provável*». Ou, em casos de posse de droga, à «*teoria sobre a mínima dose psicoativa*».[77]

Em virtude da «*ilicitude da fonte de conhecimento*» se inicia a diferenciar entre «*prova diferente*», mas derivada da obtida ilicitamente, e «*prova independente*», sem conexão causal com a ilícita. A partir de então, se nega qualquer efeito às primeiras, por incorporarem o conhecimento através de uma vulneração constitucional. Desta maneira, as provas indiretas são nulas por uma questão de mera causalidade natural; no entanto, se tal não existe, a validade provirá da própria confissão do acusado. Este foi o sentido de algumas decisões em casos de declarações autoincriminatórias produzidas por causa de evidências obtidas ilegalmente, tornando «*capciosas*» as perguntas formuladas, atendendo ao conhecimento obtido da prova ilícita e negando ao acusado a faculdade de optar, por entender vedado qualquer grau de autonomia na declaração do réu.[78] Por não proceder assim, conclui-se, provocar-se-ia um «*aproveitamento indireto*» que esvaziaria o sentido da norma de cautela na proteção de direitos fundamentais.[79]

5.3.4.2 Ilicitude da confissão não informada

A doutrina da «*licitude da confissão informada*» coincide na dura crítica à doutrina da conexão de ilicitude, por transgredir o mandado constitucional ao utilizar a informação obtida de fonte de conhecimento ilícito; no entanto, diferentemente das anteriores, abre a porta à possibilidade de que em determinadas condições cabe estabelecer exceções quando houve uma prévia instrução ou colocada ao conhecimento do acusado a invalidade da prova que supostamente estava contra ele. O conhecimento da existência de ilicitude e de falta de força probatória da evidência ilícita produzirá uma desconexão causal, se constatada e declarada tal nulidade e, mesmo assim, o acusado chega a reconhecer sua implicação nos fatos.[80] Contudo, se adverte sobre a

---

estivesse assistido de um advogado; e que se trate de uma declaração voluntária, sem vícios (SSTS de 24 de maio de 2010; de outubro de 2006; o de 13 de dezembro de 2005, entre as mais recentes). Trata-se de garantir, aponta esta jurisprudência, que uma prova como a confissão, que por sua própria natureza é independente de qualquer outra circunstância do processo, já que seu conteúdo é disponibilizado pelo réu e depende absolutamente de sua vontade, não responde a um ato de indução fraudulenta ou intimidação.

[77] Uma análise pormenorizada em Rodríguez Lainz, J. L., 2005: *La confesión del imputado derivada de prueba obtenida ilícitamente,* ed. Bosch, BCN, *passim*. Acolhendo ampla jurisprudência neste sentido, cfr. STS de 24 de maio de 2010.

[78] SSTS 1203/2002, de 18 de julho; 9998/2002, de 03 de junho; 1259/2002, de 03 de julho; 28/2003, de 17 de janeiro; e 58/2003, de 22 de janeiro.

[79] SSTS 290/1999, de 17 de fevereiro e 1203/2002, de 18 de julho.

[80] SSTS 160/2003; 408/2003, de 04 de abril; 1451/2003, de 26 de novembro; 59/2004, de 22 de janeiro; e 339/2004, de 16 de março.

possibilidade de estabelecer outras hipóteses nas quais caiba interpretar que a declaração teve lugar sem explorar a informação obtida ilicitamente.[81]

5.3.4.3 Conhecimento da ilicitude provável

A doutrina «*do conhecimento da ilicitude provável*» busca uma posição intermediária entre a plena autonomia da confissão frente à prova ilícita e as duas doutrinas, anteriormente citadas, tendentes a apreciar a erradicação da ilicitude da prova originária à confissão do acusado, pela confrontação com a evidência derivada dela. Para este fim, se desloca a valoração da liberdade na prestação de declaração autoincriminatória à possibilidade efetiva de acesso à informação que se ponha à disposição do acusado e sua defesa, antes de prestar qualquer declaração.[82] A consciência sobre as consequências da declaração será, efetivamente, a chave da diferença entre uma autoincriminação informada ou não informada, no sentido de conhecer ou não o contexto em que se obteve a evidência, com o assessoramento prévio por parte de seu advogado.[83]

5.3.4.4 Mínima dose psicoativa

Para terminar, a «*teoria sobre a mínima dose psicoativa*» constitui uma tese utilizada em casos como o tráfico de drogas, que se soma à necessidade de objetivar ao máximo o conceito de droga como elemento essencial do tipo penal aplicável e outros objetivos conexos.[84] Circunstância que resulta essencial nos casos em que a confissão isoladamente, independentemente das descobertas feitas graças à fonte de conhecimento, junto a outras possíveis provas diretas ou indiciárias, permite considerar provados os fatos objeto de acusação e, mais além, nos delitos nos quais a própria evidência – o objeto do delito – compromete sua existência (posse ilícita de armas, tráfico de drogas etc.). Esta teoria serviu para aplicar a exclusão pela falta de produção de efeitos perniciosos para a saúde, em termos de critérios puramente científicos.[85]

---

[81] STS 1451/2003, de 26 de novembro. Percebem-se nessa doutrina a clara influência do caso *Wong vs. EUA*, segundo aponta a própria STS 1451/2003, de 26 de novembro.

[82] SSTS 498/2003, de 24 de abril; 1670/2003, de 08 de março; 205/2004, de 18 de fevereiro; 339/2004, de 16 de março; e 1263/2004, de 02 de novembro.

[83] STS 1509/2003, de 12 de novembro, comentada por Rodríguez Lainz, J. L., 2005: *La confesión del imputado derivada de prueba obtenida ilícitamente,* ed. Bosch, BCN, p. 120.

[84] Aplicar o princípio de proporcionalidade às graves sanções previstas nas diferentes condutas típicas conexas com tal delito; ou favorecer uma interpretação ampla do bem jurídico protegido que permitisse excluir condutas, no limite do socialmente tolerável.

[85] Um desenvolvimento pormenorizado em Rodríguez Lainz, J. L, *La confesión del imputado derivada de prueba obtenida ilícitamente,* cit., p. 120 e ss.

5.3.5 Situações compatíveis com a teoria da desconexão de ilicitude

As insuficiências e incompatibilidades detectadas não excluem, perdoe o trocadilho, a teoria da desconexão de ilicitude naqueles casos em que, estando causalmente conectadas a prova original e derivada, juridicamente tornam-se desconectadas por um ato voluntário do sujeito que tenha tido a seu favor a possível aplicação da doutrina dos frutos da árvore envenenada, quando, estando consciente de tal direito, por ter sido informado sobre ele, decide colaborar e confessar ou entregar a documentação que o incrimina. A voluntariedade da declaração rompe a conexão de forma natural, nos situando frente a uma prova juridicamente independente.[86]

A boa-fé policial, por um erro invencível, constitui outro caso em que seria razoável excluir a garantia estabelecida no art. 11.1 da LOPJ, já que, se argumenta, o dever de diligência cabe-lhe ser exigido até onde seja possível, de tal maneira que as necessidades de proteção do direito fundamental violado não fiquem protegidas por tal preceito e pela regra de exclusão.[87] Postura que se produz no outro *lado del Atlántico*, através da recente decisão no caso *Herring vs. United States*, que requer a não-aplicação da regra de exclusão ao entender que a boa-fé policial impede aplicá-la, que o erro policial seja sistemático, voluntário e culpável, de maneira que a boa-fé abarque as condutas culposas e, assim, impeça que se exclua a fonte de prova obtida desse modo. Ou, o que é equivalente, que a regra de exclusão se restrinja aos casos de erro deliberado e culpável.[88]

---

[86] GOYENA, J., 2009: «Correcciones a la doctrina de los frutos del árbol envenenado. El engaño del imputado» em «*Jornadas sobre la prueba ilícita penal*», Santa Cruz de Tenerife, 25 e 26 de junho 2009 (www.juriscomer.com). MARTÍNEZ GARCÍA, E., *Actos de investigación e ilicitud de la prueba,* cit. p. 90 e 91.

[87] GÓNZALEZ CUSSAC, J. L., 2008: *Prueba y proceso penal,* Tirant lo Blanch, p. 319.

[88] 129 S.Ct. 695 (2009). HENNING, A. C., *Herring vs. United States: «Extension of thee Good-Faith Exception to the Exclusionary Rule in the Fourth Amendment Cases»,* Congressional Research Service, February 2, 2009. Nos termos de suas próprias palavras: «*the Supreme Court for the first time applied the good-faith exception to bar application of the exclusionary rule in a case involving police error regarding a warrant. A police officer in the case mistakenly identified an arrest warrant for the defendant. The Court held that evidence discovered after the subsequent arrest was admissible at trial because the officer's error was not "deliberate" and the officers involved were not "culpable". In future cases, courts will apply the Herring "deliberate and culpable" test to determine whether to admit evidence obtained as a result of a search or seizure which is unconstitutional as a consequence of police error. A second impact of the Herring decision is a weaker constitutional footing for the exclusionary rule. Whereas judicially-created remedies have gained "constitutional status" in the context of some other constitutional rights, it appears that the exclusionary rule lacks such a grounding under the Court's current Fourth Amendment jurisprudent*».

CAPÍTULO IV

TRATAMENTO PROCESSUAL DA ILICITUDE PROBATÓRIA

1. CONSIDERAÇÕES GERAIS

É muito difícil estabelecer regras gerais sobre o melhor momento para apontar e declarar a exclusão da prova ilegitimamente obtida, e as que dela derivem, não só porque dependerá do modelo processual concreto, mas porque a opção estará precedida da ponderação entre uma série de interesses contrapostos, como os que se exporá a seguir.

Faz-se mister iniciar constatando que o momento e o instrumento processual, através do qual se expõe a ilicitude probatória, não é questão de somenos importância.

Um tratamento prévio na fase preliminar determina, entre outras questões, deferir ou não medidas cautelares; emitir um juízo de imputação, com base em dados obtidos de maneira ilícita. Paralelamente, igualmente, predetermina uma eventual exclusão da fonte ilícita, evitando uma indesejável contaminação do órgão julgador, mesmo que para isso deva pagar-se o preço de não se dispor, em tal momento, de outras fontes ou meios de prova, propiciando a aplicação do princípio da proporcionalidade ou permitindo o jogo de uma doutrina moderada da causalidade mais estrita, quando não limitar o direito de defesa. Este, em alguns sistemas processuais, inexistente ou muito incipiente, em dita fase.

A isso se pode acrescentar o perigo de fraude processual, quando se reserva a alegação de nulidade para uma fase posterior, já iniciado o processo, como estratégia de defesa, impedindo, ademais, a abertura de novas linhas de investigação, não afetadas pela ilicitude.

Fazendo coro a tais argumentos, o tratamento prévio da ilicitude probatória, o qual preconiza a sua exclusão imediata, mesmo antes de iniciar-se a fase processual ou, ao encontrar-se somente na fase investigatória, se opõe frontalmente a dois pilares e princípios básicos do direito probatório: que a prova se pratique unicamente em juízo, e que dita prática seja realizada inescusavelmente em contraditório e com publicidade.

O tratamento processual enfrenta, de fato, dois objetivos e interesses opostos: o que defende a exclusão imediata, fazendo com que, na realidade, o Juiz que tenha conhecido de um fato através de uma prova ilícita deva abster-se ou ser recusado;[1] e aquele outro, segundo o qual corresponde à fase processual o conhecimento completo do ocorrido e solicitado nas fases prévias, em face da garantia jurisdicional, compreensiva, entre outros extremos, da citada exigência de prática da prova em juízo, com publicidade e contraditório, preservando-se, assim, ademais, o pleno exercício do direito de defesa.

Todavia, também implica alguma consideração sobre o caráter e conteúdo das fases do processo penal.

A configuração da fase de investigação e, concretamente, quem deva conduzi-la, constitui uma circunstância conexa com o fato de que a ilicitude nas diligências de investigação pode constituir a base da acusação, incidindo sobre o órgão acusador e predeterminando, em boa medida, sua decisão de acusar. Paralelamente, a exclusão pode subtrair conhecimentos relevantes que afetem o direito de defesa, singularmente, quando se afasta a incorporação ao processo e consequentemente sua valoração pelo órgão julgador.

Na fase preliminar, como regra geral, não cabe ao Juiz e muito menos ao Ministério Público resolver a questão relativa à licitude ou ilicitude das provas, primeiro porque excederia das competências que se lhes reconhecem no correspondente texto legal, e ademais, porque não resultaria possível efetuar tal análise quando os meios de investigação, presumivelmente ilícitos, ainda não tenham adquirido a categoria de prova e nem tenham sido valorados como tais. Ademais, esta opção limita, irremediavelmente, a defesa, na medida em

---

1 Sentis Melendo, 1977: «La prueba en el proceso», em *Revista de Derecho Procesal*; Pastor Borgoñon, B., 1988: «Eficacia en el proceso de las pruebas ilícitamente obtenidas», em *Justicia*, 1988, II, p. 365 e ss.; ou entre outros, Fernandez Entralgo, 1990: «Prueba ilegítimamente obtenida», em *La Ley* 1990-1. Outros autores opõem a tal radicalidade algumas questões que merecem ser consideradas: se o que se pretende é impedir qualquer influência no julgador, de elementos distintos à prova ilicitamente obtida e regularmente produzida no processo, teríamos que impedir também que o julgador pudesse tomar conhecimento do que foi produzido. E não é só isso, também seria preciso mantê-lo isolado de qualquer notícia que pudesse receber sobre os fatos, à margem do processo, o que impediria aos juízes de ler jornais, assistir televisão ou outras medidas, de todo modo, exageradas. Montero Aroca, J., 1988: «El principio de oralidad y su práctica en la vigente Ley de Enjuiciamiento Criminal», em *Trabajos de Derecho Procesal*, Barcelona, p. 570 e 571; e Vegas Torres, J., 1993: *Presunción de inocencia y prueba en el proceso penal*, ed. La Ley, Madri, p. 127, n. 131.

que o imputado não intervenha em dita fase ou a tenha feito de forma tardia ou limitada.

Esta última circunstância não significa, entretanto, que ao Juiz instrutor, de Garantias ou o do juízo não estejam vinculados pela proibição constitucional na admissibilidade de meios de investigação ilícitos. Em alguns casos, especialmente aqueles em que se aprecie claramente a existência de vulneração de direitos fundamentais, se pode afastar a incorporação de determinado meio, ou deve haver manifestação acerca da ilicitude de determinados meios de investigação ou decretar-se sua nulidade. Idêntica análise é de ser feita em determinadas decisões, como no arquivamento definitivo ou provisório.

Não obstante, em certas ocasiões, a questão não poderá ser resolvida na fase preliminar. Isso ocorre quando o juízo de ilegitimidade exija o conhecimento de dados que somente se esclarecerão após a produção da prova em juízo. Nessa fase – onde é realizada a prova e sua valoração – questiona-se acerca do cabimento de um exame e a correspondente exclusão no momento inicial, no caso de apreciar a existência da ilicitude, ou se convém esperar a prática de todos os meios de prova para assim poder realizar uma avaliação completa e uma valoração ponderada.

Não terminam aí os questionamentos. Como salienta a análise de alguns ordenamentos jurídicos, mesmo declarando-se a ilicitude na fase de investigação, isto não supõe a eliminação dos fatos ou dos materiais implicados na citada declaração. Daí que, juntamente com o tratamento inicial há que ser esclarecido o que se deve fazer com os dados e com os suportes materiais obtidos, excluindo-os ou incorporando-os ao processo, e nesta última hipótese, proibindo ou não a sua posterior valoração na decisão definitiva. A este extremo se unirá o sujeito que pode denunciar a ilicitude probatória, em cuja análise colocar-se-á um ponto final a este capítulo.

Como imediatamente comprovar-se-á, o panorama, nos diversos ordenamentos é de amplo espectro, ainda que possa adiantar-se as seguintes notas distintivas: 1) uma situação generalizada de falta de regulamentação de tratamento processual *ad hoc*; 2) resistência a extrair do *dossier* os dados obtidos ilicitamente; e 3) tendência majoritária em examinar a denunciada ilicitude na fase processual, contraditória e, em tal hipótese, optando por fazê-lo no início do processo, possibilitando-se a exclusão do meio de prova ou dos fatos incorporados a partir daquele momento, ou permitir que continue no processo até o final, encomendando ao Juiz o seu exame, cujo resultado positivo acarretará a exclusão sem valoração, para efeitos de condenação, ou não, caso assim não seja considerado.

Essas variantes são a origem da ordem expositiva, com base na existência de um tratamento prévio ou sua ausência; subdividindo cada parágrafo conforme exista ou não uma previsão legal para tal objetivo.

2. TRATAMENTO PRÉVIO À FASE PROCESSUAL

Atendidas as razões que vem sendo assinaladas desde o início deste capítulo, e a partir da regra segundo a qual a exclusão exige uma declaração jurisdicional, a maioria dos ordenamentos jurídicos a remetem à fase processual. Isso não impede que em determinadas circunstâncias de evidente ilicitude, mesmo na falta de regulamentação legal específica, ou a teor da existente, se contemple a exclusão das fontes de prova obtidas ilicitamente. A partir daí se sugere a exclusão total do processo ou da fonte ou dado, ou sua conservação para um posterior exame pelo órgão jurisdicional.

O tratamento prévio pode estar previsto legalmente, mediante um incidente específico ou não, como veremos a seguir.

2.1 Sem previsão legal específica

O tratamento prévio da ilicitude probatória abre interrogantes no que tange à possibilidade e conveniência de evidenciar a ilicitude no momento da investigação, evitando que a prova se incorpore ao processo, seja nele praticada. De fato, comprovar-se-á a possibilidade de examinar a ilicitude no mesmo momento, durante a fase preliminar do processo penal, ao concluir-se essa fase, antes de iniciar-se o processo, sem descartar-se, em absoluto, um exame posterior.

Tratar-se-ia de casos em que os agentes policiais, durante uma diligência de investigação, ao detectar uma possível ilicitude, cessariam a atividade imediatamente. Distinta seria a hipótese em que o Juiz de instrução se encontrasse presente e dirigindo uma medida deste tipo (*v.g.*, assistindo pessoalmente uma busca e apreensão), ou supervisionando uma medida que se prolonga no tempo (*v.g.*, uma interceptação telefônica). Nessas hipóteses é bem possível que se tente sanar o defeito que motivou a ilicitude, antes de reiniciar a diligência ou voltar a praticá-la, mesmo que nem sempre seja possível, em face de sua natureza. Assim pode ocorrer quando a polícia esteja efetuando uma busca e apreensão domiciliar, com o consentimento do titular e constate que a pessoa que a autorizou não estava legitimada para tanto. Assim, deve cessar, imediatamente, e abandonar o domicílio e, mesmo que hipoteticamente pudesse regressar mais tarde com uma autorização judicial, é provável que as eventuais provas já tenham desaparecido. De outra banda, caso o defeito ocorra durante uma interceptação telefônica, as fitas obtidas sem autorização judicial deveriam ser destruídas – ou não considerá-las no que tange aos crimes não compreendidos na autorização judicial –, mesmo que sanado o defeito se possa continuar com as gravações e aproveitar os conteúdos obtidos a partir desse momento.

Quando a ilicitude probatória se verifica ao ser praticada uma diligência, esta deveria concluir-se, de modo que seu conteúdo não fosse incorporado aos autos. Quando a ilicitude tenha sido detectada pelo Juiz instrutor no momento em que a polícia lhe apresenta o resultado de uma diligência de investigação não deverá incorporar-se aos autos.[2] No entanto, em ambos os casos requer-se o pleno convencimento do juiz instrutor, pois não sendo assim, é preferível incorporar o material aos autos, deixando ao julgador a manifestação a respeito, em um momento posterior.

Assim está previsto, por exemplo, no Código de Processo Penal brasileiro, onde, mesmo quando a ilicitude atinja atuações policiais, estas permanecerão no processo, salvo a sua retirada mediante *habeas corpus*, cerceando a investigação policial (inquérito) por falta de justa causa, quando a diligência for fundamental. Isso não obsta, como se adiantou, a inclusão nas alegações finais quando a ilicitude é percebida ou produzida em juízo. Acontecendo isso após a sentença, as partes poderão aduzir a ilicitude como preliminar da apelação.[3]

O Código de Processo Penal francês contempla um tratamento prévio excepcional: 1) através do *habeas corpus* na prisão; 2) no exame prévio ao processo sobre a suficiência das provas apuradas na investigação; e 3) quando o Ministério Público revisa o que foi feito pela polícia. Uma análise mais detida do mesmo exige diferenciar entre a fase prévia instrutora (*instruction préparatoire)* de caráter obrigatório somente para os delitos graves (*crimes*), mas não para aos leves (*délits* y *contraventions*). A partir da aplicação do princípio «*o responsável dos atos não pode ser competente para declarar sua nulidade*», nos processos sem instrução, o jogo de dito princípio impede extrair a diligência ilícita do «*dossier*» devendo permanecer no mesmo para denunciar a ilicitude ante a *Chambre de l'Instruction.*[4] O art. 385.1 do CPP assinala que *o Tribunal correccional* tem competência para reconhecer as nulidades processuais que se submetam a seu conhecimento, o que deverá acontecer, em todo caso, antes de examinar o mérito (art. 385.5 do CPP). Tais disposições se estendem às contravenções (art. 522.3 do CPP).

Algo semelhante prevê o CPP belga, que também diferencia a existência de «*investigação preliminar*», conduzida pelo Ministério Público, da «*investigação judicial*». No primeiro caso, como a exclusão só é possível em juízo, o Ministério Público pode decidir não exercer a ação e nem iniciar o processo, devido aos possíveis prejuízos que originaria a ilicitude.

Tratando-se de investigação de responsabilidade do Juiz, cabe à Corte de Apelação revisar a atuação da fase de investigação, a qual, apreciando a exis-

---

[2] Mesmo que para uma maior fluidez no discurso se utilize o termo prova para as diligências policiais, estas não são senão fontes que se integrarão ou transformarão, dependendo do caso, no correspondente meio de prova em juízo. Cfr. Armenta Deu, T., *Lecciones de derecho procesal*, 3. ed. Madri-Barcelona-Buenos Aires: Marcial Pons, Lección trece (la prueba).

[3] Scarance Fernandes, A., 2005: *Processo penal constitucional*, 4. ed., São Paulo, Parte II, n. 7.8.

[4] Art. 181 do CPP.

tência de fontes de prova ou de atuações ilícitas poderá excluí-las, evitando seu efeito contaminante no processo (art. 235-bis, § 6.º). Esta eventualidade pode originar dificuldades em casos em que a prova inocentava o acusado.[5]

Na falta da previsão de um trâmite específico para elucidar a ilicitude probatória, o CPP português contém um procedimento não preclusivo, onde se pode questionar a admissibilidade de uma prova considerada ilícita em distintas fases do procedimento. Na instrução (*inquérito*); na fase intermediária (*instrução*) ou durante o processo, dependendo da evidência na ilicitude e conseguinte nulidade. A primeira possibilidade, a exclusão na fase de instrução (*inquérito*), não é uma opção admitida de forma pacífica. De um lado, se defende a alegação da ilicitude quando se pratica a medida, no *Auto de inquérito*, impedindo, desta forma a incorporação ao sumário, caso se constate uma vulneração grave, *ex* art. 275.1 do CPP;[6] no entanto, de outro lado, se recorda a necessidade de proibição expressa para proceder à exclusão.[7] Contudo, é majoritária a opinião que considera a fase intermediária o momento processual idôneo, em atenção ao art. 292 do CPP, quando se regulamente a admissão da prova e inclusive através dos requerimentos apresentados pela acusação e pela defesa, com base no art. 296 do CPP.[8] Inclusive se antes não tivesse sido possível, sempre nesta fase intermediária, se abrem duas novas possibilidades: no debate instrutório (art. 302 do CPP),[9] e no *despacho de pronúncia ou de impronúncia* (art. 308 do CPP).[10]

---

5 A partir dos arts. 292, 296, 302 e 308 do CPP. O art. 292 permitiria a exclusão por inadmissível de toda prova proibida. Com base no art. 296 caberia abordar a falta de validade através dos requerimentos apresentados pela acusação e a defesa nesta fase. Burgoa, E. e Beleza, T., «Conferência», «*as diligências de prova realizadas no decurso do inquérito são reduzidas a auto, que pode ser redigido por súmula, salvo aquelas cuja documentação o ministério público entender desnecessário*».

6 Arts. 125 e 126 CPP. Cfr. Silva, Germano Marques da, *Curso de processo penal*, III, Verbo, p. 79.

7 Art. 292 CPP: «*são admissíveis na instrução todas as provas que não forem proibidas por lei*»» e garante no n. 2 a possibilidade de contraditório onde se estabelece que o «*juiz de instrução interroga o arguido quando o julgar necessário e sempre que este o solicitar*».

8 «Art. 296 (*Decisão de instrução*): *as diligências de prova realizadas em ato de instrução a que tiver procedido e sobre as questões de prova relevantes para a decisão instrutória e que, em sua opinião, apresentem caráter controverso.*»

9 «Art. 302 *(Decurso do debate): 1. O Juiz abre o debate com uma exposição sumária sobre os atos de instrução a que tiver procedido e sobre as questões de prova relevantes para a decisão instrutória e que, em sua opinião, apresentem carácter controverso. 2. Em seguida concede a palavra ao Ministério Público, ao advogado do assistente e ao defensor para que estes, querendo, requeiram a produção de provas indiciárias suplementares que se proponham apresentar, durante o debate, sobre questões concretas controversas. Segue-se a produção da prova sob a directa orientação do Juiz, o qual decide, sem formalidades, quaisquer questões que a propósito se suscitarem. O Juiz pode dirigir-se diretamente aos presentes, formulando-lhes as perguntas que entender necessárias à realização das finalidades do debate.*»

10 «Art. 308 *(Despacho de pronúncia ou de impronúncia): (...) 3. No despacho referido no n. 1 o juiz começa por decidir das nulidades e outras questões prévias ou incidentais de que*

2.2 Com previsão normativa específica

A *inutilizzabilità* ou a nulidade prevista no art. 191 do CPP italiano determina a exclusão. Quando a ilicitude é percebida no sumário (no *interrogatório di garanzia* ou na *udienzia preliminare*) o Juiz pode ignorar o meio de prova, mas não excluí-lo do procedimento. Quando ocorre no processo, dependendo do procedimento, deverá excluí-lo na admissibilidade. Em todo caso, o art. 526 do CPP prescreve que não poderão utilizar-se na deliberação prévia à sentença provas diferentes daquelas legitimamente adquiridas.

A exclusão vem contemplada no Chile e na Colômbia, ainda que sem articular um incidente processual para tal, sem que resulte incompatível com um tratamento posterior no âmbito do processo.

No Chile, pode ocorrer na denominada «*audiência de preparação da fase oral*», fase anterior à decisão de abertura da fase oral do processo, a qual se desenvolve na presença do «*Juiz de Garantias*», com presença obrigatória do Ministério Público e do defensor.[11] O art. 276 do CPP sob o título «*Exclusão de provas para a fase oral*» dedica seu terceiro parágrafo à exclusão das provas que provenham de atuações ou diligências que tiverem sido declaradas nulas e *aquelas que tenham sido obtidas sem a observância de garantias fundamentais*.

O Juiz deve resolver sobre a exclusão, distinguindo, a partir daí, entre quem propôs a prova: a) tratando-se do Ministério Público, cabe apelação para a *Corte de apelaciones,* com suspensão do processo; caso a Corte confirme a exclusão, o caso pode ser arquivado quando o Ministério Público considerar que se trata de prova essencial para sustentar uma acusação.[12] b) Caso a prova tenha sido proposta pela acusação particular, não cabe recurso de apelação, sem prejuízo de poder arguir a nulidade contra a decisão final.[13]

Como foi adiantado, a própria lei prevê uma análise posterior, ao incluir como motivo de recurso a nulidade, a transgressão de direitos ou de garantias fundamentais, desconhecendo as regras de produção e apreciação da prova (art. 373.a do CPP).

Um tratamento semelhante é outorgado na Colômbia, onde se destaca, previamente, a possibilidade outorgada ao Ministério Público de «*ordenar o afastamento das atuações diligenciadas com desconhecimento dos princípios reitores e das garantias processuais*» ao analisar a atividade policial nos

---

possa conhecer.»

11 Art. 269 do CPP.

12 Art. 277.3 do CPP.

13 A diferença de regime nos recursos obedece à diversidade de sujeitos, assim como a inclinação na direção de uma configuração claramente adversarial do novo Código.

aspectos de indagação e da investigação.[14] A partir daí, são várias as oportunidades para denunciar a ilicitude. Na *Audiencia de control de legalidad*, fase do processo concebida como um controle específico para salvaguardar o respeito da legalidade na limitação dos direitos fundamentais.[15] Também, na *Audiencia preparatoria del juicio oral.*[16] Finalmente, no ordenamento colombiano fica aberta a possibilidade de um exame posterior, durante o processo, e na fase recursal (art. 181 do CPP).

2.3 No procedimento federal dos Estados Unidos

Apesar de o efeito da exclusão da fonte de prova obtida ilicitamente ocorrer na fase decisória do processo penal (*criminal trial*) ou nas apelações diretas, as alegações sobre a inadmissibilidade são objeto de uma audiência específica de supressão: *supresión hearing.*[17] Dita audiência precisa da interposição de uma «*moção de supressão*» (*motion to suppress*) por parte do acusado, interessado na exclusão de determinadas fontes de prova, obtidas com violação a um direito constitucional seu.[18]

Cabe propor a exclusão em outras fases processuais, mas nesse caso, somente se excluirá se no *balancing test* (custos da exclusão – efeito dissuasório) o resultado for favorável à exclusão no momento em que esta for solicitada.[19]

Em todo caso, a regra (12) da *Federal Rules of Criminal Procedure* 557 (1975) assinala que no momento da apresentação do detido em juízo (*arraingment*) o magistrado encarregado da direção das atuações preparatórias do processo fixará os prazos para apresentar as referidas moções, entre elas, a de supressão. Na moção de supressão, o fundamento constitucional invocado deve ser formulado por escrito. O magistrado decidirá se possui informação suficiente ou deve relegar o pronunciamento ao julgamento. Em tal caso, a

[14] Art. 212 do CPP.

[15] Art. 237 do CPP: busca e apreensão; entrada em domicílio; retenção de correspondência; interceptação de comunicações; recuperação de informação na internet.

[16] Fase imediatamente anterior à fase do processo, após a audiência de acusação (art. 337 e ss. do CPP, e o descubrimento dos elementos materiais probatórios e evidência física (art. 344 do CPP). Nela, o art. 360 do CPP assinala expressamente: o Juiz excluirá a prática ou a apresentação de meios de prova ilegais, incluindo os que tenham sido praticados, aduzido ou conseguido com violação dos requisitos formais previstos neste código.

[17] No processo Federal, ao que se cingirão as referências, a audiência de supressão é um trâmite posterior à formalização da acusação (*indictment* ou *information*) e prévio ao processo. A regra 12 (b) (1) (3) da *Federal Rules of Criminal Procedure* impõe que seja antes do processo.

[18] Regras 41 e ss. da *Federal Rules of Criminal Procedure.*

[19] No procedimento ante o Grande Júri (*US* vs. *Calandra* e *US* vs. *Blue*); nas atuações direcionadas à decisão acerca da liberação, mediante fiança (*proceedings to determine bail*); na fase da sentença (*sentencing proceeding*) ou nos procedimentos da *Parole* e da *Probation.* Acerca disso, v. GÓMEZ- JARA, C., *Nuevas tendencias...*, cit., p. 28 e 29.

moção de supressão deverá ser reiterada no início do ato. As afirmações que fundamentam a solicitação de exclusão serão objeto de prova, com padrões específicos (*preponderance of the evidence*).[20]

3. TRATAMENTO NO PROCESSO

Há países onde se entende que decidir sobre a ilicitude processual corresponde ao exercício de uma função jurisdicional. Estes negam tanto o exame e o pronunciamento prévio sobre a ilicitude, quanto à exclusão total na fase investigatória, remetendo a decisão à fase de plenário. A partir de então, existem duas variantes. Com base na primeira é possível resolver o problema logo na abertura da fase processual. Conforme a segunda, por não estar prevista uma tramitação processual com esta finalidade ou por qualquer outro motivo, resolver-se-á quando da sentença, mesmo que sem poder valorar a prova que previamente tenha sido declarada ilícita, e sempre e quando se motive suficientemente a ausência de valoração da prova excluída.

Não se pode esquecer, de outro lado, que este tratamento no âmbito da fase processual costuma existir, mesmo assim, como complemento naqueles ordenamentos que possuem uma regulamentação prévia.

3.1 Na fase inicial do processo

No pórtico dos debates, o Código de Processo Penal português prevê um exame da ilicitude na fase preliminar do processo, destinada à alegação de artigos de prévio pronunciamento (*questões prévias ou incidentais*), podendo denunciar-se a vulneração de direitos fundamentais através de uma resposta imediata e oral.[21]

Caso o Tribunal não julgar necessário um pronunciamento oral no início do processo, este poderá marcar o pronunciamento até o momento da sentença, impedindo, no caso, sua valoração para fundamentar a sentença.[22]

O tratamento processual no ordenamento jurídico espanhol tem sido uma das questões mais discutidas, devido à ausência de uma regulamentação espe-

---

[20] Em torno de 51% de segurança, frente a 99% do estandar de prova «*além de uma dúvida razoável*». *Ob. cit.*, nota 275, p. 30.

[21] Art. 338 do CPP. Corresponde à discricionariedade judicial resolver imediatamente ou postergar a decisão acerca da ilicitude.

[22] As questões relativas às pretendidas vulnerações de direitos fundamentais são suscetíveis de reiteração ou de proposição no desenvolvimento do plenário (arts. 340, 355, 360 e 374, onde se regulam os requisitos da sentença). Art. 374 *(Requisitos da sentença)*: «*...2. Ao relatório segue-se a fundamentação, que consta da enumeração dos fatos provados e não provados, bem como de uma exposição tanto quanto possível completa, ainda que concisa, dos motivos, de fato e de direito, que fundamentam a decisão, com indicação e exame crítico das provas que serviram para formar a convicção do Tribunal...*». Assim se recolhe na decisão do TC português 393/03.

cífica sobre o tema. A Lei Processual Civil (CPC), com caráter suplementar ao ordenamento processual penal, incorpora tal previsão legal. Isso faz com que se distingam dois períodos na exposição: antes e após o referido texto legal.

Antes da Lei Processual Civil espanhola de 2000, se recorria a diversos instrumentos, criados para outros fins que, com o transcurso do tempo demonstraram-se insuficientes, especialmente no que pertine à ilicitude, concebida como infração de direitos fundamentais, merecedora de outorgar-lhe a máxima efetividade.[23] A diversidade de procedimentos vigentes, por outra parte, tem aberto um leque de tratamentos, como se comprovará a seguir.

Após a Lei Processual Civil, publicada em 2000, incorporou-se um artigo específico, o art. 287 (*Ilicitude da prova*) cujo conteúdo é aplicável aos demais processos. Sobre este se fará referência no final do próximo capítulo.[24]

3.2 Na decisão do processo

Tanto o Código de Processo Penal belga, como o francês, acolhem a ideia segundo a qual o tratamento prévio se julga dilatório e limitador do exercício do direito de defesa em juízo, ao que se acrescenta o fundamento de ser a fase do processo onde se elucidam mais propriamente as questões relativas à prova. Ademais, a falta de uma fase prévia no início do mesmo, esta se remete ao instante da valoração probatória. Nela, se o Juiz aprecia a ilicitude, não poderá valorá-la, devendo, em todo caso, motivar suficientemente qualquer dos conteúdos de sua decisão, tanto a já referida admissibilidade, quanto se denegou a ilicitude; portanto, foi valorada.[25]

A Lei Processual Penal alemã opta por um tratamento no âmbito do processo. Todavia, no caso de investigação feita pelo Ministério Público, se a ilicitude é detectada pelo mesmo e entender que a ilicitude pode prejudicar a acusação, poderá abster-se de acusar. Entretanto, tratando-se de investigação judicial, a Câmara de acusação pode depurar a investigação, eliminando atuações ou documentos nulos, obtidos ilicitamente (art. 235-bis, § 5.º, da StPO). Em juízo, a declaração de ilicitude constitui uma exclusão virtual da prova do processo, de maneira que não cabe valorá-la. Não obstante isso, a exclusão não se materializa e não pode descartar-se sua influência na decisão final.

A regra geral na Holanda é que a ilicitude somente pode ser declarada na sentença, contemplando-se as medidas previstas no art. 359 WwSv. como

---

[23] Sobre a atmosfera da dita nova regulamentação se pode ver: ARMENTA DEU, T., 2006: «Prueba ilícita y reforma del proceso penal», em *Propuestas para una nueva Ley de Enjuiciamiento Criminal*, n. Especial da *Revista Poder Judicial*, p. 177 a 211.

[24] A aplicação subsidiária está prescrita no art. 4.º da LEC. Sobre a regulamentação da prova ilícita no processo civil, cfr. DE LA OLIVA SANTOS, A., 2001: «Comentário ao art. 287», em AAVV. *Comentarios a la Ley de Enjuiciamiento Civil*, Civitas, p. 524.

[25] STS, de 16 de junho de 1987, *Arr. Cass.* 1986/87, n. 627.

um instrumento pertencente à fase prejudicial, de maneira que se o Tribunal observa a incorporação de dados obtidos através de meios ilícitos, a consequência deve ser sua subsanação e somente em casos extremos se exclui do processo.[26]

É certo que um setor doutrinário tem reclamado a regulamentação de um incidente prévio para excluir a medida ilicitamente obtida, mesmo que não representem uma posição majoritária.[27] Ao contrário, um prestigiado comitê assessor governamental elaborou um informe com quatro motivos justificadores de tal rejeição: a) um procedimento com essa exclusividade não pode garantir que o Juiz não conheça da ilicitude posteriormente; b) um procedimento de tal tipo não poderia impedir que a defesa aduzisse a questão em juízo ou protestasse pela exclusão em tal sede; c) tampouco solucionaria o que sucede se o Juiz percebe a ilegalidade *ex officio*; e d) provoca efeitos dilatórios.[28]

No Brasil (não há fase instrutória e nem intermediária) existe um tratamento prévio através de sua arguição mediante o *habeas corpus* que determina o arquivamento se dita ilicitude for determinante para a acusação. Não sendo assim, ou inclusive declarada a ilicitude, não se excluem os materiais do *dossier*, incorporando-se ao processo para o devido controle judicial. Igual tratamento ocorre em Cuba.[29]

Itália e Portugal contemplam um tratamento igualmente amplo no tempo, que propicia reiterar a arguição de ilicitude. O Código de Processo Penal italiano permite o pronunciamento acerca da ilicitude até o momento de ser proferida a sentença, caso assim se entenda conveniente, beneficiando-se, por exemplo, da prova que incide sobre a ilicitude deduzida. Assim sendo, a declaração de ilicitude será feita na sentença, na qual, naturalmente, não se valorará a prova ilícita.[30]

México não prevê, em sua regulamentação federal, um tratamento específico, tanto na fase prévia, quanto no início da fase oral do processo. O exame sobre as arguições de ilicitude são remetidas ao momento da valoração da prova.[31] Nesse sentido, o art. 331 do próprio Código dispõe que os

---

26 V. Supra. IV.

27 Melai, 1975, p. 161.

28 Moons Committee, 1993, van Woensel, 2004, p. 168.

29 O Ministério Público revisa o trabalho policial, mas pode retirar as diligências investigatórias. Máxime quando a atividade do Ministério Público não está sujeita ao controle judicial.

30 Art. 374 do CPP *(Requisitos da sentença)* «...*2. Ao relatório segue-se a fundamentação, que consta da enumeração dos fatos provados e não provados, bem como de uma exposição tanto quanto possível completa, ainda que concisa, dos motivos, de fato e de direito, que fundamentam a decisão, com indicação e exame crítico da provas que servirão para formar a convicção do Tribunal...*».

31 Códigos mais recentes, como o de Chihuahua parecem seguir a linha chilena e colombiana, abrindo um período específico, antes de iniciado o processo. O art. 311 estabelece que durante a audiência intermediária cada parte poderá formular os requerimentos, observações

elementos de prova não terão valor caso tenham sido obtidas por um meio ilícito. Um tratamento semelhante está previsto no Código de Processo Penal Uruguaio.[32]

4. SUJEITOS QUE PODEM ADUZIR A ILICITUDE E ÓRGÃO COMPETENTE PARA DECLARÁ-LA

Em não sendo declarada a nulidade de ofício ou não sendo aduzida inicialmente pela defesa, suscita dúvidas em torno da ilicitude, acerca de perdura indefinidamente. Nesse sentido, qualquer utilização processual da informação, acumulada durante a instrução, pode qualificar-se como exploração ou aproveitamento ilícito. Assim sendo, surgem uma série de interrogantes: quem pode alegar que uma prova é ilícita? O Tribunal, de ofício? O Ministério Público? É necessário pedido da parte?

Relativamente a quem pode aduzir a ilicitude, a maioria dos ordenamentos jurídicos regulamentam, tanto a dedução pelas partes, quanto *ex officio*, por tratar-se, nesse último caso, de uma hipótese incorporada às nulidades. São mais raros aqueles que outorgam ao Ministério Público a faculdade de excluir as fontes ou meios de prova obtidos na fase de investigação.

Nos Estados Unidos somente pode instar a exclusão a vítima da violação da norma constitucional pela polícia, sempre que se trate de um processo instaurado contra si, que seja incriminada.[33] A Corte Suprema assinala que a legitimação deve valorar-se em relação à pretensão de vulneração do direito constitucional de que trata: como sucedeu no casso *Rakas*, no qual se estabeleceu que um acusado possui a expectativa de intimidade no momento da realização da busca e apreensão, da confissão e da prisão.[34]

A recente modificação do CPP brasileiro contempla a exclusão, *ex officio*, não por tratar-se de um caso de nulidade, mas de inadmissibilidade da prova.[35] Caso não haja percepção inicial, a alegação pode advir tanto do Ministério Público, quando analisa o inquérito policial, quanto das partes, através do *habeas corpus*, conforme a fase processual, solicitando ou não o arquivamento, a teor de sua relevância à acusação. A natureza jurisdicional

e exposições que julgarem relevantes, com relação às provas oferecidas, para fins de exclusão. Para demonstrar a ilicitude, está prevista a prática de prova.

32 Mesmo que teoricamente se afirme que a inadmissibilidade possa aduzir-se em qualquer fase do processo, a recepção da prova se considera o mais adequado, e não ocorrendo aí, ao proferir sentença se exclui pela valoração, motivando suficientemente, conforme a previsão legal genérica (art. 245.2 do CPP).

33 *Jones vs. US*, 362 U.S.257 (1960), p. 261.

34 *Rakas vs.* US, 439 U.S. 128 (1978).

35 O § 3.º do art. 157 prescreve: «*preclusa a decisão de desentranhamento da prova declarada inadmissível, esta será inutilizada por decisão judicial, facultado às partes acompanhar o incidente*».

da declaração impede seja feita pelo Ministério Público naqueles países onde este dirige a investigação (Alemanha[36] e Holanda[37]).

Ao contrário, o Código de Processo Penal chileno, com tendência adversarial, contempla unicamente a declaração prévia da ilicitude, a pedido das partes.

Na Espanha, a ilicitude probatória pode ser reconhecida de ofício ou mediante pedido das partes. O Juiz instrutor evitará que se pratiquem diligências de investigação que vulnerem direitos fundamentais e, no caso em que mesmo assim se produza, declarará sua ilicitude, excluindo-as do processo. O mesmo fará o Tribunal encarregado do julgamento: quando apreciar a ilicitude de uma prova proposta, não admitindo-a; ou apreciada sua ilicitude uma vez admitida, evitando sua prática; e se já foi praticada, excluindo sua valoração na hora da formação de um juízo sobre os fatos. Também pode declarar de ofício a ilicitude probatória o Tribunal que conheça da causa na fase recursal. Em todo caso, a função de velar pela legalidade do processo e inspecionar o sumário encomendado ao Ministério Público (art. 773 da LECrim), situa este órgão em uma posição idônea para esta incumbência, que se estenderá, mesmo assim, a possível impugnação à decisão judicial que declara a nulidade das provas, recorrendo, mediante apelação e cassação, alegando, mais precisamente, vulneração do direito à tutela judicial efetiva.[38] Daí, que alguma decisão assinale: «*que em caso de produção indevida, a anulação de uma prova tenha produzido uma absolvição injusta, ao Ministério Público é lícito instar o direito à tutela judicial efetiva, ao devido processo ou a utilização de meios de prova idôneos, conforme art. 24 CE e art. 3.1 do EOMF*».[39]

No entanto, o habitual é que a ilicitude seja arguida pela parte interessada: geralmente será a defesa do imputado ou do acusado – conforme a fase do processo – quem aduz a ilicitude. Entretanto, não se pode afastar a possibilidade de o próprio Ministério Público argui-la, em face de ser defensor da legalidade, sem esquecer que em certas ocasiões também pode sustentar a absolvição do acusado frente à acusação particular ou popular.

---

36 § 244, III, 1, da StPO.

37 Art. 359, WvSv.

38 Sentenças de 22 de janeiro de 1998 (DER 98/150); 797/1994, de 14 de abril; 87/1996, de 6 de fevereiro, e 214/1997, de 12 de fevereiro. Em idêntico sentido, a Circular da Procuradoria-Geral de Justiça 1/99 que recorda que o MP pode – e deve – recorre alegando vulneração de qualquer direito fundamental, mas também pode – e deve – reclamar os direitos e garantias que a Constituição reconhece aos que são partes no processo penal.

39 Decisão 1455/1997, de 25 de novembro e 79/1998, de 22 de janeiro. Nesta se declara: «*quando tenha sido produzida a nulidade da fonte de prova, de forma incorreta, o Ministério Público é obrigado a recorrer, como única forma para que se declare, conforme a Constituição, a intervenção praticada e possa adentrar-se na valoração da prova obtida, da qual o Ministério Público foi indevidamente privado no exercício dos direitos e interesses da sociedade, a qual representa*».

Frente às dúvidas sobre a potestade do Tribunal em apreciar de ofício a ilicitude probatória quando o imputado não a tenha arguido, se pode afirmar que a relevância constitucional da lesão permite sustentar a inexistência de preclusões neste âmbito. Entretanto, quando se trata de provas *«irregulares»*, se aplicam as normas sobre o tratamento das nulidades processuais, que sim podem levar a uma impossibilidade de alegação tardia pela parte, bem como a apreciação *ex officio* pelo Tribunal. E deve considerar-se que, para boa parte da jurisprudência, esse é o tratamento que merecem as infrações ao art. 24 da CE, na obtenção ou na prática da prova.

O ordenamento processual penal argentino outorga a qualquer sujeito, via de regra, a faculdade de invocar a ilicitude, sem exigir a prévia arguição da parte. Como declaração de nulidade que é, quando é absoluta, também pode ser reconhecida de ofício. Nesse sentido, o CPP Federal e também os mais modernos Códigos de Buenos Aires, Córdoba e Mendoza.[40] Essa situação se assemelha ao Código de Processo Penal belga.[41]

A *inutilizzabilità* prevista no Código de Processo Penal italiano preconiza, expressamente, a faculdade de haver declaração de ofício, no estado e grau em que se encontra o procedimento.[42]

O Código de Processo Penal francês distingue entre os procedimentos com ou sem instrução, na hora de determinar a autoridade competente para declarar a nulidade e a possibilidade ou não da declaração de ofício. Na ausência de instrução, a declaração da ilicitude e nulidade cabe ao *Tribunal Correctionnel* ou ao *Tribunal de Pólice*. Havendo instrução, cabe à *Chambre de l'instruction.*

A declaração de ofício da ilicitude nos processos sem instrução tem sido questionada, em face do art. 385 do CPP.[43] Entretanto, nos processos com instrução depende do modo como se apela à Câmara de Instrução: quando se faz em atenção ao art. 173 do CPP, as causas de nulidade deverão ser propostas pelas partes, sem prejuízo do direito que a Câmara possui para analisá-las de ofício, sendo esta quem vai decidir acerca da amplitude da nulidade.[44] Caso

---

[40] Art. 186.2 do CPP Cba; art. 199 do CPPMza; e art. 203, 2 do CPPBs.As.

[41] Art. 235-bis, § 5, do CPP.

[42] Art. 191, 2 do CPP.

[43] Art. 385.1: o Tribunal *a qualité pour constater les nullités des procédures qui lui sont soumises.* Assim foi o entendimento de diversas decisões: *Cass. crim.* 21 mar. 1989, *Bull. crim.* n. 138; *Cass. Crim.* 25 fev. 1991, *Bull. Crim.* n. 94; *Cass. Crim.* 10 dez. 2003, *Bull. Crim.* n. 243.

[44] Art. 173.3: *«caso uma das partes ou a testemunha assistida entender que haja uma nulidade, acode à Câmara de Instrução mediante petição motivada, enviando cópia ao Juiz de Instrução que trasladará o expediente do procedimento ao Presidente da Câmara de Instrução (...). Note-se a faculdade do Presidente da Câmara (§ 5.º). Nos oito dias seguintes à recepção do expediente pela secretaria da Câmara de Instrução, o Presidente poderá, mediante decisão irrecorrível, constatar que a petição é inadmissível, aplicando-se o parágrafo terceiro e quarto, do artigo*

a apelação tenha sido por qualquer outro motivo, a jurisprudência admite a declaração de nulidade *ex officio*.[45] Duas pontualizações a este respeito: de um lado, a exigência jurisprudencial de um interesse específico por parte de quem aduz a nulidade; e por outra, a condenação da França no caso *Lambert vs. França* por afastar a nulidade de escutas telefônicas, ao aplicar, precisamente, esta doutrina.[46]

5. TRATAMENTO NOS DIVERSOS PROCESSOS DA LEI PROCESSUAL PENAL

Um exame superficial do tratamento processual nos procedimentos ordinários (sumário e abreviado) e o procedimento especial do Tribunal do Júri na Espanha ilustra bem as diversas variantes que acabamos de expor. O procedimento ordinário, que não contempla nenhuma regulamentação específica, posterga à decisão final o pronunciamento sobre a ilicitude, circunstância que não impede o questionamento da doutrina acerca dos eventuais prejuízos do referido tratamento, o que não ocorre no procedimento abreviado, o qual regulamenta o repetido pronunciamento no início do processo, como questão prévia, e finalmente, o procedimento perante o Tribunal do Júri prescreve que se resolva sobre a exclusão probatória nas questões prévias e antes de ser constituído o Tribunal do Júri.

5.1 Na fase investigatória

Na falta de qualquer preceito específico na fase investigatória dos processos, ordinários e especiais, a jurisprudência oscila entre duas posições comentadas: a que defende a exclusão da fonte de prova obtida de forma ilícita, quanto mais cedo melhor, impedindo assim ir apurando fontes derivadas, também ilícitas, e que entende que desta forma limita o direito à prática de provas e o âmbito de valoração do Juiz decisor. Com o objetivo de encontrar uma posição intermediária são propostos dois momentos e vários elementos a ponderar: a) a imediata exclusão quando a lesão ao direito seja grave, como por exemplo as torturas na confissão; máxime quando se trata da única fonte ou ainda não sendo assim, for determinante; e b) na hora de adotar medidas

---

173-1, os artigos 174, parágrafo primeiro, ou 175, parágrafo segundo. Poderá, igualmente, constatar a inadmissibilidade da petição, caso esta não tenha sido motivada. Constatando a inadmissibilidade da petição, o Presidente da Câmara de Instrução ordenará que o expediente da informação seja devolvido ao Juiz de Instrução. Nos demais casos, dará vista ao chefe do Ministério Público, quem procederá conforme o disposto nos arts. 194 e ss.».

45 *Cass. Crim.* 15 fev. 1990, *Bull. crim.* n. 78.

46 Declaram esta exigência as seguintes decisões: *Cass. Crim.* 31 mar. 1998, *Bull. Crim.* n. 121; *Cass. Crim.* 14 nov. 2001, *Bull. Crim.* n. 238. O caso foi resolvido pelo TEDH (CEDH de 24 de agosto de 1988).

cautelares ou ao decidir acerca do processamento (auto de processamento), devido ao benefício ao imputado.[47]

5.2 No processo por delitos graves

Na falta de uma regulamentação concreta em suas fases, portanto sem nenhum trâmite previsto, a eventualidade de uma exclusão no sumário encontra forma processual adequada através do afastamento daquelas diligências de prova que por si mesmas afetem um direito fundamental,[48] sem prejuízo de reiterar dito motivo quando se nega alguma medida como a liberdade provisória, se decide pelo processamento ou se conclui o sumário.[49] Na fase intermediária, a qual se realiza perante o Tribunal decisor, neste procedimento, se propugna que opere o filtro de inadmissibilidade dos meios de prova em geral.[50] Em não se entendendo assim, porque a decisão não é precedida do debate contraditório ou porque a decisão sobre inadmissibilidade é irrecorrível,[51] ou simplesmente se duvida acerca do caráter ilícito ou não, deve deferir-se a questão ao momento de valoração e sentença.

Tampouco na fase de julgamento do processo por delitos graves se contempla uma forma específica para examinar a ilicitude probatória. Consequentemente, se acode ocasionalmente ao art. 666 da LECrim, dedicado ao exame da arguição sobre questões processuais, as quais devem ser resolvidas antes de prosseguir o processo, forçando, certamente, sua literalidade.[52] De outra forma, se posterga a solução até o momento da sentença, em face da impossibilidade de uma interpretação analógica, a qual conduziria à primeira fórmula e porque a complexidade do tema aconselha sua decisão após o debate, proporcionado na fase oral do processo.[53]

---

47 A decisão do TC 81/98 destaca a relevância do momento para decidir a validade dessa prova e o fato de constituir-se em prova acusatória suficiente.

48 Art. 311 da LECrim.

49 Barreiro, J., «La prueba ilícita en el proceso penal» em *Recopilación de Ponencias y Comunicaciones*, Planes Provinciales y Territorioales de Formación, vol. II, CGPJ. Todas as decisões podem ser objeto dos recursos previstos em lei; entretanto, a discussão sobre a fonte probatória aparecerá ligada ao debate e decisão das questões próprias da fase de instrução. V. Del Moral, A., *Tratamiento procesal de la prueba ilícita por vulneración de derechos fundamentales*, cit., p. 32. Este autor questiona o motivo de não admitir a utilização do art. 240. 2 da LOPJ para excluir, nesta fase, a nulidade dos atos processuais.

50 Art. 659 da LECrim. V. STC 114/984, de 29 de nov. Contrariamente Miranda Estrampes, *La prueba ilícita*… cit., p. 95 e 96.

51 Art. 659.3 da LECrim. Critica esta regra quando se trata da prova ilícita Díaz Cabiale, «La admisión y la práctica de la prueba en el proceso penal» em *Cuadernos del Consejo General del Poder Judicial*, Madrid, 1991, p. 179.

52 Decisão do Tribunal Supremo (TS) de 07.06.1997 e decisão do TS, de 19.02.1998.

53 Decisão do TS de 24.10.1994, de 14.06.1995 e 06.10.1995. Ao contrário, abre a porta à dita possibilidade a decisão do TS de 07.06.1997.

5.3 No processo abreviado

Foi o primeiro procedimento a introduzir o tratamento prévio da vulneração de diretos fundamentais, isto é, uma vez iniciada a fase oral do processo, como sendo a primeira atuação, para que seja resolvida a questão imediatamente e de forma definitiva, sem prejuízo do pertinente protesto e da eventual reprodução na impugnação da sentença.[54] No entanto, a existência deste trâmite não constitui um tratamento único, excludente e preclusivo, apesar da existência de alguma decisão nesse sentido.[55] Apesar da claridade do texto legal, a jurisprudência não tem interpretado que a decisão deva ser oral e nem que deva ser resolvida imediatamente, antes de continuar a fase oral do processo.[56] Ao contrário, mesmo admitindo o risco da influência que o resultado da prova ilícita possa arrojar sobre o Juiz no curso do processo, existem decisões que continuam defendendo fazê-lo até o momento da sentença, preservando, assim, possível interferência na presunção de inocência e, portanto, para fundamentar uma sentença condenatória.[57] Em síntese, todas as teses permanecem abertas e pendentes da relevância da lesão do direito, sua incidência nas fases posteriores e a necessidade de considerar ou não outros meios probatórios. Entretanto, a decisão acerca da tramitação prevista no art. 793.2 da LECrim poderá acolher a petição de exclusão da fonte de prova, rejeitar o pedido, sem prejuízo de sua reiteração durante o processo, ou postergar a decisão sobre a arguição de ilicitude por necessidade de um juízo completo.[58]

5.4 No processo perante o Tribunal do Júri

Este procedimento inicia-se, na realidade, quando se constitui o Tribunal, circunstância que remete qualquer questão anterior (na investigação prévia, por exemplo) ao já mencionado no procedimento ordinário.[59] O art. 36.1.b, da Lei Orgânica do Tribunal do Júri (LOTJ) regula um incidente, a requerimento da parte, como questão prévia, onde também é possível esclarecer a violação de um direito fundamental e a impugnação a um meio de prova, proposto pelas partes. Compreende assim, tanto a vulneração de um direito fundamental, que neste caso estaria ligada a um meio probatório, ou a rejeição de uma prova proposta pelas partes, por motivo semelhante. No que tange à tramitação, é de ser observado o referido ao procedimento sumário,[60] compreendendo o trans-

---

54 Art. 786.2 da LECrim.

55 Decisão do TS, de 18.06.1992 (caso *Naseiro*); decisão de 18.12.1992, de 03.02.1993 e de 25.03.1993 (caso *Filesa*).

56 Tem prevalecido a necessidade de resolver mediante decisão.

57 Sugere-se, inclusive, que a parte aduza na fase da qualificação definitiva ou na fase dos informes (art. 734/788 da LECrim), cfr. Decisão do TS de 31.05.1994, 60/1997.

58 Decisão do TS de 06.10.1995.

59 O art. 24.2 da LOTJ estabelece a supletividade do procedimento por delitos graves.

60 Arts. 668 e ss. da LECrim.

lado às partes para contestação, prática de prova documental, celebração de audiência e decisão. A decisão é impugnável mediante apelação e recurso de cassação.[61] Passado este trâmite, a lei não precisa quando poderá declarar-se a ilicitude, aspecto especialmente sensível, tratando-se de um Tribunal do Júri. Para tentar garantir a inexistência de contaminação dos Jurados no momento do veredicto, se prescreve que não devem reconhecer aqueles meios de prova cuja ilicitude ou nulidade tenham sido declaradas. Entretanto, não são subtraídos de seu conhecimento, apesar da evidente dificuldade para cumprir esse mandamento.[62] Nesse caso somente caberia ao Magistrado-Presidente dissolver o Conselho de Sentença, por considerar que a prova acusatória é ilícita e que sua supressão conduz à ausência de um mínimo probatório.[63]

5.5 Declaração de ilicitude após a decisão. Recursos

Quando a decisão a impugnar é aquela na qual a prova foi valorada como sendo ilícita, o caminho será o contemplado nos arts. 5.4 da LOPJ e 852 da LECrim, isto é, quebra da forma por vícios na sentença, ao violar um preceito constitucional.[64] No caso em que se dê provimento ao recurso, o assunto é devolvido à origem para que seja proferida nova sentença.[65]

Quando se recorre por ter sido excluída uma prova considerada lícita, a tramitação processual é a mesma dos arts. 5.4 da LOPJ e 852 da LECrim, mas o preceito constitucional invocado será o do art. 24.2 da CE (direito à tutela e a utilizar todos os meios de prova pertinentes). O provimento do recurso devolve a causa à origem para que seja proferida nova sentença, valorando-se o meio probatório anteriormente excluído.

6. O MODELO DA LEI PROCESSUAL CIVIL

A Lei Processual Civil de 2000 foi o primeiro texto processual que dedicou um preceito específico e único à definição e tratamento da ilicitude

[61] Quando a alegação de ilicitude se canaliza como impugnação de meios de prova de outras partes, já admitidos, a lei prevê um traslado de três dias, não necessários por reiterar uma tramitação já desposta, e a decisão ocorre quando se enfrenta a questão dos meios de prova, contra a qual não cabe recurso. Sobre esta situação, cfr. Flors Maties, «La cuestión previa de impugnación de medios de prueba en el proceso ante el Tribunal del Jurado» (Autos de la Sala de lo Civil y Penal del TSJ de la Comunidad Valenciana de fecha 14 de abríl y 27 de mayo de 1997), em *Rev. General del Derecho*, n. 0, p. 634 e 635.

[62] Art. 54.3 da LOTJ.

[63] Art. 49 da LOTJ.

[64] A presunção de inocência por ter valorado uma prova ilícita.

[65] Sobre o problema que surge em torno ao alcance da decisão quando tenha ficado claro que as provas restantes seriam suficientes para enfraquecer a sentença, cfr. Del Moral Garcia, A., *El tratamiento...*, cit., p. 153.

probatória, diferenciando-a, ademais, da prova ilegal, em sua configuração e efeitos.

A prova ilícita se circunscreve àquela em cuja obtenção ou origem tenha havido vulneração a direitos fundamentais e atinge as fontes de prova (art. 287.1 da LEC). A prova ilegal, por sua vez, tutela a atividade probatória, a regularidade, pertinência, utilidade e eventual necessidade, unindo um último requisito, relativo à admissibilidade de toda prova – a legalidade – quando dispõe: «*nunca se admitirá como prova qualquer atividade proibida pela lei*» (art. 283 da LEC). Assim, toda atividade tendente a credenciar um fato contrário à lei – a qualquer lei – resulta proibida, de maneira que deverá ser afastada. Protege-se, neste caso, a atividade probatória, as regras que regulamentam a atividade probatória e a legalidade dos meios (os enumerados na lei, sua proposição e prática), acarretando o efeito de inadmissibilidade da prova, por realizar-se a atividade probatória fora dos limites marcados pela lei e sancionando-a com nulidade (art. 283.3 da LEC).[66]

No que diz respeito ao tratamento processual, pode ser, em primeiro lugar, *ex officio*, se o Juiz ou Tribunal perceberem a citada vulneração de um direito fundamental. Ou, na sua falta, por provocação da parte, com alegação da repetida vulneração na obtenção ou origem de alguma prova, logo que for percebida, trasladando-se a denúncia sobre a ilicitude às demais partes e abrindo-se uma fase contraditória judicial (fase oral do processo) ou ao início do processo (*juicio verbal*). Está previsto, assim, um incidente declarativo (*trial into the trial)* no qual se praticará prova para poder constatar a vulneração denunciada.[67] O Juiz decidirá oralmente, cujo ato é recorrível, independentemente de seu conteúdo, também resolvido de forma oral, no ato. Ao admitir-se a ilicitude, não se praticará o respectivo meio de prova; ao não se admitir a ilicitude, seguirá o processo. Em todo caso, ressalva-se a faculdade de reiteração da arguição ou sua alegação na apelação.[68]

O que acontece quando a decisão se torna definitiva? De acordo com a natureza proeminente da proteção dos direitos fundamentais, mas não com menor relevância, em face da ineficácia inerente à ilicitude, contra a decisão definitiva cabe recurso de cassação e declaração de nulidade das atuações, através de um incidente. O recurso de cassação por infração à lei caberia caso a sentença admitisse a prova reputada ilícita, sob a alegação de violação a preceito constitucional e vulneração da presunção de inocência ao ser valorada

---

66 De La Oliva Santos, em AAVV *Derecho procesal civil,* I, 2004, p. 325. Também em Armenta Deu, *Lecciones de Derecho procesal civil*, Marcial Pons, 5. ed., p. 170.

67 Art. 287.1, II, da LEC. Ordinário e verbal são os processos ordinários contemplados na LEC.

68 Art. 287.2 da LEC.

a prova.[69] Entretanto, o recurso de cassação por infração processual procederia por vulneração a direitos reconhecidos no art. 24. Nesse caso, o direito a um processo com todas as garantias, quando um Juiz valora a prova obtida com vulneração a direitos fundamentais – valoração ilógica ou sem razoabilidade dos meios de prova.[70]

---

[69] Art. 5.4 da LOPJ. O Tribunal Superior recorda que somente procede quando a decisão seja das suscetíveis de recurso de cassação, isto é, que esteja no catálogo restrito das decisões contra as que a lei prevê dito remédio processual.

[70] Arts. 287 da LEC; 11,1 da LOPJ e 24.2 da CE. Sobre as quesotes derivadas da situação provisória em torno deste recurso, v.: BELLIDO PENADÉS, R., «Nuevas tecnologías, prueba ilícita y su control mediante los recursos extraordinarios en el proceso civil» em AAVV (Carmen Senés, coord.), *Presentación de la e-Justicia en España y la UE*, cit. p. 475 a 477.

CAPÍTULO V
ELEMENTOS PARA SEREM CONFRONTADOS

Pretende-se abordar, agora, uma última análise comparativa, não entre diferentes ordenamentos e países, mas através de vários instrumentos de especial relevância, por constituir uma referência obrigatória na matéria que nos ocupa.

De um lado, a doutrina assentada pelo Tribunal Europeu de Direitos Humanos constitui referência inevitável em seu amplo âmbito de influência. Ademais, se constitui em marco inspirador às tendências detectadas nos projetos legislativos mais recentes da União Europeia, acerca dos quais também se pretende dar uma notícia. Por outro lado, a Corte Interamericana de Direitos Humanos, mesmo carente de uma jurisprudência suficientemente explícita a respeito, compartilha seu caráter de máximo intérprete para os países firmatários do Pacto de São José da Costa Rica. Finalmente, a linha atual da doutrina contida em uma recente decisão nos EUA, por sua vez, constitui uma breve, mas ilustrativa referência final do ordenamento, mais frequentemente citado na hora de analisar determinados aspectos da ilicitude probatória, singularmente relativo aos efeitos indiretos.

1. A PROVA ILÍCITA NO CONVÊNIO E O TRIBUNAL EUROPEU DE DIREITOS HUMANOS

O Tribunal Europeu de Direitos Humanos não só constitui fonte inspiradora das tendências gerais na ordenação comum da União Europeia, mas também em sua função de intérprete do Convênio Europeu de Direitos Humanos, com seus pronunciamentos jurisprudenciais, frequentemente invocados nos Tribunais Nacionais de âmbito comunitário.[1] Mesmo carecendo de

---

1 Apesar das fundadas críticas que geralmente se formulam, não se deve perder de vista o efeito desta jurisprudência nos países da UE. Inclusive, em livro recente, onde se recolhe e

vinculação executória, seus pronunciamentos gozam de uma autêntica força interpretativa.[2]

1.1 Convênio Europeu de Direitos Humanos

A ilicitude probatória se vincula ao art. 6.º do CEDH (direito a um processo equitativo) não diretamente, pois o Convênio não contém regras que regulamentem a admissibilidade e eficácia das provas,[3] mas como limitação ao princípio de limitação da prova, contido no art. 6.2 do CEDH, em virtude do qual se exige que a culpabilidade se estabeleça legalmente.

A exigência de culpabilidade, legalmente estabelecida, serve para fundar uma regra de exclusão adaptada às particularidades do procedimento penal continental, sancionando tanto a utilização de provas proibidas ou obtidas de maneira desleal, como também as obtidas direta ou indiretamente, mediante procedimentos irregulares.[4] A partir desta exigência de legalidade na obtenção das provas, a garantia do processo equitativo resulta incompatível com procedimentos de investigação baseados em violência, astúcia ou engano e com métodos de investigação que privem o suspeito do controle de suas faculdades intelectuais ou que limitem sua consciência.[5]

O Convênio Europeu de Direitos Humanos, que também consagra a presunção de inocência, em seu art. 6.2, não aceita, entretanto, que a prova ilícita possa incluir-se no direito à presunção de inocência, ao não incorporar, neste último, o regime de admissibilidade das provas. Esse foi o sentido da decisão do *Caso Schenck*: o direito à presunção de inocência garante que se presuma tal condição até que a culpabilidade tenha sido estabelecida. Entretanto, o direito a que a culpabilidade se estabeleça no âmbito de um processo garantido legalmente se incorpora na noção de «*processo equitativo*». O

---

analisa a fundo toda a sua jurisprudência, parece outorgar-se-lhe o caráter de inspirador das linhas gerais que devem desenhar um, tanto futuro como difícil, processo penal europeu. V. Esser, 2002: *Auf dem Weg zu einem europäischen Strafverfharensrecht*, Berlim: De Gruyter Recht.

2 O TEDH é um órgão jurisdicional internacional instituído no art. 19 do CEDH. Sua jurisdição é *facultativa* no sentido em que os Estados-Parte no CEDH podem aceitar ou não a sua jurisdição, mas caso a aceitem, reconhecem *como obrigatório de pleno direito e sem convênio especial a jurisdição do Tribunal para todos os assuntos relativos à interpretação e aplicação do presente Convênio* (art. 46.1 do CEDH). Cfr. Eissen, M. A., 1985: *El Tribunal Europeo de Derechos Humanos*, Madri: Civitas, *passim*.

3 Aspecto que segundo jurisprudência do TEDH corresponde ao direito interno Decisão do TEDH, *Schenk c. Suiza*, 12 julho de 1988 (A.140); *Kostovski c. Holanda*, 23 maio 1989 (A.166); *Windisch c. Austria* 1990 (A.186).

4 Poncet, D., 1977: *La protection de l'accusé par la Convention européene des droits de l'homme*, Genebra, p. 91, citado por López Ortega, J. J., 1993: «Prueba y proceso equitativo. Aspectos actuales de la jurisprudencia europea», em AAVV, *La jurisprudencia del Tribunal Europeo de Derechos Humanos*, CCJPJ, n. XI, p. 264.

5 Comissão, D.9.370/81, 13 de outubro de 1983, D.R.35, p. 85.

demandante invocava o art. 6.1 do CEDH, denunciando que no processo havia sido introduzida, ilegalmente, uma gravação telefônica, a qual serviu para declarar sua culpabilidade. Condenado por ter instigado a morte de sua mulher, recorrendo a um matador de aluguel, este revelou os fatos ao serviço de investigação, entregando-lhes a gravação de uma conversação telefônica, feita por ele mesmo. A reclamação não prosperou porque se considerou ter sido preservado o direito a um processo equitativo, com base a uma valoração global de todos os elementos probatórios, entre eles, o testemunho do matador de aluguel e a esposa.[6]

Assim, e como seguidamente comprovaremos, tanto a Comissão como o Tribunal têm sustentado que o exame da ilicitude probatória, em relação ao processo equitativo deve realizar-se em seu conjunto, de maneira que uma prova obtida ilegalmente, segundo a legislação interna, é compatível com as garantias do art. 6.º, mas que é preciso recorrer à abstração e examinar se, no conjunto do processo, o acusado desfrutou de um processo equitativo. Dito de outro modo, do só fato da obtenção ilícita de provas não cabe inferir violação dos arts. 6.º ou 8.º do CEDH.

1.2 Tribunal Europeu de Direitos Humanos

Em diversas decisões, das quais seguidamente se mencionará, a jurisprudência do Tribunal Europeu de Direitos Humanos tem reiterado a conexão prova ilícita e processo equitativo e a peremptoriedade de acudir sempre à valoração conjunta da prova, lícita e ilícita, para fins de alcançar um juízo ponderativo e, a partir dele, atingir o correto processamento sobre eventual vulneração do direito a um processo justo, no qual a condenação do acusado seja fruto de um processo com tais características. Isso posto, cabe adiantar, já que mesmo a exigência de culpabilidade legalmente estabelecida tem sido considerada para fundar uma teoria da regra de exclusão adaptada, que sancione tanto a utilização das provas proibidas ou obtidas de maneira desleal, como as obtidas direta ou indiretamente mediante procedimentos irregulares, que não se aceita incluir na presunção de inocência o respeito às regras probatórias. Entende a Comissão, corretamente a meu juízo, que o direito à presunção de inocência afeta o acusado até que a culpabilidade tenha sido estabelecida, enquanto que o direito a que a culpabilidade se estabeleça no âmbito de um processo garantido legalmente afeta a noção de processo equitativo.[7]

Um conjunto de casos e decisões merecem destaque: *Adolf vs. Áustria* (de 26 de março de 1982); *De Cube vs. Bélgica* (de 12 de julho de 1988); *Schenk*

---

6 Notícias da Comissão, *Schenk c. Suiza*, 14 de maio 1987; e decisão do TEDH: *Schenk v. Suíza* (Decisão do TEDH, de 12 de julho de 1988; A.140).

7 Cfr. López Ortega, J. J., 1993: «Prueba y proceso equitativo. Aspectos actuales en la jurisprudencia europea», em AAVV, *La jurisprudencia del Tribunal Europeo de Derechos Humanos*, Cuadernos del Poder Judicial, 1993, p. 263 e 264.

vs. Suiça (de 16 de dezembro de 1992); *Khan vs. Reino Unido* (de 12 de maio de 2000); *P.G. e J.H. vs. Reino Unido* (de 25 de setembro de 2001); *Allan vs. Reino Unido* (de 5 de novembro de 2002); e mais recentemente *Jalloh vs. Alemanha* (de 11 de julho de 2006) e *Copland vs. Reino Unido* (de 3 de abril de 2007) e *Liberty vs. Reino Unido* (de 1.º de julho de 2008); permitem extrair a seguinte *doutrina jurisprudencial*:[8] 1.º) a Convenção Europeia de Direitos do Homem consagra, em seu art. 6.º, o direito a um processo justo (*équitable*), sem dedicar nenhum preceito à admissibilidade das provas, aspecto que remete ao direito interno de cada país; 2.º) daí, que o âmbito objetivo do Tribunal Europeu de Direitos Humanos não abarque a incorreta admissão de provas no processo, senão que deve limitar-se a revisar se este, em seu conjunto (incluindo a forma de incorporação de meios de prova) se reveste de um caráter justo («*équitable*»); 3.º) desde esta perspectiva, se reconhece o efeito excludente, por resultar contrária à exigência de um processo justo: a) as provas obtidas a partir de uma provocação policial,[9] b) violando o direito do acusado a permanecer em silêncio e a não declarar contra si mesmo,[10] ou c) as declarações de coimputados ou as confissões fora do processo, não ratificadas, posteriormente, na fase processual, não satisfazem os requisitos de um processo equitativo, ao ser a fase processual a único lugar onde cabe realizar prova válida.[11]

Afasta-se o testemunho anônimo, mas com matizações nos casos de infiltração policial.

Inicialmente a Comissão reconheceu a validade do *testemunho indireto*, embora sempre subordinado à satisfação de um duplo requisito: que o Juiz não fundamentasse a condenação somente nele, e que sua utilização resultasse inevitável e imprescindível.[12]

Acerca do *testemunho anônimo*, o Tribunal Europeu pronunciou-se em três casos bem conhecidos: *Kostovski vs. Holanda*; *Windisch vs. Áustria*; e

---

[8] Um recente estudo é o de BEERNAERT, Marie-Aude, 2007: «La Recevabilité des preuves en matiére pénale dans la jurisprudente de la Court Européenne des droits de l`homme», em *Rev. Trim. Dir. H.* (69/2007), p. 80.

[9] *Teixeira de Castro vs. Portugal*, de 09 de junho de 1998 e *Vayans vs. Rússia*, de 15 de dezembro de 2005. A presença de um agente infiltrado, ao contrário, não supõe em si mesma, violação de um processo equitativo, *Ludi vs. Suíça*, de 15 de junho de 1992; *Sequeiro vs. Portugal*, de 06 de maio de 2003, e entre outras, *Eurofinacom. vs. Francia*, de 07 de setembro de 2004.

[10] Entre muitas decisões, a primeira: *K, vs. Austria*, de 13 de outubro 1992; onde se declarou que o direito a não autoincriminação constitui-se em parte essencial do processo equitativo; e, posteriormente: *Funke vs. França*, de 25 de fevereiro de 1993; *Quinn vs. Irlanda*, de 21 de dezembro de 2000; J.*B. vs. Suíça*, de 03 de maio de 2001; *Weh vs. Áustria*, de 08 de julho de 2004; e *Shannon vs. RU*, de 04 de outubro de 2005.

[11] Caso *Vera Fernandez-Huidobro c. Espanha*, TEDH, de 06 de janeiro de 2010.

[12] Comissão, D 8.945/80, 13 de dezembro de 1983, D.R.39, p.55.

Ludi vs. Suíça, destacando os inconvenientes desta prática ao direito de defesa, entre outros aspectos, ao não poder inquirir a testemunha e nem formular-lhe perguntas diretamente. Deste modo, a validade de tal testemunho subordina-se à possibilidade de a defesa controlar, de forma efetiva, a veracidade do depoimento. A validade foi afastada, por exemplo, quando pelo desconhecimento da testemunha e a impossibilidade de chamá-la a prestar depoimento em juízo, o Juiz ou Tribunal não possa atingir a necessária convicção sobre sua credibilidade.[13] No primeiro caso, as declarações anônimas foram colhidas pela polícia e uma delas, depois, pelo Juiz da investigação, sem que o Juiz decisor as tenha escutado. O sucessivo depoimento escrito de ditas testemunhas, reproduzido por escrito, foi limitado para preservar o anonimato, circunstância que foi valorada posteriormente como um limite excessivo ao direito de defesa e uma vulneração do direito a um processo equitativo. No caso *Lüdi vs. Suíça* se admite, entretanto, explicitamente, a possibilidade de ouvir o agente infiltrado, desde que seja preservado o seu anonimato.[14]

A questão dos *infiltrados,* especialmente em matéria de criminalidade organizada, merece uma breve consideração.

O Tribunal Europeu começa a diferenciar as informações que se utilizam como meio de investigação e o uso que se pode dar no processo às informações obtidas deste modo. Não se objeta a utilização de agentes infiltrados, mas sim em transformarem-se tais informadores em testemunhas e seus indícios em provas. Em outros termos: admite-se na fase preliminar do processo (*instrucción preparatoria*) acudir a fontes como os informadores encobertos, não se podendo, por outro lado, utilizar as declarações anônimas como prova que dê suporte a uma condenação. Sobra resenhar que, a margem do limite injustificável dos princípios do contraditório e da publicidade, substanciais no regime probatório, o risco desta prática é encobrir as irregularidades na obtenção das provas ou o próprio erro judiciário.

E, no que se refere à *obtenção de informação de serviços de inteligência*, o TEDH aceita a sua utilização não só como pista secreta nas investigações penais, mas também como mecanismo produtor de uma suspeita razoável de culpabilidade. Isso não significa, entretanto, que a decisão sobre o uso da prova secreta fique na discricionariedade dos serviços de inteligência e/ou das autoridades. A decisão se submete ao controle judicial independente, o qual determinará a legitimidade e a fiabilidade da informação, no processo, de maneira que se for rejeitada a prova e isso for essencial, deverá ser retirada

---

13 (STDH, *Kostovski vs. Holanda*, 20 novembro de 1989 (A.166); *Windisch vs. Áustria*, 27 de setembro 1990 (A.186); e *Lüdi vs. Suíça*, 15 de junho 1992 (A.238).

14 López Ortega, J. J., 1993: «Prueba y proceso equitativo. Aspectos actuales de la jurisprudencia europea», em AAVV, *La jurisprudencia del Tribunal Europeo de Derechos Humanos*, CCJPJ, n. XI, p. 280.

a acusação ou arquivado o caso (caso *Dowsett vs. UK* e *Tinnelly&Sons and others and McElduff and others v. UK*).[15]

Tema diverso, ainda que conexo, é a alegação de vulneração do *art. 8.º do Convênio*, o qual garante o *direito à vida privada*. A Comissão tem rejeitado, tradicionalmente, que a infiltração suponha ingerência alguma, na medida em que é o afetado que entra em contato com o agente encoberto e aceita a transação que este propõe.[16] No mesmo sentido pronunciou-se o Tribunal, apesar de que não tanto em relação com este artigo do Convênio, mas com o art. 6.º do CEDH, afastando a figura do «*agente provocador*».[17]

No que tange à inadmissibilidade da prova ilícita, além destes casos, o TEDH, começa a declarar: «*mesmo que o art. 6.º do CEDH garanta o direito a um processo justo, não regulamenta a admissibilidade das provas, tanto que tais matérias corresponde, em primeiro lugar, ao direito interno*», circunstância excludente do dever do Tribunal manifestar-se sobre a inadmissibilidade de alguns meios de prova.[18]

A partir desta precisão, emoldura-se seu âmbito objetivo de conhecimento no exame de se o processo, incluída a maneira em que as fontes de prova tenham sido obtidas, foi equitativo em seu conjunto, o que implica exame da «*ilegalidade*» em questão, e no caso em que se viole outro direito protegido pelo CEDH, a natureza desta violação.[19] Dito de outro modo, que para estimar violado o processo equitativo devem concorrer duas circunstâncias: ter-se produzido a ilicitude com base nas regras internas e a violação de um direito contemplado no CEDH.

Deve advertir-se que o TEDH tem assentado a jurisprudência em torno dos pressupostos de toda ingerência válida nos direitos fundamentais. Trata-se: a) necessidade de previsão legislativa de ingerência (direito positivo em vigor); b) acessibilidade à lei, compreendendo lei e jurisprudência; e c) previsibilidade da lei, incluindo a regulamentação dos casos e formas de limitação

---

[15] *Dowsett vs. UK3*, ECHR, 24 junho de 2003, 39482/98; e *Tinnelly & Sons and others and McElduff and others vs. UK*, ECHR, 10 de Julho de 1998, Reports 1998-IV, ambas citadas e comentadas por Vervale, J.A., «Terrorismo e intercambio de información entre los servicios de inteligencia y las autoridades de investigación judicial en los Estados Unidos y en los Países Bajos: ¿Derecho penal de emergencia?», em AAVV, *Prueba y proceso penal*, cit. p. 458 a 460.

[16] D.10. 747/84, 7 outubro de 1985 (não publicada). Citada por López Ortega, cit. nota prévia.

[17] *Manfred Rademacher y Klaus Pferrer vs. Alemanha*. Mesmo que tenha rejeitado a existência de violação do art. 6.º CEDH a condenação desta figura se deduz do *Rapport* da Comissão, D.12.811/78, 11 outubro de 1990 (não publicada), e citada por López Ortega, nota prévia.

[18] STEDH, Caso *Schenk*, 1988, Caso *Texeira de Castro c. Portugal*, 09 de junho de 1998 e Caso Lee *Davis c. Bélgica*, 28 de julho de 2009.

[19] TEDH, Caso *Khan c. Reino Unido*, 2000, 132; Caso *P.G. e J. H. c. Reino Unido*, 2001, 552; e *Allan c. Reino Unido,* 2002, 64.

dos direitos, as infrações que podem motivar a intervenção e os controles internos para evitar abusos, tanto no momento da intervenção do direito, como durante seu desenvolvimento e quando cessa a medida.[20]

A partir daí, a jurisprudência distingue quando a ilicitude: 1) viola o direito interno; 2) vulnera o art. 8.º do CEDH; ou 3) infringe o art. 3.º do CEDH.

1.º) Como se tem reiterado, se a violação for de normas probatórias de direito interno, não é suficiente para o efeito excludente. Exige-se, ademais: que não tenha sido possível contradizer o resultado da prova ilícita; assim como ter constituído a única prova determinante da condenação.

Nesse sentido, nos Casos *Schenk vs. Suíça*; *Scheichelbauer vs. Áustria*[21] e *Edwars vs. Reino Unido*, a apreciação global do processo e especialmente das provas que fundamentaram a condenação, rejeitaram a demanda. No último dos casos citados, o demandante, condenado por estelionato, alegou a utilização de uma gravação clandestina de um coimputado, e que tal prática, mesmo ilegal, também havia servido para apoiar a defesa do referido coimputado, pelo que a necessidade em admitir a prova se baseava também no direito de defesa deste último. De forma diferente, entretanto, ao resolvido para o Caso *Barbera, Messegué* e *Jabardo vs. Espanha*, a avaliação conjunta da prova serviu para que o TEDH considerasse violado o direito a um processo equitativo, concedendo a tutela solicitada. Influíram decisivamente, nesta valoração, não só a incidência das provas na condenação, senão um acúmulo de irregularidades que, avaliadas globalmente, conduziam à condenação, destacadamente: o modo como se desenvolveu a audiência, a apresentação tardia dos acusados a juízo, a inesperada composição do Tribunal, a extraordinária brevidade na duração da fase oral do processo e a subtração de boa parte dos meios probatórios ao contraditório judicial.[22]

2.º) A vulneração do art. 8.º do CEDH não acarreta, necessariamente, o efeito excludente da ilicitude aventada, enquanto não se aprecie como vulneração do direito a um processo equitativo.[23] Três diferentes decisões (*Khan vs. RU*, de 12 de maio de 2000; *P.J. e J.H. vs. RU*, de 25 de setembro de 2001 e *Allan vs. RU*, de 05 de novembro de 2002) têm rejeitado o efeito excludente da ilicitude provocada pela violação do art. 8.º do CEDH.

Estas decisões não ficaram imunes à polêmica. Apelando à «*doutrina Schenk*» três votos divergentes recordaram que jurisdição alguma pode

---

[20] STEDH, Caso *Klass c. Reino Unido*, de 6 de setembro de 1978.

[21] STEDH, 12 de junho de 1988 (A.140).

[22] STEDH, 6 de dezembro de 1988 (A.146).

[23] O art. 8.º protege o direito à intimidade e ao segredo da correspondência, excepcionando-se unicamente em atenção à segurança nacional; a salvação pública; a economia nacional; a prevenção criminal; a proteção da saúde ou a moral ou dos direitos e liberdades de outros.

administrar justiça a partir de prova obtida, não só com meios probatórios «*desleais*», mas reconhecidamente ilegais, mormente se era a única prova incriminatória, como sucedia.

No *Caso Schenk* se tratava de uma ligação telefônica a um domicílio particular, a qual resultou gravada pelo mecanismo instalado pelo próprio titular do telefone, destinatário da referida chamada. Interposta uma demanda com amparo no art. 8.º da CEDH, o Tribunal declarou-se incompetente, por não terem sido esgotados os recursos na via interna; analisou, não obstante, a violação ao art. 6.º do CEDH, ao apreciar que poderia haver vulneração ao direito a que a causa se desenvolva com justiça desde a perspectiva – precisamente – de se o uso de um meio de prova obtido ilegalmente (a gravação em questão) bastava para converter em injusto o procedimento, mormente quando – como alegava o *Sr. Schenk* – a condenação do Tribunal nacional baseou-se fundamentalmente nos resultados obtidos a partir da fita gravada.[24] Importa ressaltar que a demanda não invocava a violação do art. 8.2 do CEDH pelo fato da gravação, mas por sua utilização como prova. Mas o certo é que, finalmente, não se considerou a violação deste último preceito, ao entendê-lo subsumido no art. 6.º do CEDH, não se aceitando, finalmente, a demanda. Vários votos ressaltaram a conexão entre os direitos contidos nos arts. 6.º e 8.º da Convenção, de maneira que resultava impossível valorar um sem, previamente, decidir sobre o outro.

Explicitamente, a juízo do Juiz Loucadies, – autor do voto divergente – o termo equitativo que figura no art. 6.º do CEDH exige a exclusão de provas obtidas com violação ao direito à vida privada, garantido pelo art. 8.º do CEDH, como corolário daquele.[25] Em outras palavras, um processo não pode ser equitativo no sentido do citado art. 6.º do CEDH quando a culpabilidade tenha sido estabelecida com meios probatórios obtidos em violação a direitos garantidos expressamente pela própria Convenção. O contrário supõe destruir a prevalência que deve outorgar-se ao submetimento ao direito. E na mesma direção e com igual ou maior fundamento, o Juiz Tulkens precisa que eliminar a vulneração do art. 8.º do CEDH do juízo sobre o processo equitativo, regulado no art. 6.º do Convênio, esvazia de conteúdo este último, privando a sua efetividade.[26] Este magistrado chega, inclusive, a questionar se caberia idêntico raciocínio quando se tratasse da violação dos direitos contidos no art. 3.º do CEDH.

---

24 Resolvido pela decisão de 12 de julho de 1988.

25 Os votos divergentes eram dos Juízes: Loucaides; Tulkens; Pettiti; Spielmann; De Meyer e Carrillo Salcedo.

26 Em sentido semelhante: S. Van Drooghenbroeck, 2003: *La convention européenne des droits de l'homme. Trois annés de jurisprudence de la Cour europénne des droits de l'homme*, 1990-2001, Bruxelles: Larcier, p. 125.

Mais recentemente, o Tribunal Europeu de Direitos Humanos tem entendido vulnerado o art. 8.º do CEDH (respeito da vida privada e da correspondência) quando se obtém e armazena informação pessoal, relativa a correio eletrônico e navegação por Internet, desconhecendo-se o afetado.[27]

3.º) Finalmente, o TEDH recolhe a proibição de elementos probatórios obtidos através de tortura (art. 3.º do CEDH).[28] Circunstância que não impede, sem embargo, que na hora de resolver o *Caso Jalloh vs. Alemanha*, de 11 de julho de 2006, se qualificasse o tratamento sofrido pelo primeiro, como desumano e degradante, mas não constitutivo de torturas. A tal efeito se acolheram dois critérios: que a infração do art. 3.º do CEDH não era particularmente grave, e que os meios probatórios assim obtidos resultavam determinantes à condenação.[29]

Como no caso prévio, esta última decisão foi duramente criticada desde uma dupla perspectiva: a) por negar que a obtenção de provas mediante atos desumanos e degradantes não implica automaticamente a qualificação do processo como injusto (*inequitable*); e b) por desenhar uma fina e confusa linha que propicie o aproveitamento de transgressões do art. 3.º do CEDH que permitam condenações fundadas em tais tratamentos desumanos e degradantes, sem merecer a qualificação de «*torturas*».[30]

2. A PROVA ILÍCITA NAS TENDÊNCIAS QUE DELIMITAM AS GARANTIAS PROCESSUAIS NA UNIÃO EUROPEIA

A União Europeia carece, atualmente, de um ordenamento comum em matéria processual penal mesmo que este seja uno aos objetivos do Conselho de Europa e muito especificamente do Conselho Europeu de Tampere de 1999, dedicado exclusivamente ao espaço de liberdade, segurança e justiça.[31] Sem embargo, a existência de outros instrumentos, com menor abrangência, bem como de projetos de harmonização em matéria de prova, permitem oferecer uma breve consideração nesta matéria.

---

27 *Copland vs. Reino Unido* (de 3 de abril de 2007) e *Liberty vs. Reino Unido* (de 1.º de julho de 2008).

28 Semelhante proibição figura no art. 15 da Convenção das Nações Unidas.

29 As questões em torno do art. 3.º do Convênio (*ninguém poderá ser submetido a tortura nem a penas ou tratamentos degradantes)* são muita as, excedendo o limite deste trabalho. Cabe citar, não obstante, algumas decisões relevantes a respeito: *Bonnechaux vs. Suíça* e *De Varga-Hirsch vs. França*, relativos à detenção; *Hogben vs. Reino Unido* e *McQuiston e outros vs. Reino Unido*, referente à condições penitenciárias; e *Tomasi vs. França*, questionando a *garde a vue* (período de detenção exclusivamente policial, sem presença de advogado).

30 Beernaert, M-A., *La recevabilité des preuves...*, cit., p. 93.

31 A atividade da União Europeia nos últimos anos tem sido enorme, manifestando-se em diversos campos: proteção às vítimas; simplificação da Justiça Penal; uso da análise de DNA, ou problemas processuais penais relacionados com a tecnologia da informação

2.1 A Carta Rogatória Europeia de obtenção de provas

A proposta de decisão padrão (decisão marco, decisão quadro), relativa à predatória europeia de obtenção de provas para recolher objetos, documentos e dados, destinados a procedimentos em matéria penal (EEP, assim adiante),[32] constitui um passo relevante na implantação do princípio de reconhecimento mútuo no âmbito da cooperação judicial penal na Europa.[33] O EEP permite aos órgãos judiciais e ao Ministério Público de um Estado da UE dirigir uma rogatória requerendo a um órgão judicial de outro Estado membro para que obtenha e transmita determinados elementos de prova já existentes e diretamente disponíveis. A autoridade judiciária do Estado requerido outorgará eficácia imediata à rogatória e adotará as medidas necessárias à eficácia do mesmo. A obtenção de documentos, dados ou objetos se realizará conforme as previsões legais do Estado de execução.[34]

O âmbito objetivo de aplicação compreende as ordens judiciais de busca e apreensão de objetos e documentos, assim como os requerimentos de exibição de documentos ou de objetos necessários e proporcionados ao objeto de um processo penal (art. 4.º). Não se aplicará às medidas de instrução processual que impliquem a obtenção de provas em tempo real (intervenções telefônicas ou controle de contas bancárias; tomada de declaração de testemunhas e de suspeitos, nem aos peritos).

Para expedir o EEP se exige uma decisão judicial (art. 1.1) e que se cumpram as condições constantes no art. 6.º, isto é, a) necessidade, b) proporcionalidade, c) que a medida seja conforme à legislação do Estado emissor e, d) que os objetos, documentos ou dados sejam admissíveis como prova no processo para o quais são solicitadas as medidas. Agrega-se a isso, que a proposta de uma Decisão Padrão EEP contempla uma hipótese obrigatória de denegação, ou seja, que sua execução infrinja o princípio *ne bis in idem* e os motivos facultativos: a infração deste princípio *ne bis in idem* em um terceiro

---

32 COM (2003) 688, final, de 14.11.2003.

33 Até sua aprovação a assistência judicial nesta matéria se rege pelas disposições do Convênio de 20 de abril de 1959 sobre assistência mútua em matéria penal, elaborado pelo Conselho de Europa (Série Tratados, n. 30).

34 Com base neste, em seu estado puro, sem matizações, o Estado receptor (aquele em cujo território há de ser produzida a prova) renúncia a condicionar a validade da mesma à adequação ao próprio Direito interno. Esta regra não se aplica, entretanto, à assistência judicial à prática de provas. Existirá dito reconhecimento quando a prática da prova no Estado requerido se leve a cabo com sujeição ao direito deste, pois então a utilização da prova no Estado requerente exigirá que este prescinda de condicionar sua admissibilidade ou validade ao cumprimento dos requisitos estabelecidos em sua própria legislação. V. Ormazábal Sánchez, G., 2006: «La formación del Espacio Judicial Europeo en materia penal», em AAVV, *El derecho procesal penal en la Unión Europea: tendencias actuales y perspectivas de futuro*, Madrid: Colex, p. 46 e ss.

Estado; ou quando uma imunidade ou um privilégio, conforme à legislação do Estado requerido, impossibilite a execução do EEP.

Não há como ingressar, neste momento, em uma análise profunda deste instrumento, o qual, insofismavelmente, marca uma linha sem retrocesso entre as tendências sobre o tema que nos ocupa.[35] Entretanto, devem recolher-se algumas críticas ao texto, as quais se referem ao objeto deste trabalho, na proteção dos Direitos fundamentais e as garantias que devem concorrer para sua legítima limitação:

O Parlamento Europeu, na decisão sobre a proposta de Decisão Marco EEP, elaborou a Emenda n. 11, propondo acrescentar como motivos de denegação da execução do EEP, entre outros, e pelo que a nosso estudo afeta: a) se a execução do EEP contrariar os Direitos Fundamentais reconhecidos nas normas constitucionais do Estado de execução deste; e b) que existam fundadas razões para crer que o processo para o qual se emite o EEP não serão respeitados os princípios fundamentais consagrados no art. 6.º do Tratado da União Europeia (direito a um processo justo; direito à vida e à proteção de dados).[36] Contudo, apesar do induvidoso avanço que a inclusão destes motivos suporia, sente-se a falta de um preceito especificando que o EEP se executará unicamente se a intromissão na esfera dos direitos à intimidade ou à inviolabilidade do domicílio aparece suficientemente justificada à luz do CEDH.[37]

Por outro lado, com o escopo de facilitar a admissibilidade dos elementos de prova, o art. 13 EEP prevê que o órgão requerente faça algumas indicações ao órgão requerido, para que sejam observadas as formalidades ou os procedimentos expressamente indicados pelo órgão requerente, a menos que sejam contrárias aos princípios jurídicos fundamentais do Estado requerido. Assim, por exemplo, no que tange à busca e apreensão ou interceptações das comunicações, cabe indicar que se acrescente algum requisito específico, como o de não entrar a partir de um determinado horário, com o fito de preservar alguma ilicitude. Não obstante, convém reconhecer a dificuldade deste preceito, proveniente do encobrimento normativo de má-fé, malicioso, e as dificuldades inerentes ao afastamento, quando não ignoradas pelos juízes, para acomodar sua atuação às normativas de outro país.

---

35 V. Bachmaier Winter, L., 2006: «El exhorto europeo de obtención de prueba en el proceso penal (Estudio y perspectivas de la propuesta de Decisión Marco)», em AAVV, *El derecho procesal penal en la Unión Europea: tendencias actuales y perspectivas de futuro*, Madrid: Colex, p. 131 e ss.

36 Acrescenta-se: a) a existência de motivos fundados para crer que a rogatória é emitida com a finalidade de processar uma pessoa «*por motivos de sexo, origem racial ou étnico, religião, nacionalidade, língua, opiniões políticas ou orientação sexual*» ou que a pessoa possa ser prejudicada por esses motivos.

37 S. Gless, 2005: «Eine akademische Kritik des "EU-Acquis" zur grenzüberschreitenden Beweissamlung», em *Dealing with European Evidence in Criminal Proceedings: National Practice and European Union Policy, Era-Forum, Scripta Iuris Europaei*, Traer, p. 41 e ss.

Há que ser considerado, finalmente, a recente reforma legislativa iniciada na UE acerca do «*agente encoberto*», centrada no Convênio, com base no art. K.3 do Tratado da União Europeia sobre assistência mútua e cooperação entre as administrações aduaneiras (Ato do Conselho 98/C 24/01, de 18 de dezembro de 1997), cujo art. 23 regulamenta as «*investigações encobertas*» e onde se perfilam umas condições comuns para esta medida, iniciando por seu caráter extraordinário; que só podem executá-la funcionários, excluindo-se, assim, os sujeitos particulares; e que possa iniciar a tramitação somente quando não haja outra medida mais adequada e menos gravosa (princípio de subsidiariedade e de proporcionalidade). Advirta-se, sem embargo, que a regulamentação segue remetendo a cada um dos Estados.

2.2 O Convênio de Assistência judicial em matéria penal entre Estados Membros da UE

O Convênio de Assistência judiciária em matéria penal entre os Estados membros da UE, em seu art. 15, mesmo assim, contempla as investigações encobertas como forma específica de assistência;[38] e mais: a escuta por videoconferência (art. 10); a escuta por conversas telefônicas (art. 11); as entregas vigiadas (art. 12); e as equipes conjuntas de investigação (art. 13), estes últimos desenvolvidos mediante a Decisão Marco de 13 de junho de 2002.[39]

Não se pode abordar a análise de cada uma destas medidas, nem tampouco se quer renunciar a uma breve menção a pelo menos duas daquelas de maior incidência, as quais podem influir na ilicitude probatória, singularmente, à interceptação telefônica e a um breve delineamento geral das tendências que podem ser detectadas na Reunião Europeia, desde os textos referidos.

2.3 Interceptação das telecomunicações no Convênio de assistência judicial da UE

O Convênio não espera, especificamente, criar uma normativa que atue como paradigma em todos os países da União, limitando-se, essencialmente, a sentar as bases e garantias que devem concorrer na interceptação das comunicações, em diversas hipóteses: 1.º) Sem assistência no sentido tradicional do termo, e 2.º) Com assistência judiciária, caso em que admite, por sua vez,

---

[38] O Convênio foi firmado em Bruxelas, em 29 de maio de 2000. Também, possui tal finalidade a Recomendação 34 do documento «*Prevención y control de la delincuencia organizada-Estrategia de la Unión Europea para el comienzo del nuevo milenio*» elaborado sob a Presidência finlandesa (2000/C 24/01, *DOCE*, de 3 de maio de 2000).

[39] *DOCE* de 20 de junho de 2002. Norma transposta ao ordenamento espanhol mediante a Lei 11/2003, de 21 de maio, reguladora das equipes conjuntas de investigação penal no âmbito da União Europeia (BOE de 22 de maio de 2003).

duas modalidades: a) intervenção e transmissão imediata; e b) intervenção, gravação e ulterior transmissão.[40]

Convém precisar, já de início, que o termo «*interceptação das comunicações*» abarca mais atuações que as intervenções telefônicas englobando novas tecnologias, incluído a internet. Isso explica, de um lado, a variação das autoridades competentes, e de outro, retorna sobre a mesa a tremenda insegurança derivada da ausência de normativa específica ou de outra, suficientemente ampla, que permitissem incluir as inovações tecnológicas intromissivas e limitadoras dos direitos fundamentais. A primeira questão que o Convênio enfrenta é o *órgão competente para ordenar a intervenção*, destacando uma nota geral derivada das sensíveis variações entre os direitos internos, como sucede neste tema, particularmente com a Inglaterra, onde cabe ao executivo, diferentemente da maioria dos ordenamentos, os quais exigem autorização judicial.[41] Essa e situações similares, no que diz respeito a outros direitos, obrigam o Convênio a recorrer a uma formulação suficientemente ampla.[42]

Especificamente acerca das hipóteses de necessidade de intervenção judicial, contemplam-se quatro parágrafos: 1.º) a interceptação das comunicações e a transmissão imediata ao Estado-membro requerente das comunicações, no qual poderá ser escutada e/ou documentada em tempo real pela autoridade que a tenha autorizado;[43] 2.º) as autoridades de um Estado-membro desejam interceptar as telecomunicações por satélite, de um objetivo que se encontras sobre seu território;[44] 3.º) as autoridades de um Estado- membro querem interceptar as telecomunicações por satélite de um objetivo situado sobre o território de outro Estado-membro, diferente daquele onde se encontra o objetivo;[45] e 4.º) as autoridades de um Estado-membro querem interceptar as telecomunicações de um objetivo que se encontra sobre o território de outro Estado-membro e necessita a cooperação técnica desse mesmo Estado.[46]

---

40 Uma explicação pormenorizada em WEYEMBERG A. e DE BIOLLEY. S., 2006: «El Convenio de Asistencia judicial del 2000 y la intervención de telecomunicaciones», em AAVV, *La prueba en el espacio europeo de libertad, seguridad y justicia penal*, Arroyo Zapatero e Moreno Catena (coords.), ed. Madri: Thomson Reuters-Aranzadi, p. 159 e ss.

41 O *Home Secretary* autoriza todas as intervenções, provenham da polícia ou dos serviços de segurança. Como contrapeso a esta falta de garantias, o produto interceptado nem é apreendido, transcrito e nem pode ser utilizado como elemento probatório no processo. J. R. SPENCER, 2002: «The English system», em DELMAS MARTY, M., e SPENCER. J. R., *European Criminal procedures*, Cambridge University Press, p. 187 e188.

42 Concretamente: «(...) *Se entenderá por autoridade competente a autoridade judicial ou quando as autoridades judiciárias não possuam competência no âmbito que abarcam ditos artigos, uma autoridade competente equivalente, especificada de conformidade com a letra e do § 1.º do artigo 24 e que atue na investigação penal.*»

43 Art. 18 § 1,a.

44 Art. 18 § 2,a.

45 Art. 18 § 2,c.

46 Art. 18, p§ 2 b. São analisadas cada hipótese, em WEYEMBERG.A e DE BIOLLEY. S., «El Convenio de Asistencia judicial del 2000 y la intervención de telecomunicaciones» em AAVV,

O Convênio entrou em vigor em 25 de agosto de 2005 somente em alguns Estados. Dentre os motivos está a falta de meios técnicos que garantam sua efetividade. Quando esteja em vigor, serão aplicáveis em matéria de interceptação dos sistemas: o reconhecimento mútuo à utilização do produto das intervenções e a assistência mútua mais «*tradicional*». Para o que aqui interessa, deve assinalar-se que as informações intercambiadas neste marco, não podem, em princípio, servir de elemento de prova, necessitando de uma «*validação*», por meio da autorização judicial ou do reconhecimento mútuo, aspecto que deverá contemplar os requisitos tutelares do controle sobre a legalidade da prova.[47]

2.4 As equipes conjuntas de investigação penal (breve menção)

Provenientes da necessidade de evitar que as fronteiras físicas e jurídicas entre Estados membros da União Europeia limitem ou eliminem a eficácia dos mecanismos de persecução nacionais, ditas equipes consistem em um grupo de pessoas (autoridades policiais, administrativas e/ou judiciais – ECI) designadas por um ou mais Estados que investigam em algum deles, de forma coordenada, mantendo uma comunicação fluída e permanente e compartilhando de um mesmo escritório, como centro operativo.[48]

A normativa sobre os ECI não aborda, com clareza, a questão do valor probatório dos resultados da investigação conjunta. À utilização da informação obtida se referem o art. 13.10 do Convênio de 2000 e o art. 1.10 da DMECI, assim como o art. 8.º da LECI e o art. 19.7 do Convênio de cooperação aduaneira de 1997.[49] A partir de tais preceitos podem surgir uma série de considerações, ordenadas como segue: a) mesmo que os dados obtidos tenham um caráter de «*informação*», podem transformar-se em «*prova*» através da incorporação, prática e valoração no respectivo processo; b) a informação se ajustará à *lex fori*, salvo quando no acordo de constituição do ECI tenha sido prevista outra forma (art. 13.3.b); c) o respeito à *lex fori* ou pelo menos a seus «*princípios fundamentais*» resulta determinante para seu reconhecimento e outorga de valor probatório, devendo incorporar-se, nos termos da legislação correspondente. Assim, por exemplo, na Espanha o fariam como «*meros atos*

La prueba en el espacio europeo de libertad, seguridad y justicia penal, Arroyo Zapatero e Moreno Catena (coords.), Madri: Thomson Reuters-Aranzadi, p. 159 e ss.

[47] Acerca da necessidade de «*validação*» se refere Weyemberg. A e De Biolley, S., *El Convenio*, cit., p. 174.

[48] Vallines, E., 2006: *Los equipos conjuntos de investigación penal* (no marco da cooperação policial e judicial entre os Estados membros da União Europeia), Colex, p. 22.

[49] Decisão paradigma sobre equipes de investigação (Decisão Paradigma do Conselho, de 13 de junho de 2002 (2002/465/JAI) e Lei reguladora das equipes conjuntas de investigação no âmbito da UE (Ley 11/2003, de 21 de maio), respectivamente.

de investigação», salvo que apresentassem os pressupostos requeridos para constituir *«prova pré-constituída»*.[50]

2.5 A prova ilícita no futuro da harmonização europeia

O desenvolvimento iniciado em Tampere, sobre o qual, felizmente, se abrem expectativas a partir dos Tratados firmados em outubro de 2007, não é simples e nem oferece perspectivas claras e determinadas. No complexo labirinto normativo da UE, a necessidade de que as decisões marco e os Convênios entre os Estados membros precisem da unanimidade do Conselho, para sua aprovação, tem paralisado, recentemente, quatro normas relevante acerca da matéria que nos ocupa, quais sejam: a *«decisão marco sobre aproximação, reconhecimento mútuo e execução de penas na União Europeia»*; a *«decisão marco sobre conflitos de jurisdição e ne bis in idem»*; a *«decisão marco sobre direitos processuais nos processos penais»* pendentes de texto normativo que acolha o compromisso de 2006; e a *«decisão marco sobre a denominada rogatória europeia de obtenção de provas»*, ao que se fez referência mais extensa.

O largo caminho na direção da consecução de um espaço europeu de segurança e justiça nos foi ensinando que, apesar das dificuldades, o avanço é inexorável, de maneira que não é estéril recordar alguns e formular outras propostas em torno da prova ilícita.

No âmbito geral da prova transnacional, os textos e propostas existentes oferecem um conjunto de linhas e princípios, assim destacados:[51] a) aplica-se o princípio *forum regit actum* acerca de como deve ser praticada a prova;[52] b) o que pode ser objeto de prova obedece, em boa medida, o *«princípio do reconhecimento mútuo»*; princípio que também informa depois a transmissão dos meios de prova já existentes no Estado requerido; no primeiro caso, sua função é reduzir ou eliminar o exame sobre o Estado requerido, por parte do requerente; no que diz respeito à transmissão sua função é pode haver

---

50 Cabe diferenciar no caso da denominada *«informação indireta»* (a que tem sido facilitada ao EIC após ter sido obtida por outro Estado), cuja hipótese terá que atender à especificidade do caso, ou se, por exemplo, se obteve através da *Europol*, situação contemplada no Convênio Europol e disposições de desenvolvimento; se provem dos serviços de inteligência de um país, aplicando-se a legislação daquele; ou deriva de uma solicitude em face do Convênio 2000 (art. 4.1 Convênio de 2000). Cfr. Vallines, E., *Los equipos...*, cit., p. 144.

51 Segue-se a que figura em *«Estándares Comunes en la adopción de pruebas en los distintos Estados miembros de la UE»*, elaborada pelo Instituto Europeu de Direito Penal Europeu e Internacional (Universidade de Castilla-La Mancha); Instituto de Justiça e Litigação *«Alonso Martinez»* (Universidade Carlos III de Madri) e Área de direito processual (Universidade Pablo Olavide), em AAVV, *La prueba en el Espacio Europeo de Libertad, Seguridad y Justicia penal*, ed. Thomson Reuters-Aranzadi, 2006, p. 17 e 18.

52 Art. 4.º. *Convênio*. Sua vantagem é que unifique o direito relativo à prática da prova com vigência depois, na introdução e utilização da prova e sua valoração.

reconhecimento como válida a fonte de prova; e c) Sobre ambos os princípios atua a «*cláusula de ordem pública*», em virtude da qual não podem implicar atuações contrárias aos direitos fundamentais do Estado requerente.[53]

Vale reiterar, para concluir, a necessidade de determinar o papel que tem de jogar os direitos fundamentais da UE na cooperação judicial, assumindo-os ou não como elementos referenciais únicos para a operatividade da «*cláusula de ordem pública*». Inclusive, mais além dos próprios de cada ordenamento dos diversos Estados ou outros, como o Convênio Europeu de Direitos Humanos.

E, em tal sentido, descendo ao plano das propostas, resulta urgente adotar critérios comuns, tanto relativamente aos efeitos diretos, quanto aos indiretos, incorporando, expressamente, aos motivos de denegação da rogatória para obtenção de provas, o ter havido infringência de algum Direito Fundamental ou existir razões para crer que no processo para o qual se emite o EEP não se respeitarem os princípios fundamentais consagrados no art. 6.º do CEDH.

3. A PROVA ILÍCITA NA CORTE INTERAMERICANA DE DIREITOS HUMANOS

3.1 Convenção Americana sobre Direitos Humanos ou Pacto de São José da Costa Rica

Não existe uma menção explícita à ilicitude probatória neste importante texto internacional,[54] a semelhança da Convenção Europeia sobre Diretos Humanos.

Apesar da referida circunstância, entre os direitos consagrados na Convenção Americana sobre Direitos Humanos encontram-se alguns, cuja vulneração ou limitação ilegítima, ao constituir fontes ou meios de prova, incidiriam diretamente nos casos de eventual prova ilícita. Porém, para tal efeito, também se observa na jurisprudência do Tribunal Europeu de Direitos Humanos, que a infração deva ser do art. 8.º da CIDH e das garantias processuais contempladas no mesmo.

Assim sucede com o direito à integridade pessoal e a proibição de submissão a torturas ou a penas ou a tratamentos cruéis, desumanos ou degradantes, que implicaria a ilicitude de qualquer confissão obtida, servindo-se de práticas tão detestáveis, ao ver-se afetada, ademais, a garantia judicial consagrada no art. 8.º da CADH quando estabelece: *a confissão do imputado somente é válida se for realizada sem coação de nenhuma natureza*. Este

---

[53] Art. 4.º do Convênio.

[54] O Pacto de S. José de Costa Rica foi assinado em 22 de novembro de 1969 com o nome de «Convenção Americana sobre Direitos Humanos». Entrou em vigor em 18 de julho de 1978.

último artigo da Convenção poderia introduzir a tutela implícita na garantia universal a um processo «*justo*» ou «*equitativo*», apesar de nenhum destes qualificativos figurar *expresis verbis* no teor literal do preceito.[55]

Contudo, a própria Corte tem assinalado «*que o artigo 8.º da Convenção Americana aplica-se ao conjunto dos requisitos que devem observar-se nas instâncias processuais, quaisquer que sejam, de modo que as pessoas possam defender-se adequadamente ante qualquer ato do Estado que possa afetar seus direitos*».[56]

3.2 A ausência de jurisprudência da Corte Interamericana de Direitos Humanos sobre a ilicitude probatória

A Corte Interamericana de Direitos Humanos não tem se pronunciado, especificamente, sobre a prova ilícita.

Não obstante isso, se quer destacar diversos pronunciamentos da Corte entorno aos diretos, significados anteriormente, por vincular-se à ilicitude probatória, em conexão com o art. 8.º da CADH (Garantias e Devido processo).

1.º) Nos casos de «*confissão obtida sob tortura*», assinala-se a violação da garantia contra a autoincriminação, declarando a responsabilidade internacional do Estado (art. 8.3 CADH); preceito que se enlaça com os arts. 5.1 e 2, 8.2 e 8.3 da Convenção Interamericana para prevenir e sancionar a tortura.[57]

Caso *Cantoral Benavides vs. Perú*, Serie C n. 69, decisão de 18 de agosto de 2000.

> «Atendendo ao conjunto das circunstâncias do caso e ao contexto em que se produziram os fatos, aceita este Tribunal, sem lugar a dúvidas razoáveis, que pelo menos parte dos atos de agressão examinados nesta causa podem ser qualificados como torturas físicas e psíquicas. Considera também a Corte que ditos atos foram preparados e infligidos deliberadamente contra o Senhor Cantoral Benavides, pelo menos com um duplo propósito. Nesta fase prévia à condenação, para suprimir sua resistência psíquica e forçá-lo a autoinculpar-se

---

[55] Isso não obsta que se considere incluído, cfr. Esteban Feldman, G., 2008: *El pacto de S. José de Costa Rica*, Buenos Aires: Rubinzal-Culzoni, p. 39.

[56] A Corte entende que a imposição de restrições aos advogados das vítimas vulnera o direito, reconhecido pela Convenção, de inquirir testemunhas e exigir o comparecimento de pessoas que possam lançar luz sobre os direitos. Convém sublinhar que o processo penal é um só, através de suas diversas etapas, tanto a correspondente à primeira instância como às relativas a instâncias ulteriores. Consequentemente, o conceito de juiz natural e o princípio do devido processo legal se aplicam a essas duas etapas e se projetam sobre diversas instâncias processuais.

[57] A teor deste, «*nenhuma declaração que se comprove haver sido obtida mediante tortura poderá ser admitida como meio de prova em um processo, salvo no que for realizado contra a pessoa ou pessoas acusadas de tê-lo obtido mediante atos de tortura e unicamente como prova de que por esse meio o acusado obteve essa declaração*».

ou a confessar determinadas condutas delitivas. Na etapa posterior à condenação, para submetê-lo a modalidades de castigo adicionais à privação da liberdade em si mesma.»

Caso *Lori Berenson Mejía vs. Perú*. Decisão de 25 de novembro de 2004. Série C, n. 119

«Ao referir-se às garantias judiciais ou processuais consagradas no artigo 8.º da Convenção, esta Corte tem manifestado que no processo devem ser observadas todas as formalidades que "*sirvam para proteger, assegurar ou fazer valer a titularidade ou o exercício de um direito*", isto é, as "*condições que devem cumprir-se para assegurar a adequada defesa daqueles cujos direitos ou obrigações estão sob consideração judicial*".[58]

Ao analisar, em sua integridade, o processo que tramitou no juízo comum, observa-se que neste foram apresentados elementos de prova provenientes do juízo militar, assim como elementos de prova obtidos diretamente na jurisdição ordinária. A Corte considerou que as provas do primeiro grupo são inadmissíveis, considerando as circunstâncias em que foram produzidas. Ao mesmo tempo este Tribunal adverte que existe, como se tem admitido, material probatório aportado no curso do processo ordinário, conducente a estabelecer os fatos do processo e a sentença correspondente. Desde logo, a Corte não se pronuncia acerca da eficácia de ditas provas no caso concreto, assunto que corresponde à jurisdição interna.»

Caso *Maritza Urrutia vs. Guatemala*. Corte IDH. Caso *Maritza Urrutia vs. Guatemala*. Decisão de 27 de novembro de 2003. Serie C n. 103

«O artigo 6.º da Constituição Política da Guatemala, em vigor desde 14 de Janeiro de 1986, prevê que somente se pode privar a liberdade de uma pessoa "*em virtude de ordem emitida com apego à lei, por autoridade judiciária competente*" ou quando fosse surpreendida em flagrante, praticando uma infração criminal, e que deve ser posta "*à disposição da autoridade judicial competente em um prazo que não exceda de seis horas*". No presente caso, Maritz Maritza Urrutia não foi detida em flagrante, mas quando caminhava pela rua, depois de ter deixado seu filho na escola, sem que tivessem sido configuradas as causas e as condições do referido artigo; ademais, não foi apresentada imediatamente a ordem de um Juiz. A respeito, o CEH sustentou que Maritza Urrutia foi objeto de "*uma detenção arbitrária e contrária à legis-*

[58] A restrição ao trabalho da defesa da provável vítima e a escassa possibilidade de apresentar provas defensivas durante o processo que tramitou no juízo militar restou demonstradas neste caso. Efetivamente, a presumida vítima não teve conhecimento oportuno e completo das provas contra ela; obstaculizou-se a livre comunicação e privada entre a Senhora Lori Berenson e seu defensor; os juízes encarregados de conduzir os processos por traição à pátria ostentavam a condição de identidade reservada ou «*sem rosto*», motivo por que se impossibilitou à Senhora Lori e a seu advogado conhecer a configuração ou não de causas de recusa e poder exercer uma defesa adequada; e o advogado da provável vítima somente obteve acesso ao expediente no dia anterior à prolação da sentença de primeira instância. Consequentemente, a presença e atuação da defesa foram meramente formais. Não se pode sustentar que a presumida vítima tivesse uma defesa adequada.

lação guatemalteca, praticadas pelos mesmos agentes do Estado, na pessoa da vítima". Esta Corte tem assinalado que situações como a descrita, colocam em perigo a observância do devido processo legal, que se subtrai ao detido o direito à proteção da lei e se omite o controle judicial.»

a) Para apreciar a citada vulneração, não obstante, «*deve poder-se constatar a existência de ameaças e/ou o requerimento ao imputado de prestar juramento ou a promessa de dizer a verdade*».

Caso *Castillo Petruzzi e outros vs. Perú* (Decisão de 30 de maio de 1999)

«(...) durante a diligência de declaração investigatória (*instrucctora*) requereu-se às supostas vítimas que declarassem a verdade, não obstante que o imputado tem que declarar livremente (e) não pode estar sujeito sequer à pressão de dizer-lhe "*diga a verdade*", pois não é uma testemunha e pode amparar-se no direito a não declarar, não se podendo exigir obrigação a declarar de determinada maneira. O direito ao silêncio é uma manifestação do estado de inocência.

A Corte considerou provado que durante a declaração perante o Juiz de Instrução Militar Especial, instou-se que os imputados dissessem a verdade. Sem embargo, não ficou consignado que a exortação implicaria a ameaça de pena ou de outra consequência jurídica adversa, caso o advertido faltasse com a verdade. Tampouco há prova de que houvesse sido requerido aos imputados que prestassem juramento ou que dissessem a verdade, o qual contrariaria o princípio de liberdade de declarar ou não. Diante de todo o exposto, a Corte considerou que não foi provado no presente processo que o Estado violou o art. 8.3 da Convenção.»[59]

b) A «*tortura como prática de investigação policial*» aumentou em alguns países, devido à força jurídica outorgada à primeira declaração, aspecto de especial significado naqueles ordenamentos em que tal declaração não é feita ao Juiz, mas ao Ministério Público.

Esse pronunciamento realiza uma «*interpretação da imediatidade*» que merece ser ressaltada.

Caso *Manuel Manriquez vs. México*, de 22 de fevereiro de 1999

«A experiência histórica tem demonstrado, fidedignamente, que atribuir efeitos probatórios às declarações extrajudiciais, ou realizadas durante a fase de investigação criminal, representa um atrativo ou incentivo à prática de tortura, enquanto a polícia prefere economizar esforços investigatórios e obter do próprio imputado a confissão dos crimes. Sobre o particular, a Corte Suprema de Justiça mexicana, inclusive, tem estabelecido que diante de duas

---

59 Resulta interessante destacar que a Corte analisa a eventual violação do art. 8.3 (Confissão) apesar de não ter sido solicitado na demanda da Comissão, mas somente na alegação final. Recorrendo a tal efeito ao princípio *iura novit curia* e ao Caso *Blake*, Decisão de 24 de Janeiro de 1988. Série C. n. 36.

declarações diferentes de um imputado deveria preponderar a primeira. Esta tese tem sido qualificada erroneamente no México, como a imediatidade ou imediação.»

No que diz respeito a esse erro sobre a imediatidade, a Corte esclarece o seguinte:

«(...) a "*imediatidade processual*" deve ser concebida unicamente entre o Juiz e o processado, motivo por que devem ser afastadas as indevidas e erradas interpretações que incluem aquelas declarações em sede policial ou do Ministério Público, por não responder ao próprio Juiz.

(...)

Com base no que dito anteriormente sobre o princípio de imediatidade processual e as garantias do devido processo, a CIDH assinala que as declarações que devem prevalecer como prova plena são as judiciais, isto é, as prestadas ante um Juiz competente e não as prejudiciais.»

2.º) Quanto às «*garantias contempladas nos artigos 8.2 e 8.3 da Convenção Americana*», observa a Corte que embora pareçam destinar-se a pessoas submetidas a um processo judicial (artigo 8.2) ou imputadas neste (artículo 8.3), a juízo da Corte, também devem ser respeitados os procedimentos ou atuações prévias ou concomitantes aos processos judiciais que, ao não serem submetidos a tais garantias, podem apresentar um impacto desfavorável, não justificado sobre a situação jurídica da pessoa de que se trata.

Caso *Tibi vs. Equador*. Decisão de 07 de setembro de 2004. Série C n. 114

«Está demonstrado que o Senhor Daniel Tibi foi vítima de torturas por parte de agentes estatais, que afetaram seu direito à integridade pessoal, assim como suas garantias judiciais básicas. Foi submetido a ditos atos com o propósito de dobrar sua resistência psíquica e obrigá-lo a autoinculpar-se por determinadas condutas delitivas. Em razão do anterior, a Corte conclui que o Estado violou o artigo 8.2.g da Convenção Americana, em prejuízo do Senhor Daniel Tibi. Diante do exposto, este Tribunal considera que o Estado violou os artigos 8.1, 8.2, 8.2.b, 8.2.d, 8.2.e e 8.2.g da Convenção Americana, combinado com o artigo 1.1 da mesma, em prejuízo do Senhor Daniel Tibi.»

a) O art. 8.2.b e 8.2.c garantem o «*respeito à presunção de inocência*»; «*a comunicação prévia e detalhada da imputação*» e «*a dispor de tempo e meios adequados à defesa*» e «*a inquirir as testemunhas presentes em juízo*» e «*a obter o comparecimento de testemunhas ou peritos de outras pessoas que possam lançar luz sobre os fatos*».

Caso *Castillo Petruzzi e outros vs. Perú*, série C n. 52. Decisão de 30 de maio de 1999.

«A Corte decide que a restrição ao trabalho dos advogados defensores e a escassa possibilidade de apresentação de provas defensivas foram demonstradas nesse caso.[60]

A Corte considera que a legislação aplicada ao caso impossibilita o direito a inquirir as testemunhas que fundamentaram a acusação contra as supostas vítimas. De um lado, se proíbe a oitiva de agentes, tanto da polícia quanto do exército, que tenham participado nas diligências de investigação. De outra banda, a falta de intervenção de um advogado defensor até o momento em que presta declaração o imputado, faz com que aquele não possa impugnar as provas colhidas e assentadas no expediente policial.

Por outra parte, e tal como tem assinalado a Corte Europeia, dentro das prerrogativas que devem ser concedidas aqueles que tenham sido acusados, está a de inquirir as testemunhas contrárias e a favor, sob as mesmas condições, com o objetivo de exercer a sua defesa.»

b) A Corte tem se pronunciado, mesmo assim, sobre a *«juntada de documentos ilegais pelas próprias autoridades estatais»* ou fórmulas legais que impediam o acesso ao devido processo.

Caso *Bamaca Velásquez vs. Guatemala.* Decisão de 25 de novembro de 2000. Série C. n. 70.

«Relativamente aos documentos atribuídos à Agência Central de Inteligência e outras Agências dos Estados Unidos da América (...) a Corte tem comprovado que os mesmos carecem de autenticidade, apresentam imperfeições e não reúnem os requisitos formais mínimos de admissibilidade por não ser possível estabelecer exatamente a origem da fonte, assim como o procedimento por meio do qual foram obtidos. Estas circunstâncias impediram outorgar valor probatório a ditos documentos.»

Caso *Carpio Nicolle vs. Guatemala.* Decisão de 02 de novembro de 2004. Série C, n. 117 e Caso Gutiérrez Soler. Decisão de 12 de setembro de 2005. Série C, n. 132.

«No cumprimento da obrigação de investigar e sancionar no (...) caso, o Estado deve remover todos os obstáculos e mecanismos de fato e de direito que mantêm a impunidade, outorgar as garantias de segurança suficientes às testemunhas, autoridades judiciais, promotores, outros operadores jurídicos e aos familiares das vítimas, assim como utilizar todas as medidas a seu alcance para diligenciar o processo.»

---

60 Efetivamente, os imputados não tiveram conhecimento oportuno e completo da acusação que lhe era feita; as condições em que atuaram os defensores foram absolutamente inadequadas para seu eficaz desempenho e somente tiveram acesso ao expediente no dia anterior da prolação da sentença de primeiro grau. Consequentemente, a presença e atuação dos defensores foram meramente formais. Não se pode sustentar que as vítimas contaram com uma defesa adequada. Por tudo o que foi exposto, a Corte declara que o Estado violou os artigos 8.2.b e 8.2.c da Convenção.

Caso *Gómez Paquiyauri vs. Perú*. Decisão de 08 de julho de 2004. Série C, n. 110

«Relativamente ao vídeo remetido pela representante das possíveis vítimas e seus familiares, em 1.º de maio de 2004 (...) o Estado manifestou-se ser «um vídeo editado, e apresentado em cópia, que intencionalmente conduz a erros ao realizar repetições de áudio, frente a determinadas imagens (...).

Nisso, a Corte admite o vídeo remetido pela representante... Não obstante, não lhe dará a respectiva peça documental o caráter de prova plena, mas apreciará seu conteúdo dentro do acervo probatório e aplicando as regras da sã crítica.»

4. A PROVA ILÍCITA NA RECENTE JURISPRUDÊNCIA DOS ESTADOS UNIDOS

Embora boa parte da doutrina sobre a prova ilícita tenha seguido as marcas do sucesso do assentado pelos Tribunais dos Estados Unidos, como autêntico motor e referencial unânime, a realidade atual mostra uma crescente desaceleração e até uma freada quase absoluta neste referencial. A doutrina norte-americana fala de um «*futuro incerto da regra de exclusão*», de «*custos da regra de exclusão*» ou de «*assalto contra a regra de exclusão*».[61] Efetivamente, a decisão *Hudson vs. Michigan* supôs a confirmação de uma tendência detectada nas últimas décadas, em uma direção tal que chega a questionar a sobrevivência da repetida regra de exclusão, circunstância, por outra parte, nada inovadora se pensarmos que tem estado presente desde a «*Era Warren*» e o «*ativismo judicial*», e que agora volta por sua própria autoridade, devido à incorporação dos Juízes Roberts e Alito no mesmo sentido de Thomas e Scalia na Corte Suprema dos Estados Unidos.[62]

---

61 Sklansky, D, *Is the Exclusionary Rule obsolete?* 5 *Ohio St J Crim. L*, 567, 572 (2008); Davies, T.Y, *A Hard Lood at What We Know (and Still Need to Learn) About the «Cost» of the Exclusionary Rule: The NIJ Study and Other Studies of «Lost» Arrest,* 1983; Matthew J. F., *Hiperventilating about the Exclusionary Rule, Nat'l Rev. Online*, Feb 16, 2009 http://bench.nationalreview.com/post; ou La Fave, W.R., 2009: «The Smell of Herring: A Critique of the Supreme Court's Latest Assault on the Exclusionary Rule», 99 *J. Crim. L. & Criminology*.

62 Este último foi o relator da decisão *Hudson c. Michigan*. Sobre o particular, cfr. Bandes, S. A., «The Roberts Court and the future of the Exclusionary Rule» em *American Constitution Society for Law and Policy*, abril de 2009, p. 1 a 9. Destaca a autora que a incorporação dos Juízes Roberts e Alito à Corte Suprema, sustentando posturas claramente contrárias à aplicação da regra, aderindo ao entendimento de outros dois magistrados que compartilham tal parecer – entre eles Scalia, o relator da decisão *Hudson v. Michigan* – deixa a regra em uma posição extremamente precária. *Ob. cit*, p. 2 e nota 4. Outros autores concordam em que, mais que novos fundamentos a favor ou contra à *Exclusionary Rule*, o que há é uma nova maioria conservadora na Corte Suprema. Cfr. Sklansky, D.A., 2007-2008: «Is the Exclusionary Rule Obsolete?» 5 *Ohio St. J. Crim. L.* 567, p. 570, e Dripps, D., 2009: «The Fourth Amendment, the Exclusionary Rule, and the Roberts Court. Normative and empirical dimension of the overdetterrence hypothesis», *Chicago-Kent Law R.*, 85,1, 209-239.

4.1 O caso *Hudson c. Michigan*

Muito resumidamente, Booker T. Hudson foi condenado pelo Tribunal estatal por posse de drogas e armas de fogo depois que a polícia encontrou cocaína e uma pistola em sua casa. Mesmo que a polícia estivesse provida de uma autorização de busca e apreensão, não respeitou a regra *knock and announce*, derivada da IV Emenda, segundo a qual os policiais devem esperar 20 a 30 segundos após bater à porta e anunciar a sua presença, antes de entrar na casa de alguém. A sentença de primeira instância absolveu o acusado, devido à vedação de utilização de provas encontradas na busca e apreensão. O Tribunal de apelação de Michigan reformou a sentença e condenou o imputado. Consagrava-se, assim, um giro na jurisprudência estabelecida a partir da conhecida decisão *Weeks vs. Colorado,* confirmada depois, na não menos referida *Mapp vs. Ohio,*[63] rejeitando a aplicação da *Exclusionary Rule* ou pelo menos limitando extraordinariamente os casos que justificam sua procedência.

As críticas frente à *Exclusionary Rule* e com isso as razões para não aplicá-la, nasceram praticamente com ela e no decorrer dos anos vem sofrendo alterações bruscas até o momento atual em que se questiona diretamente.[64] Seu fundamento articula-se em torno de quatro argumentos: a) o custo que suporta, crítica que em todo caso caberia referir-se, afirma-se, sobre o respeito à Emenda correspondente e ao resultado da ponderação entre o poder outorgado à polícia e aos direitos individuais contemplados nas diferentes Emendas,[65] b) a atenuação da necessidade do efeito dissuasório pela crescente profissionalização dos funcionários da polícia, c) a nova doutrina da conexão atenuada, e d) os remédios civis existentes.

Tais argumentos contrastam o abandono do principal motivo da regra de exclusão que originariamente centrava-se na preservação da integridade judicial e no efeito dissuasório de sua aplicação sobre a má atuação policial, e consequentemente, após abandonar o primeiro ou reduzi-lo notavelmente, ter encontrado outro remédio para a consecução do efeito dissuasório e inclusive colocá-lo em tela de juízo para logo afastar diretamente que a exclusão contribua a que a polícia respeite a lei.[66]

---

63 338 U.S. 25 (1949) e 367 U.S. 643 (1961).

64 V. *supra*, Capítulo I, 1,1.2. Extensivamente, cfr. Ronald J. Rychlak, «Replacing the exclusionary rule: fourth amendment violations as direct criminal contempt». 242 *Chicago Kent Law review*, vol 85:1, p. 242e ss., e Skalansky, D. A., «Is the Exclusionary Rule Obsolete?» 5 *Ohio St. J. Crim. L.*, cit. p. 578 e ss.

65 *Ob. cit. et loc. cit.* Não obstante, a autora cita vários trabalhos que demonstram empiricamente que se trata de um argumento discutível, em termos quantitativos e qualitativos. Entre eles, Davies, T. Y., 1983: *A Hard Lood at What We Know (and Still Need to Learn) About the «Cost» of the Exclusionary Rule: The NIJ Study and Other Studies of «Lost» Arrest,* cit., nota 5, onde são citados outros estudos, na mesma linha.

66 V. *United States vs. Leon*, 468 U.S.897, 907 (1984); *US vs. Calandra*, 414 U.S. 338 (1974).

Assinala-se, em tal sentido: (que) não se pode assumir que a exclusão no contexto atual oferece efeitos dissuasórios necessários, simplesmente porque há muito tempo consideramos que era um efeito dissuasório necessário. Isso implicaria forçar ao público de hoje a pagar pelos pecados e pelas inadequações de um regime jurídico que existia há quase 50 anos (...) pelo que sabemos, a responsabilidade civil – derivada do 42 U.S.C. § 1989 referente à responsabilidade civil dos oficiais de polícia por vulneração de direitos constitucionais – oferece uma dissuasão efetiva neste âmbito, na mesma proporção da existente nos demais.

A nova formulação da doutrina da conexão atenuada, como segundo argumento, aparece explicitamente em *Hudson vs. Michigan*. Até esta decisão, vinha sendo utilizada nos casos em que a conexão entre a ilegalidade produzida e a prova era muito tênue. A partir desta, contempla-se uma nova perspectiva de atenuação, referida aos interesses protegidos pela garantia constitucional vulnerada, de maneira que não se aplicará a regra de exclusão senão nos casos em que os interesses vulnerados tenham relação direta; circunstância que, atendidos os direitos contemplados nas emendas 4ª, 5ª, 6ª e 14ª, deixa como único caso de aplicação da regra de exclusão a confissão obtida sob tortura.[67]

No que tange à atenuação dos efeitos dissuasórios, e ainda mais, que tais efeitos, longe de obedecer a um efeito benéfico da regra de exclusão, se satisfaçam em maior medida através de uma melhor formação da polícia, não tem sido um fundamento negado. Ao contrário, o fato de constituir um motivo suficiente como para erradicá-la e substituí-la pela indenização correspondente a quem tenha sido objeto da violação de seus direitos através da via civil. Em um pormenorizado trabalho, cuja origem é uma conferência ante a polícia da Califórnia – Estado onde a *Exclusionary Rule*, primeiro foi declarada inaplicável, mas logo resultou praticamente ignorada, comentam-se um a um os instrumentos utilizados para dita melhora e os efeitos detectados na prática.[68] Através da referida análise, constata-se que tem melhorado os sistemas de controle, especialmente os internos,[69] e que tem modificado substancialmente as características demográficas da polícia e sua filosofia na hora de atuar sobre determinadas comunidades ou grupos de risco delituoso.[70] Conclui-se, de todas essas circunstâncias, que podem servir de fundamento para uma revisão

---

[67] YACKLEY, 2007: *Hammline L. Rev.* 30, p. 436 e ss., citado por GÓMEZ-JARA DÍEZ, C., *Nuevas tendencias en materia de prueba ilícita...*, cit., p. 34.

[68] SKALANSKY, D. A., 2007-2008: «Is the Exclusionary Rule Obsolete?» 5 *Ohio St. J. Crim. L.* 567, p. 568.

[69] Estatísticas do *Federal Bureau of Justice Statistics (BJS)*, revisando as queixas dos cidadãos de mais de 800 Departamentos de polícia; Divisão de Assuntos Internos e o que parece ter tido um grande efeito, as reclamações do Departamento de Justiça contra policiais que violaram direitos constitucionais Cfr. SKALANSKY, D. A., *ob. cit.*, p. 573 a 575.

[70] FORMAN JR., J. 2004: «Community Policing and Youth as Assets», 95 *J. Crim. L. & Criminology* 1.

do efeito dissuasório da regra de exclusão, mas em nenhum caso implicar que a remissão das possíveis vulnerações ao campo das reclamações civis resulta suficiente e nem sequer o mais recomendável. Como se demonstrou na Califórnia, a suspensão da regra de exclusão, que logo foi reintroduzida pela Corte Suprema, tem conduzido à erradicação da prática policial do efeito dissuasório inerente à aplicação da regra tantas vezes repetida.[71]

4.2 Posições frente ao caso *Hudson c. Michigan*

As reações frente à repetida decisão não se fizeram por esperar, abrindo uma frente de discussão que reproduz uma vez mais a tensão entre os interesses enfrentados e as diversas sensibilidades no que tange à priorização de uns ou de outros.

Admite-se, segundo visto, que a profissionalização das forças policiais tem crescido, enfatizando a relevância disso, a disciplina policial interna, mas sem compartilhar, entretanto, a consequência assinalada na repetida decisão, isto é, que carece de sentido manter a regra e resulta mais eficaz reenviar a questão à indenização do lesionado, pela via civil.

O motivo é que, embora resulte apreciável uma maior formação profissional, esta não tem erradicado práticas muito preocupantes, e, por isso, o fundamento da regra de exclusão não pode ser entendido como sendo supérfluo.[72] Diversas pesquisas efetuadas à própria polícia parecem corroborar a conclusão.[73]

No que diz respeito a maior facilidade para reclamar responsabilidades à polícia, em comparação com a situação em 1961,[74] embora seja certo, por um lado, e inclusive se estende a um campo certamente ampliado, por outra parte, não cabe negar o fato de que resulta claramente mais difícil atacar condutas

---

[71] SKALANSKY, D. A., *ob. cit.*, p. 580 e 581.

[72] Sustentam essas ideias, entre outros: SKLANSKY, D. A., 2007-2008: «Is the Exclusionary Rule Obsolete?», 5 *Ohio St. J. Crim. L.* 567, p. 568; BANDES, S., 2009: «The Roberts Court and the future of the Exclusionary Rule», em *American Constitution Society for Law and Policy*, abril 2009, p. 5; RONALD J. RYCHLAK, *Replacing the exclusionary rule: fourth amendment violations as direct criminal contempt* 242 *Chicago Kent Law Review,* vol 85, 1, p. 242 e ss.; DONALD DRIPPS, 2010: «The fourth amendment, the exclusionary rule, and the Roberts Court: normative and empirical dimensions of the over-deterrence hypothesis», em *Chicago-Kent Law Review*, 85, 1.

[73] GOULD, J. B. & MASTROFSKI, 2004: «Suspects Searches: Assesing Police Behavior Under the U.S Constitution», 3 *Criminilogy & Pub. Pol'Y,* 315, 333 (2004).

[74] Antes de 1961 era praticamente impossível exigir responsabilidades civis frente a um policial. V. *Monroe v. Pape*, 365 U.S. 167 (1961). O mesmo sucedia até 1971 (v. *Bivens vs. Six Unknow Named Agents*, 403 U.S. 388 (1971), onde se permitiu. Inclusive até 1978, não cabia demandar aos departamentos de polícia (v. *Monell vs. N.Y City Dep't of Soc.Servs*, 436 U.S. 658 (1978), mesmo assim permitindo-o.

policiais indevidas.[75] Muito mais, inclusive, quando se trata de oficiais de polícia denunciados individualmente, em face da doutrina dos Tribunais sobre imunidade em suas investigações,[76] e imunidade em suas condutas diante da Corte.[77]

Deste modo, parece que, apesar de todos os avanços assinalados, não resulta tão evidente nem justificado eliminar a regra de exclusão. Opinião defendida por um conhecido criminólogo, quem publicou um importante trabalho destacando os efeitos benéficos da regra de exclusão sobre a conduta policial. Foi objeto de citação explícita pelo Juiz Scalia na decisão *Hudson vs. Michigan*, como argumento de autoridade para justificar, precisamente, que já não resultava necessária. A citação suscitou a publicação de um artigo de opinião com o significativo título *Thanks for Nothing Nino.*[78]

4.3 Um novo giro: *Herring vs. United States:* restrições na aplicação da *Good Faith Exeption*

A linha restritiva, quando não excepcional, na hora de invocar a *Exclusionary Rule,* segue manifestando-se em outras decisões, como no caso *Herring vs. Unite States,*[79] que praticamente corrobora a erradicação da tão repetida regra do panorama dos EUA, estendendo até onde nunca havia chegado a eficácia de opor a «*boa-fé*» e com isso impedir a aplicação da regra de exclusão.

Em *Herring vs. US* se tratava de uma prisão realizada por uma ordem ilegal, da qual derivou uma busca e apreensão de armas e drogas. Independentemente dos detalhes do caso concreto, o qual se centra em se um policial pode utilizar fontes de prova obtidas ilegalmente por outro policial sem que o

---

[75] Avery *et alii*, 2007: *Police Misconduct Law and Litigation,* 3. ed., citado por Skalansky, *ob. cit.*

[76] *Anderson vs. Creighton*, 483 U.S. 635 (1987).

[77] *Briscoe vs. LaHue*, 460 U.S 325 (1983).

[78] O criminólogo é Samuel Walker, e o artigo foi publicado no *L.A Times*, June 25, 2006, em M5.

[79] 129 S.Ct, 695 (2009). «*Officers arrested the defendant, Bennie Dean Herring, outside of an impound lot where Herring had come to retrieve an item from his truck. An officer at the lot, recognizing Herring, called the county warrant clerk to determine whether an outstanding arrest warrant applied to him. The warrant clerk found no such warrant but agreed to inquire about warrants in a neighboring county. The clerk then identified as active an arrest warrant in the neighboring county, although it was in fact nolonger active. After learning about the warrant, two officers followed Herring from the impound lot, arrested him, and performed a search incident to arrest. The officers discovered methamphetamine in Herring's pocket and an illegal pistol in his vehicle. Because the arrest warrant was actually invalid, both parties in Herring admitted that a Fourth Amendment violation had occurred. The disagreement in the case centered on whether the exclusionary rule should apply to suppress the evidence obtained as a result of the violation. Extending the good-faith exception, the Court held that the exclusionary rule should not apply.*» V. Holland, B., 2009: «The Exclusionary Rule as Punishment», *Rutgers Law Record,* 36, 38 a 47.

resultado seja a exclusão daquelas, e que não concorresse de fato neste caso, a crítica na direção da negativa de aplicar a regra de exclusão centra-se em significar um retrocesso de mais de cinquenta anos na jurisprudência, e supor que um policial pode utilizar validamente a fonte de prova obtida ilegalmente por outro, de outra maneira, reduzir a aplicação da regra de exclusão, como regra geral, a casos extraordinários nos quais a polícia atuou de forma dolosa ou flagrante (*sic*: *intencional, flagrant, or recurring*).[80] A relevância deste caso centra-se em ser o primeiro referido a uma ordem de prisão ilícita, mas proveniente de um erro não voluntário e nem deliberado, o que obrigará no futuro a examinar a «*doutrina da boa-fé*» a partir do teste da «*voluntariedade e culpabilidade*» para decidir sobre sua aplicabilidade. E o que parece preocupar ainda mais é que o reconhecimento de outros remédios frente à vulneração dos direitos em questão parece ter mais *constitutional status* na jurisprudência da Corte Suprema, que o oferecido a partir da regra de exclusão.[81]

4.4 Lições possíveis

Cabe refletir, para colocar fim a este capítulo, que a tendência do país que opera como paradigma mundial em matéria de prova ilícita, caminha na direção da eliminação da prática da regra de exclusão, ou ao menos relega sua aplicação a circunstâncias cada vez mais excepcionais, substituindo seu marco de proteção pela adoção de remédios de natureza civil. Certo que dita decisão não destoa de uma linha de atuação geral, na direção do predomínio da efetividade da persecução do delito (*Law&Order*) que situa a proteção dos direitos e liberdades em uma posição certamente subsidiária. Mas, mesmo assim, dita avaliação, que se explica melhor desde a ótica dos EUA, na medida em que as funções essenciais da incorporação de dita regra – o efeito dissuasório (*deterrent efect*) e a integridade judicial (*judicial integrity*) – podem ser atingidas pela crescente profissionalização das forças e corpos de segurança do Estado, convertendo a *Exclusionary Rule* em um custo prescindível. Questão diferente, como tantas outras, é a transferência da referida doutrina a países nos quais o fundamento da prova ilícita não é esse, ou inclusive, mesmo quando assim seja, parafraseando-se um conteúdo da *decisão Hudson vs. Michigan*, outros ordenamentos estão dispostos a assumir o risco que abarca tal erradicação, sobre suas gerações futuras.

---

80 Cfr. BANDES, S., 2009: «The Roberts Court and the future of the Exclusionary Rule», em *American Constitution Society for Law and Policy*, abril 2009, p. 5.

81 HENNING, A. C., 2009: *Herring v. United States*: «Extension of thee Good-Faith Exception to the Exclusionary Rule in the Fourth Amendment Cases, Congressional Research Service», fev. 2009.

REFLEXÃO FINAL

A ampla análise realizada evidencia diversas questões que, longe de conduzir à emissão de conclusões definitivas, constituem elementos relevantes sobre os quais resulta imprescindível efetuar alguma consideração.

Os fundamentos da prova ilícita, mais que depender da adoção de um sistema ou outro, obedecem a circunstâncias sócio-políticas complexas e variáveis, as quais conduzem a preservação, em maior ou menor medida, de determinadas garantias. Ente elas, singularmente, a de um «*processo devido*», «*justo processo*», «*fairness process*» ou qualquer das numerosas expressões utilizadas.

Salvo nos Estados Unidos, onde parece dominar o fundamento desalentador de eventuais comportamentos ilícitos dos agentes públicos, e mesmo aí não faltam apelações ao «*fairness process*» ou à legitimidade do Estado.[1] A regra de exclusão, ou prova ilícita atende à garantia dos direitos dos cidadãos, mediante um processo onde a eventual condenação não se baseie em uma atuação policial ilícita (público, mas, mesmo assim, privado). Também, aí a verdade não possa ser obtida «*a todo custo*» e no caso de conflito com outros interesses, igualmente legítimos, se considera uma ponderação equilibrada, informada por princípios que fechem o círculo de tutela do citado «*justo processo*». Estas são as linhas mestras que desenha o Tribunal Europeu de Direitos Humanos e o Tribunal Interamericano de Direitos Humanos quando estabelecem como paradigma o «*processo equitativo*», consagrado no art. 6.º da CEDH, ou o «*processo devido*» no art. 8.º da CADH.

Não deve preocupar, por tanto, a variabilidade do próprio conceito de prova ilícita, sem sua diversa inserção em textos constitucionais, em outros de legalidade ordinária ou constituindo categorias jurídicas independentes.

---

1 *Virginia vs. Moore*, 23 de abril de 2008; 553 U.S. (2008).

Inclusive, o fato de estar contemplado na correspondente Norma Suprema ou limitar-se à proteção dos direitos fundamentais, possui uma explicação, entre outras possíveis. Os países que têm «*constitucionalizado*» a ilicitude probatória o fizeram por carecer de uma regulamentação processual *ad hoc* e na espera desta, ou para reforçar uma tutela de risco. A limitação dos direitos fundamentais constitui, assim, uma restrição cujos objetivos é, pelo menos, preservar um âmbito incólume, diante da diluição de certas garantias. Diante dessa apreciação, cabem dois comentários. Por um lado, não parece que seja mais amplo o marco de garantias em Portugal, por exemplo, que na França, incluindo-se a regra de exclusão no primeiro país em sua Constituição, e carecendo o segundo de normativa específica além do regime geral das nulidades processuais, como se salientou neste último país, ao ter que promulgar a «*Loi n. 2004-204, de 24 de março*» para diluir determinadas garantias. De outro lado, esta limitação, mesmo constituindo uma proteção reforçada, incorpora o custo de excluir outros direitos, cuja tutela se equipara a de outros, de menor categoria, circunstância que, entretanto, não constitui obstáculo algum na Holanda, onde, inclusive, a valoração dos interesses em jogo fica a critério do Juiz do caso concreto. Não há dúvida de que, em épocas de maior vulnerabilidade, a existência de um regime específico, mais factível, facilitará a tutela de interesses, especialmente dos individuais.

Merece alguma consideração a existência de uma previsão normativa específica, relativa à submissão da regra de ponderação ao princípio de legalidade ou pelo menos de suas linhas essenciais, limitando o arbítrio judicial, a partir de uma delimitação específica.

Para esta opção, entrará em jogo elementos como a confiança nos órgãos jurisdicionais, a desnecessidade desta, a segurança jurídica e igualdade alheia à submissão ao princípio de legalidade, mesmo que deva enfrentar o risco de ocasionais faltas de acomodação ao caso específico. Ordenamentos como o da Colômbia e o Holandês constituem um bom exemplo dos dois extremos.

Para tal efeito, adquirem especial relevância os direitos fundamentais e especialmente os requisitos a que se submete sua válida limitação, como duplo parâmetro da «*justa obtenção*» de fontes de prova e das necessidades essenciais de tutela do direito fundamental afetado pela ilicitude. Considerações que não devem excluir, a meu juízo, os direitos fundamentais processuais, que de outro modo se veriam privados de uma garantia indispensável para sua efetividade. Os movimentos reguladores, no seio da União Europeia, mesmo incipientes, representam uma tendência plausível na hora de redigir uma normativa geral que cumpra com tal caráter a «*previsão normativa*» de cuja falta adoecem diversos ordenamentos e direitos fundamentais.

Em todo caso, deve preservar-se um núcleo de direitos, cuja vulneração determina, ineludivelmente, a legitimidade da condenação, por estar em jogo a dignidade da pessoa, como acontece com a confissão obtida a partir da tortura, hipótese em que não cabe juízo ponderativo diante da dificuldade de invocar interesse proporcionalmente oponível. Em casos como o citado, ademais, não só se protege a dignidade humana, senão a obtenção da verdade, na medida em que é altamente provável que se declare para por fim ao suplício, independentemente da veracidade. Pode concluir-se em tal sentido, que mesmo sendo inevitável aceitar a adoção de respostas jurídicas mais agressivas em épocas de maiores assaltos contra a paz social o que a situação contrária propicia uma maior atenção à tutela das garantias individuais, em ambas as circunstâncias o Estado de Direito deve garantir âmbitos seguros e intangíveis de liberdade cidadã. A partir desta segurança poderão ser contrapostos e equilibrados outros.

A ineficácia probatória vinculada à prova ilícita, não tem revestido uma especial configuração jurídica até datas recentes. Na realidade, como consequência do tratamento reforçado dos direitos fundamentais, desde a II Guerra Mundial. Até então, com base na clássica doutrina das nulidades processuais, a existência de um vício deste tipo conduzia à correspondente declaração de nulidade, tal como continua regulamentado no ordenamento processual francês ou como figurou em uma das propostas iniciais do Código Modelo para Iberoamérica, ou na Espanha até a incorporação do art. 11 da Lei Orgânica do Poder Judiciário, em 1985. Entretanto, não é o único possível, junto à criação de uma categoria específica e nova como a *inutilizzabilità*, a qual traduz de fato um limite ao livre convencimento do Juiz. Cabe graduar normativamente a ineficácia direta e inclusive indireta, como fazem todos os ordenamentos processuais penais reformados na América do Sul, partir de finais dos noventa ou remeter a um juízo ponderativo que figuraria em tais previsões legais ao Juiz do caso concreto, ao modo holandês. Reflexão que nos conduz à seguinte.

O estudo do direito, especialmente em matérias como a que nos ocupa, tem ensinado que não há soluções inequívocas. A nulidade, desde o ponto de vista da economia processual, resulta desaconselhável. Isso porque uma aplicação coerente implicaria a falta de eficácia de todo o realizado até então e o derivado, de forma direta ou indireta. Isso posto, em um extremo oposto ao amplo arbítrio judicial reconhecido ao Juiz do caso específico, oferece dúvidas em um duplo aspecto, o prévio requisito de uma confiança quase absoluta no sistema judicial, nem sempre presente, e a ausência de um tratamento quase igualitário com a insegurança jurídica que isso pode gerar. Por sua parte, acudir a uma categoria própria de caráter pessoal adoece das limitações que derivam de sua própria configuração, como acontece no Código de Processo Penal Italiano, do qual a *inutilizzabilità* se circunscreve exclusivamente às infrações de caráter processual, sem aplicação aos efeitos indiretos. Entre umas e outras, provavelmente não é rejeitável optar por uma posição intermediária e simétrica, onde se recorre a um juízo de ponderação entre interesses enfrentados e atendidos ao princípio de proporcionalidade; o *balancing test*; ou o *Abwägung*; e no qual se graduem os efeitos, atendendo não só ao caráter dos direitos vulnerados, mas também à gravidade da lesão produzida.

Diante do dilema que enfrenta um tratamento que excluía de maneira prematura a ilicitude e tudo o que tivesse sido adquirido, de forma direta ou indireta, e de outro, o qual, ao contrário reserva esta decisão à fase do processamento, inicial ou final, ao momento da valoração probatória, e ademais, sob pena de incorporação e manutenção durante o processo, da fonte e dos frutos da ilicitude, entendo que deva prevalecer o respeito à regra probatória, a qual considera prova o praticado no processo e quando ocorra submissão aos princípios do contraditório e da publicidade. A eventual influência que se possa supor acerca do critério judicial é uma razão que se esmaece, a meu juízo, frente ao risco de rejeitar outras linhas de investigação, inclusive favoráveis ao acusado, ou de limitar seriamente o exercício do direito de defesa. Uma forma de temperar tais inconvenientes são as fórmulas adotadas em algum ordenamento jurídico, como a proibição de excluir dos autos os elementos que fundaram a apreciação da ilicitude, e por outro lado, ou submetendo dita apreciação a uma revisão por um órgão judicial superior. Teria que ser valorado, não obstante, se tal opção garante que o Juiz não conheça da ilicitude posteriormente ou que, inclusive, a reconheça *ex officio*, nem que a defesa possa questionar a ilicitude em juízo ou proteste pela exclusão, com os conseguintes efeitos dilatórios.

Estas e outras reflexões permitem afirmar que provavelmente qualquer aproximação à prova ilícita deve assumir, já inicialmente, que não existe um tratamento perfeito, no modo e nem no tempo, nem provavelmente com vocação universal, para todos os casos. Ademais, qualquer discussão jurídica será induvidosamente parcial e imperfeita, e será influenciada, entre outros aspectos, pela tremenda permeabilidade da doutrina sobre a prova ilícita e às idas e vindas em matéria de segurança pública ou às importantes reações pendulares ante a percepção de um aparente hipergarantismo e a reação contrária frente à impunidade, pouco explicáveis à opinião pública, articulando o devido equilíbrio entre as garantias. Esta realidade, sem embargo, não deve impedir a fixação de regras mínimas, com base nos princípios assinalados nas linhas anteriores. Mínimas que se estendam e compreendam aos pressupostos que regerão as limitações de direitos fundamentais, mas também as relativas a garantir as atuações policiais, sejam prévias ao processo, ou se incluam em sua fase investigativa, assim como à incorporação de um resultado ao processo ou a sua admissibilidade e prática ou reprodução em juízo. Facilitar esta árdua tarefa, aportando elementos comparados segue constituindo o *leit motiv* desta segunda edição.

Barcelona-Gerona, fevereiro de 2011.

BIBLIOGRAFIA

ABRAHAMSON, 1985: «Criminal Law and state constitutions: The emergence of state constitutional law», em *Tex. L. Rev.* 63.

AGUILERA MORALES, M., 2008: «Regla de exclusión y acusatorio», em AAVV. *Proceso penal y sistemas acusatorios*, Marcial Pons.

ALLEN, KUHNS, STUNTZ, 1995: «Impeachment with uncostitutionaly obtained evidence» em *Constitucional Criminal Procedure* 3. ed. Boston, NY, Toronto, London: Advisory Board.

ALLEN, STUNTZ, HOFFMANN, LIVINGSTON, «Comprehensive criminal procedure», *Aspen Law & Business*.

ALSCHULER, A. W., 2009: «Herring v. United States: A Minnow or a Shark?», Ohio St. J. *Crim. L.* 463.

AMBOS, K., 2008: «Las prohibiciones de utilización de pruebas en el proceso penal alemán» em AAVV. *Prueba y proceso penal*, Tirant lo Blanch.

AMBROISE-CASTEROT, C., 2005: «Recherche et administration des preuves en procédure pénale: la quête du Graal de la Vérite», *AJ Pénal*, 7-8.

ANDRÉS IBÁÑEZ, P., 2009: *Prueba y convicción judicial en el proceso penal*, Ed. Hammurabi.

ARMENTA DEU, T., 2007: *Lecciones de derecho procesal penal*, 3. ed. Madrid-Barcelona-Buenos Aires: Marcial Pons.

____, 2006: «Prueba ilícita y reforma del proceso penal» em «Propuestas para una nueva Ley de Enjuiciamiento Criminal», *Número Especial da Revista del Poder Judicial*.

____, 2007: «Nuevas tendencia en materia de prueba ilícita» (Relatório geral), em AAVV. *Direito Processual Comparado* (XIII Congreso Mundial de Derecho procesal), ed. Forense, Rio de Janeiro. Também na *Revista de Derecho Procesal,* 2007.

ASHWORTH, A., 1977: «Excluding Evidence as Protecting Rights», *Criminal Law Review*.

AVERY *et alii*, 2007: *Police Misconduct Law and Litigation*, 3. ed.

BACHMAIER WINTER, L., 2006: «El exhorto europeo de obtención de prueba en el proceso penal (Estudio y perspectivas de la propuesta de Decisión Marco)», em AAVV. *El derecho procesal penal en la Unión Europea: tendencias actuales y perspectivas de futuro*, Madrid: Colex.

BANDES, S. A., 2009: «The Roberts Court and the Future of the Exclusionary Rule», *American Constitution Society for Law and Policy.*

BARRIENTOS PELLICER, C. R., 2008: «Las Constituciones Latinoamericanas y los principios probatorios» em AAVV. *Prueba y proceso penal*, Tirant lo Blanch.

BECKER G. S., 1968: «Crime and Punishment: An Economic Approach» *em Journal of Political Economy*, 76.

BEERNAERT, Marie-Aude, «La Recevabilité des preuves en matiére pénale dans la jurisprudente de la Court Européenne des droits de l`homme», em *Rev. Trim. Dir. H.* (69/2007).

BELEZA, T.; BURGOA, E., 2007: «Ponencia nacional portuguesa», para el XIII Congreso Internacional de la Asociación Internacional de Derecho Procesal, Salvador, Bahia, set. 2007.

BELING, E., 1903: *Die Beweisverbote als Grenzen der Wahraeitforschung in Strafprozess*, Breslau.

BELLIA, P., 2004: «The future of internet surveillance» em *The George Washington Law Review.*

BELLIDO PENADÉS, R., «Nuevas tecnologías, prueba ilícita y su control mediante los recursos extraordinarios en el proceso civil» em AAVV. (Carmen Senés, coord.), *Presentación de la e-Justicia en España y la* UE.

BEULKE, 2006: *Strafprozessrech*t, 9. ed.

BRENNAN, 1977: «State Constitutions and the protection of individual rights», em *Harv. L. Rev.* 90.

BOURSIER M. E., 2003: «Le principe de loyauté en droit processuel», Préface de S. GUINCHARD, Paris: Dalloz, Nouvelle bibliothèque de thèses.

BOUZAT, P., 1964: «La loyauté dans la recherche des preuves», em *Recueil d'études en hommage à L. Hugueney*, Paris: Sirey.

BUENO MATA, F, 2009: «La interceptación de los e-mails» em *Justicia*, *Rev. de Der. Proc*, n. 3 E4.

CACHÓN VILLAR, P., 1991: «La prueba ilícitamente obtenida (reflexiones en torno al art. 11.1 LOPJ)», em *Revista de la Asociación de Jueces y Magistrados «Francisco de Vitoria»*, n. 1, 1 de junho de 1991.

CAFFERATA NORES, J. J., 1992: «Invalidez de las pruebas obtenidas en violación de garantías constitucionales», *Revistas de Derecho Penal I*, Rosário, Santa Fé.

CALDERÓN CUADRADO, P., 2009: «La Dimensión europea de los derechos de defensa», em IGLESIAS BUHIGUES, J. L.; CALDERÓN CUADRADO, P. (coord.), *El espacio europeo de libertad, seguridad y justicia: Avances y derechos Fundamentales en materia procesal*, Civitas.

Camara Villar, G., 2007: «La garantía de los derechos fundamentales afectados por el Convenio de Prüm» em *Revista de Derecho Constitucional Europeo*, n. 7.

Carnelutti, F., 1955: *La prueba civil*, Buenos Aires.

Carmona Ruano, M., 1996: «De nuevo la nulidad de la prueba: ¿Es indiferente el momento en que puede declararse?», *Jueces para la Democracia*, n. 25.

Chiesa, L. E., «Justicia y Fairness en el Proceso Penal» Conferencia pronunciada en el Congreso Internacional de Derecho Procesal Penal sobre «Evaluación y restos del sistema penal acusatorio: un debate sobre sus debilidades y perspectivas», organizado pela Universidad Sergio Arboleda, nos dias 5 e 6 de outubro em Bogotá, 8 e 9 de outubro em Santa Marta.

Choclán Montalvo, J. A., 1995: «La prueba videográfica en el proceso penal: validez y límites», *Poder Judicial*, n. 38.

Collet-Askri, J., 2003: «Testing or not testing? La Chambre criminelle de la tour de cassation valide ce mode de preuve, serait-il déloyale…», Dalloz, jurisprudente.

Collins & Skover, 1988: «The Future of liberal legal scholarship», em *Mich. L. Rev.* 87.

Conti, C., 2007: *Accertamento del fatto e inutilizzabilità nel processo penale*, Cedam.

Conso, 1970: «Natura giuridica delle norme sulla prova nel processo penale», em *Revista di Diritto Processuale*.

Cordero, F., 1963: «Prove illecite», em *Tre studi sulle prove penale*, Milão.

____, 1961: «Prove illecite nel processo penale», em *Rivista Italiana di Diritto e Procedure Penale*.

Costa Andrade, M., 1992: *Sobre as proibições de prova em processo penal*. Coimbra.

Cuéllar Cruz, R., 2008: «La problemática probatoria desde la perspectiva del fiscal: la experiencia centroamericana», em AAVV, *Prueba y proceso penal*. Tirant lo Blanch.

Davies, T. Y., 1983: *A Hard Lood at What We Know (and Still Need to Learn) About the «Cost» of the Exclusionary Rule: The NIJ Study and Other Studies of «Lost» Arrest,* 1983.

De La Oliva Santos, A., 2003: «Sobre la ineficacia de las pruebas ilícitamente obtenidas» em *Tribunales de Justicia*, ago.-set. 2003.

____, 2001: «Comentario al art. 287», em AAVV. *Comentarios a la Ley de Enjuiciamiento Civil*, Civitas.

____, 2001: «Eficacia y garantías procesales de la actividad», (VVAA). *Fuentes de prueba y nuevas formas de criminalidad*, Universidad de Almería, org. Gómez Amigo, L.

DE JORGE MESAS, F., 2007: «La incorporación de las nuevas tecnologías informáticas y de telecomunicaciones al proceso penal» em «Los nuevos medios de investigación en el proceso penal. Especial referencia a la tecnovigilancia», *Cuadernos de Derecho Judicial*, n. 2.

DEL MORAL GARCIA, A. 2001: «Tratamiento procesal de la prueba ilícita por vulneración de derechos fundamentales», *Estudios jurídicos. Ministerio Fiscal*, t. V.

____, 2009: «Prueba ilícita: Últimas Tendencias», Jornadas sobre la ilicitud de la prueba, Santa Cruz de Tenerife, jun. 2009 (www.juriscomer.com).

DELGADO MARTÍN, J., 2001: «Intervenciones corporales. Su colisión con los derechos fundamentales», *Iuris*, n. 55, nov. 2001.

DELMAS MARTY, e J. R. SPENCER, 2002: *European Criminal procedures*, Cambridge University Press.

DEVIS ECHANDIA, 1981: *Teoría general de la prueba judicial*. T.I., 5. ed., Victor P. de Zabalía, ed. Buenos Aires.

DÍAZ CABIALE, J. A., MARTÍNEZ MORALES, R., «La teoría de la conexión de antijuridicidad», em *Estudios, Justicia Democrática*.

____, 2001: «La garantía constitucional de la inadmisión de la prueba ilícitamente obtenida», Civitas, Madrid.

____, 1996: «Principios de aportación de parte y acusatorio: la imparcialidad del juez», Granada: Comares.

DÍEZ-PICAZO GIMÉNEZ, L. M., 2000: «El poder de acusar», Ariel.

DIX, 1989: «Nonconstitutional exclusionary rules in criminal procedure», em *Am. Crim. L. Rev.* 27.

DONALD DRIPPS, 2010: «The fourth amendment, the exclusionary rule, and the Roberts court: normative and empirical dim ensions of the over-deterrence hypothesis» em *Chicago-Kent Law Review,* 85, 1.

DRESSLER, 1997: «Understanding criminal procedure», 2. ed.

DROOGHENBROECK, S, V., 2003: «La convention européenne des droits de l'homme. Trois annés de jurisprudence de la Cour europénne des droits de l'homme», 1990-2001, Bruxelles, Larcier.

EASTERBROOK F. H., 1982: «Criminal Procedure as a market system», *Journal of Legal Studies* 12.

ECHARRI CASI, F. J., 2003: «Prueba ilícita: conexión de antijuridicidad y hallazgos casuales», em *Revista del Poder Judicial*, n. 69, 1.º Trim.

EISENBERG, U., 2002: *Beweisrecht der StPO*, 4. ed.

ESSER, 2002: *Auf dem Weg zu einem europäischen Strafverfharensrecht*, Gruyter, De Rechtswissen-; Auflage: 1., Aufl. (22 Oktober 2002).

ESTEBAN FELDMAN, G., 2008: *El pacto de S. José de Costa Rica*, Buenos Aires: Rubinzal-Culzoni.

Esteve Pardo, J., 2009: *El desconcierto del Leviatán. Política y derecho ante las incertidumbres de la ciencia*, Madrid: Marcial Pons, 2009.

Fenech Navarro, M., 1960: *Derecho procesal penal*, 3. ed., Barcelona: Labor, tomo I.

Fernandez Entralgo, F. 1996: «Las reglas del juego. Prohibido hacer trampas: La prueba ilegítimamente obtenida», em AAVV. *La prueba en el proceso penal*, CGPJ, IX.

____, 1990: «Prueba ilegítimamente obtenida» em *La Ley* 1990-1.

Ferrajoli, L., 2004: *Derechos y garantías: la ley del más débil*, Trotta.

Finger, 2006: *JA* 529 (535)

Flors Maties, 1997: «La cuestión previa de impugnación de medios de prueba en el proceso ante el Tribunal del Jurado (Autos de la Sala de lo Civil y Penal del TSJ de la Comunidad Valenciana de fecha 14 de abríl y 27 de mayo de 1997».

Forman Jr., J., 2004: «Community Policing and Youth as Assets», *J. Crim. L. & Criminology* 95, 1.

Gánem Hernández, E., 2008: «Principales problemas en el procedimiento probatorio federal en México», em AAVV. *Prueba y proceso penal*, Tirant lo Blanch.

Garro, A. M., 1992: «Algunas reflexiones sobre la Corte Suprema de los Estados Unidos en su actual composición y el rol institucional de la Corte», em *Revista de Derecho Constitucional*, n. 35, maio-ago. 1992.

Gascón Inchausti, F., 2001: *Infiltración policial y agente encubierto*, Granada.

Gimeno Sendra, 2009: «La intervención de las comunicaciones», *Diario La Ley, n. 7192*, Sección Doctrina, 9 jun., 2009

Gless, S., 2005: «Eine akademische Kritik des "EU-Acquis" zur grenzüberschreitenden Beweissamlung», em *Dealing with European Evidence in Criminal Proceedings: National Practice and European Union Policy*, Era-Forum, Scripta Iuris Europaei, Traer.

Gómez Colomer, J. L., 2008: «La evolución de las teorías sobre la prueba prohibida aplicadas en el proceso español: del expansionismo sin límites al más puro reduccionismo. Una meditación sobre su desarrollo inmediato», em AAVV, *Prueba y proceso penal*, Tirant lo Blanch.

Gómez-Jara, C., «Nuevas Tendencias en materia de prueba ilícita. El caso de Estados Unidos», conferência apresentada no XIII Congresso Internacional de Direito Processual.

González Cuellar-Serrano, N., 1990: *Proporcionalidad y Derechos fundamentales en el proceso penal*, Madrid: Colex.

____, 2009: «Garantías constitucionales de la persecución penal en el entorno digital», Jornadas sobre Prueba ilícita, Santa Cruz de Tenerife, junho 2009 (www.juriscomer.com).

____, 1993: «Entrada y registro en domicilio», La restricción de los derechos fundamentales de la persona en el proceso penal, CGPJ.

González Cussac, J. L., 2008: *Prueba y proceso penal,* (coord. Gómez Colomer, J. L.), Tirant lo Blanch.

González Montes, J. L., 1990: «La prueba obtenida ilícitamente con violación de derechos fundamentales (el derecho constitucional a la prueba y sus límites)», em *Revista de Derecho Procesal*, n. 1.

Gould, J. B. & Mastrofski, 2004: «Suspects Searches: Assesing Police Behavior Under the U.S. Constitution», 3 *Criminilogy & Pub.Pol'Y*, 315, 333.

Goyena, J. 2009: «Correcciones a la doctrina de los frutos del árbol envenenado. El engaño del imputado», em *Jornadas sobre la prueba ilícita penal*, Santa Cruz de Tenerife, 25 e 26 de junho, 2009.

Groenhuijsen, M., 2007: «Illegally obtained evidence: an analisys of new tendencies in the criminal justice system of the Netherlands», conferência nacional para o XIII Congresso Internacional da Associação Internacional de Direito Processual, Salvador, Bahia, set., 2007.

Guariglia, F., 1993: «Las prohibiciones probatorias», em *El nuevo Código Procesal Penal de la Nación*, Buenos Aires: Ed. del Puerto, 1993.

Guinchard, S.; Buisson, J., 2002: *Procèdure penale,* 2. ed. Paris: Litec, 2002.

Heinz Gössel, K., 1991: «La búsqueda de la verdad en el proceso penal. Aspectos jurídicos-constitucionales y políticos-criminales», trad. M. Polaino Navarrete, *Cuadernos de Política Criminal*, n. 45.

Hernández García, J., 2005: «El juicio oral. La prueba», em AAVV. *Hacia un nuevo proceso penal*, Manuales de Formación continuada n. 32, CGPJ.

International Department of the Law Society of England and Wales, «Study of the Laws of Evidence in Criminal Proceedings throughout the UE».

Hinojosa Segovia, R., 1996: *La diligencia de entrada y registro en lugar cerrado en el proceso penal,* Edersa.

Holland, B., 2009: «The exclusionary rule as punishment», *Rutgers Law Record.*

Ibarra Palafox, F., 2009: «El caso Lydia Cacho en la SCJN y la ponderación de la prueba ilícita», *Revista Iberoamericana de Derecho Procesal Constitucional* n. 12, jul.-dez. 2009.

Illuminati, G., 2005: «The Frustrated Turn to Adversarial Procedure in Italy (Italian Criminal Procedure Code of 1988»), em *Wash U.Global Stud. L. Rev*. 4.

____, 2008: «El sistema acusatorio en Italia», em AAVV (coord. Bachmaier, L.). Marcial Pons.

Jäger, 2003: *Beweisverwertung und Beweisverwertungsverbote im Strafprozessrecht.*

Jiménez Conde, F., (VVAA), 2001: «Presunción de inocencia», *Fuentes de prueba y nuevas formas de criminalidad*, Universidad de Almería, org. L. Gómez Amigo.

Juanes Peces, A., 1998: «La prueba prohibida. Análisis de la Sentencia 81/98 del Tribunal Constitucional. Un nuevo enfoque de la presunción de inocencia», *Actualidad Aranzadi*, n. 353, 30 julho, 1998.

____ «Principio de presunción de inocencia en la doctrina del Tribunal Constitucional, con especial referencia a si los indicios pueden destruir tal presunción», *Poder Judicial*, Especial, n. 6, 1989.

Kadish, 1957: «Methodology and criteria in due process adjudication – A Survey and Critism», em *Yale L. J.* 66.

Keane, A., 1989: *The modern law of evidence*, London: Butterworths.

La Fave, W. R., 2009: «The Smell of Herring: A Critique of the Supreme Court's Latest Assault on the Exclusionary Rule», *J.Crim. L. & Criminology* 99.

Landeira, R., 2007: «Ponencia nacional de Uruguay», para o XIII Congresso Internacional da Associação Internacional de Direito Processual, Salvador, Bahia, set. 2007.

Lelieur-Fischer, J., 2007: «Nouvelle tendances a propos de la preuve illègale» (Rapport sur le droit français), para o XIII Congresso Internacional da Associação Internacional de Direito Processual, Salvador, Bahia, set. 2007.

Loginsky, P. B., 2010: *Confessions, search, seizure, and arrest a guide for police officers and prosecutors.*

López-Barajas Perea, I., 2006: «La prueba ilícitamente obtenida y su eficacia refleja», *Actualidad jurídica Aranzadi*, n. 708.

López Barja de Quiroga, J., 2010: «La interceptación de las comunicaciones», *Tratado de Derecho Procesal Penal*, Grandes Tratados: 319, 4. ed.

____, 1989: «La intimidad corporal devaluada. Comentario a la sentencia n. 37/89, de 15 de febrero del Tribunal Constitucional», *Poder Judicial*, n. 14, jun. 1989.

López Ortega, J. J., 1993: «Prueba y proceso equitativo. Aspectos actuales de la jurisprudencia europea», em AAVV. *La jurisprudencia del Tribunal Europeo de Derechos Humanos*, CCJPJ, n. XI.

Marabotto, J., «Prueba – generalidades», em *Curso sobre el Código General del Proceso*, T.I, F.C.U. Montevidéu.

Marqués Ferreira, 1989: «Meios de prova», em *O novo código de processo penal*, Coimbra.

Martín Ostos, J., 2001: «Las intervenciones y registros corporales en el proceso penal», VVAA. *Fuentes de prueba y nuevas formas de criminalidad*, Universidad de Almería, org. Gómez Amigo.

Martín Pallín, J., «Valor de las pruebas irregularmente obtenidas en el proceso penal», *Poder Judicial*, Especial VI.

Martinez García, E., 2009: *Actos de investigación e ilicitud de la prueba*, Tirant lo Blanch.

MATTHEW J. F., 2009: «Hiperventilating about the Exclusionary Rule», *Nat' L. Rev. On Line*, (http://bench.nationalreview.com/post). acesso em 16.02.2009.

MCGUINESS, M., 2009: «The "silver platter" in the context of state constitutional adjudication», *Alb. L. Rev.* 71, 1241.

MERLE, R.; VITU, A., 2001: *Traité de droit criminel, Procèdure pénale*, 5. ed. Paris: Cujas.

MILL DE PEREYRA, R., 2006: «Prueba y sucedáneos de prueba en el proceso penal», em *Problemas actuales del proceso iberoamericano* (Actas de las XX Jornadas Iberoamericanas de Derecho Procesal), tomo II, Cedma.

____, 2007: «Ponencia Nacional sobre Argentina», para o XIII Congresso Internacional da Associação Internacional de Direito Processual, Salvador, Bahia, set. 2007.

MINVIELLE, B., 1988: *La prueba ilícita y el debido proceso penal*, Montevidéu: Ed. Amalio Fernández.

MIRANDA ESTRAMPES, M., 2003: «La regla de exclusión de la prueba ilícita: historia de su nacimiento y de su progresiva limitación», *Revista Jueces para la Democracia*, n. 47.

____, 2004: *El concepto de prueba ilícita y su tratamiento en el proceso penal*, 2. ed. Bosch.

____, 2010: «La prueba ilícita: la regla de exclusión probatoria y sus excepciones», *Revista Catalana de Seguretat Pública,* maio 2010.

____, 2008-2010: «Juicio y estrategia probatoria del ministerio público», *Manuales de Capacitación ENMP*.

MOLINA PÉREZ, T., 2009: «Técnicas especiales de investigación del delito: el agente provocador, el agente infiltrado y figuras afines», *Anuario Jurídico y Económico Escurialense*, XLII.

MONTERO AROCA, J., 1998: *La prueba en el proceso civil*, 2. ed., Madrid: Civitas.

____, 1988: «El principio de oralidad y su práctica en la vigente Ley de Enjuiciamiento Criminal», em *Trabajos de Derecho Procesal*, Barcelona.

____, 1999: «La intervención de las comunicaciones telefónicas en el proceso penal», Tirant lo Blanch.

MOONS COMMITTEE, 1993, VAN WOENSEL, 2004.

MORENO CATENA, V., «Garantía de los derechos fundamentales en la investigación penal», *Poder Judicial,* II.

MORENO VERDEJO, J., «Examen de la LO 10/2007. La prueba de

MUÑOZ CUESTA, F. J., 2009: «Validez de auto de intervención telefónicia dictado en un proceso desgajado de otro sin que se aporten en el nuevo el informe policial y el auto de escuchas telefónicas del que se obtuvo la información que motiva la segunda causa», *Revista Aranzadi Doctrinal,* n. 4.

MUÑOZ CONDE, F., 2009: «Las prohibiciones probatorias en el derecho penal del enemigo», *Revista Penal*, n. 23.

NASH, S.; CHOO A., 1999: «What's the Matter with Section 78», *Criminal Law Review*.

NATARÉN NANDAYAPA, C., 2007: «El concepto de prueba ilícita en el proceso mexicano. Primera aproximación», em GARCÍA RAMÍREZ/GONZÁLEZ MARISCAL, *Panorama internacional sobre justicia penal. Proceso penal y justicia penal internacional. Culturas y sistemas jurídicos comparados*, México: Unam.

NAVARRO MASSIP, J., 2010: «La intervención de conversaciones orales entre detenidos», *Revista Aranzadi Doctrinal* n. 7 (Comentário). Pamplona: Editorial Aranzadi.

OAKS, D. H., 1970: «Studying the Exclusionary Rule in Search and Seizure», em *University of Chicago Law Review*, 37.

ORMAZABAL SANCHEZ, G., 2006: «La formación del Espacio Judicial Europeo en materia penal», em AAVV. *El derecho procesal penal en la Unión Europea: tendencias actuales y perspectivas de futuro*, Madrid: Colex.

ORMEROD, D.; BIRCH, D., 2004: «The Evolution of the Discretionary Exclusion of Evidence», *Criminal Law Review*.

ORTEGA PINTO, L. T., 1966: «Tratamiento de la ilicitud probatoria en el proceso penal» em *Revista de Derecho Procesal*.

ORTELLS RAMOS, M., 1996: «Exclusividad jurisdiccional para la restricción de derechos fundamentales y ámbitos vedados a la injerencia jurisdiccional, Medidas restrictivas de los Derechos fundamentales», *Cuadernos de Derecho Judicial*, XII.

ORTIZ PRADILLO, J. C., 2010: «Cooperación penal europea e internacional en la obtención de prueba electrónica», em AAVV, (coord. C. Senés), *Presente y futuro de la e-Justicia en España y la Unión Europea*, Aranzadi-Thomson Reuters, 2010.

PARRA, J., 2007: «Nuevas tendencias en materia de prueba ilícita», Conferência nacional da Colômbia, para o XIII Congresso Internacional da Associação Internacional de Direito Processual, Salvador, Bahia, set. 2007.

____, 2003: *Tratado de la prueba judicial*, 3. ed., vários tomos, Bogotá: Librería Ediciones del Profesional.

PASTOR BORGOÑON, B., 1988: «Eficacia en el proceso de las pruebas ilícitamente obtenidas» em *Justicia*, II.

PAZ RUBIO, J. M.ª, 1992: «La prueba en el proceso penal», em AAVV, *La prueba en el proceso penal» em Cuadernos de Derecho Judicial* (Edição especial), CGPJ.

PEREZ CEBADERA, M.-A., 2002: «La reacción procesal penal en USA tras el 11 de septiembre», em *Tribunales de Justicia*, n. 11, nov. 2002.

PEREZ MARIN, M. A., 2008: *Inspecciones, registros e intervenciones corporales. Las pruebas de ADN y otros métodos de investigación en el proceso penal*, Valência: Tirant lo Blanch.

Pellegrini Grinover, A.; Scarance Fernandes, A.; Magalhaes Filho, A., 2006: *As nulidades no processo penal*, 9. ed., São Paulo.

Planchadel Gargallo, A., 2008: «La regla de exclusión de la prueba sobre el mal carácter en el proceso penal inglés», em AAVV, *Prueba y proceso penal*, Tirant lo Blanch.

Pradel, J.; Varinard, A., 2003: *Les grands arrêts de la procédure pénale*, 4. ed. Paris.

Robertson, G., 1993: *Freedom, the Individual and the Law*, 7. ed., Londres: Penquim Books.

Rodriguez Lainz, J. L., 2005: «La confesión del imputado derivada de prueba obtenida ilícitamente», Bosch, BCN.

Rodriguez Sol, L., 1998: *Registro domiciliario y prueba ilícita*, Granada: Comares.

Ronald J. Rychlak, «Replacing the exclusionary rule: fourth amendment violations as direct criminal contempt» 242 *Chicago Kent Law review*, vol. 85-1:242ss; e em Skalansky, D. A., «Is the Exclusionary Rule Obsolete»? 5ª *Ohio St. J. Crim. L.*

Roxin, C., 2000: *Derecho procesal penal*, trad. da 25. ed. alemã de Gabriela E. Córdoba e Daniel R. Pastor, Buenos Aires: Editores del Puerto, s.r.l.

Rubio Llorente, F., 2006: «Derechos fundamentales, derechos humanos y Estado de Derecho», em *Fundamentos*, n. 4.

Ruíz Vadillo, E., 1992: «La actividad probatoria en el proceso penal español y las consecuencias de violarse en ella algún principio constitucional de producirse algunas determinadas irregularidades procesales», em AAVV «La prueba en el proceso penal», *Cuadernos de Derecho Judicial*, CGPJ, Madrid.

Sánchez Núñez, T., 2007: «Jurisprudencia del Tribunal Constitucional sobre el uso de las nuevas tecnologías en la investigación penal, Los nuevos medios de investigación en el proceso penal. Especial referencia a la tecnovigilancia», *Cuadernos de Derecho Judicial,* n. 2.

Sanz Hermida, A., 2010: «Cooperación internacional en la transmisión de informaciones procedentes de muestras de ADN versus protección de datos personales en el espacio europeo de justicia penal: el difícil equilibrio entre la seguridad y el derecho a la intimidad», em AAVV (coord. Carmen Senés), *Presente y futuro de la e-Justicia en España y la Unión Europea*, Aranzadi-Thomson Reuters.

Scarance Fernandes, A., 2007: «Ponencia nacional sobre Brasil», para o XIII Congresso Internacional da Associação Internacional de Direito Processual, Salvador, Bahia, set. 2007.

____, 2005: *Processo penal constitucional*, 4. ed., São Paulo.

Schöncke, A., 1955: «Límites de la prueba en el derecho procesal», em *Revista de Derecho Procesal.*

Sentís Melendo, S., 1978: «Fuentes y medios de prueba», em *La prueba*, Buenos Aires: Ejea.

____, 1973: «Que es la prueba (Naturaleza de la prueba)», em *Revista de Derecho Procesal Iberoamericana*.

____, 1977: «La prueba en el proceso», em *Revista de Derecho Procesal*.

SERRANO SOLÍS, M., «La problemática de las intervenciones telefónicas», Jornadas sobre la Prueba ilícita de Gran Canaria (op. cit., propõe a possibilidade de aplicar a norma relativa ao agente encoberto).

S. SHARPE, 1997: *Judicial Discretion and Criminal Investigation*, London.

SILVA MELERO, V., 1963: *La prueba procesal*, Madrid, Editorial Revista de Derecho Privado.

SKLANSKY, D., 2008: «Is the Exclusionary Rule obsolete?» 5ª *Ohio St J.CRIM.L.* 567, 572.

SUITA PÉREZ, N., 2006: «La diligencia de investigación por medio de agente encubierto», em AAVV, *La actuación de la policía judicial en el proceso penal*, Marcial Pons.

TONINI, P., 2006: *Manuale di Procedura penale*, 7. ed. Giuffrè.

VALLINES, E., 2006: *Los equipos conjuntos de investigación penal» (en el marco de la cooperación policial y judicial entre los Estados miembros de la Unión Europea)*, Colex.

VEGAS TORRES, J., 1993: *Presunción de inocencia y prueba en el proceso penal*, Madrid: La Ley.

VELASCO NUÑEZ, E., 1996: «Prueba obtenida ilícitamente. Doctrina del "fruto del árbol envenenado": Correcciones actuales y tendencias de futuro», em «Medidas restrictivas de derechos fundamentales», em *Cuadernos de Derecho Judicial*, n. 12, ed. CGPJ, Madrid.

VERVAELE, J. A., 2008: «Terrorismo e intercambio de información entre los servicios de inteligencia y las autoridades de investigación judicial en los Estados Unidos y en los Países Bajos ¿Derecho penal de emergencia?», em AAVV, *Prueba y proceso penal*, Tirant lo Blanch.

VÉSCOVI, E., 1983: *Premisas para la consideración del tema de la prueba ilícita*, L.J.U., tomo LXX, sección doctrina, Montevidéu.

VIVES ANTÓN, S., «Consideraciones constitucionales sobre la exclusión de los frutos del árbol emponzoñado» (Tol 178872).

VOGLER, R., 2008: «Ultimas tendencias probatorias en Inglaterra», em AAVV, *Prueba y proceso penal*, Tirant lo Blanch.

___, 2005: *A World View of Criminal Justice*, Ashgate: Aldershot.

VOLK, K., 2006: *Grundkurs StPO*, 5. ed.

VVAA, 2007: «Los nuevos medios de investigación en el proceso penal. Especial referencia a la tecnovigilancia», *Cuadernos de Derecho Judicial,* n. 2.

WALKER, R. J., 1985: *The English Legal System*, 6. ed., London: Butterworths.

WALKER, S., 2006: «Thanks for Nothing Nino», *L. A. Times*, June 25, 2006, em M5.

WALTER, G., 1985: *Libre apreciación de la prueba*, trad. Tomás Banzhaf, Bogotá: Temis.

WEYEMBERG.A y DE BIOLLEY. S., 2006: «El Convenio de Asistencia judicial del 2000 y la intervención de telecomunicaciones» em AAVV, Arroyo Zapatero e Moreno Catena (coords.), *La prueba en el espacio europeo de libertad, seguridad y justicia penal*, Madrid: Thomson Reuters-Aranzadi.

YACKLEY, 2007: *Hammline L. Rev*. 30.

YUE MA, 1999: «Comparative analysis of exclusionary rules in the United States, England, France, Germany, and Italy», en *Policing: An international journal of police strategies and management*, vol. 22, n. 3.

ZAPATA, Mª. F., 2004: *La prueba ilícita*, prólogo de Raúl Tavolari, Santiago: Lexis Nexos.

ZUCKERMANN, A.A.S., 1989: *The principle of criminal evidence*, Oxford: Clarendon, Law Series.

ÍNDICE DE JURISPRUDÊNCIA SISTEMATIZADA POR CAPÍTULOS

CAPÍTULO I

CONCEITO E CONFIGURAÇÃO DA PROVA ILÍCITA

ALEMANHA

BGH 11, p. 214 (GS)

BGH 11, p. 215 (GS)

BGH 17, p. 245

BGH 38, p. 214 ff.

BGH 38, p. 372

BGH 14, p. 365

BGH 19, p. 329

BGH 31, p. 308

ARGENTINA

St. Ruiz, Roque s/furtos reiterados (Decisões: 310-2: 1.850)

BÉLGICA

Decisão do Tribunal Europeu de Direitos Humanos *Jespers vs. Belgium*

BRASIL

HC 69.9120-0-RS, STF 183/290; Ação Penal 307-3-DF, rel. Min. llmar Galvão, j. em 7 de dezembro de 1994, *DJU* de 13 de outubro de 1995, Seção I

HC 70814-5, rel. Min. Celso de Mello, j. em 01 de março de 1994, *DJU* de junho de 1994

ESPANHA

Decisão do Tribunal Constitucional 114/1984, de 29 de novembro Decisão do Tribunal Supremo 2084/2001, de 13 de dezembro (RJ 2002/1991)

Decisão do Tribunal Supremo 786/2003, de 29 de maio (RJ 2003/4342)

ESTADOS UNIDOS

Weeks vs. Estados Unidos (1914)

Olmstead vs. Estados Unidos (1928)

The people vs. Defoe, 242, N.Y. 413 (1926)

Wolf vs. Colorado (1949)

Rochin vs. California, 342 U.S. 165 (1952)

Mapp vs. Ohio, 367 U.S. 634 (1961)

Estados Unidos vs. Calandra 414 US 338 (1974)

Stone vs. Powell (1976)

Estados Unidos vs. Leon 468 U.S.897, 906 (1984)

Hudson vs. Michigan, 547 U.S. 586 (2006)

Lopez-Rodriguez vs. Mukasey (2008)

INS vs. Lopez-Mendoza, 1984

Payton vs. New York, 1980

Elkins vs. United States, 364 U.S 206 (1960)

Linkletter vs. Walzer, 381 U.S. 618, 637 (1965)

Herring vs. United States, 555 U.S. 135 (2009)

FRANÇA

Cass. Crim., 12 de junho de 1952, *Bull. Crim.,* n. 153

Cass. Crim.. 2 de março de 1971, *Bull. Crim.,* n. 71

Cass. Crim., 2 de outubro de 1979, *Bull. Crim.,* n. 266

Cass. Crim., 27 de setembro de 1984, *Bull. Crim.,* n. 275
CEDH, 27 de agosto de 1992, Tomasi

Cass. Crim. 4 de janeiro de 1996, *Bull. Crim.,* n. 5

Cass. Crim., 13 de fevereiro de 1996, *Bull. Crim.,* n. 74

Cass. Crim., 17 de setembro de 1996, *Bull. Crim.,* n. 316

Cass. Crim., 3 de dezembro de 1996, *Bull. Crim.,* n. 443
CEDH, 28 de julho de 1999, Selmouni

Cass. Crim., 19 de janeiro de 1999, *Bull. Crim.,* n. 17

Cass. Crim., 15 de junho de 2000, *Bull. Crim.,* n. 229

Cass. Crim., 30 de janeiro de 2001, *Bull. Crim.,* n. 26
CEDH, 1 de abril de 2004

Cass Crim., 13 de outubro de 2004, *Bull. Crim.,* n. 243

HOLANDA

HR 18 de outubro de 1988, NJ 1989, 306

UN. N. AF2141, caso n. 10/150080/01

ITÁLIA

Decisão de 6 de abril de 1973, n. 34, in Giur. Cost., 1973

Decisão de 11 de março de 1993, n. 81, in Giur. Cost., 1993

Decisão de 18 de janeiro de 1998, n. 229, em Cass. Pen. 1998

Decisão 19 de julho de 2000, n. 304, em Giur. Cost., 2000

Decisão 24 de abril de 2002, n. 135, em Giur. Cost., 2002

N 28491/04 R.G., G.I.P.

N 5774/04 R.G., G.I.P.

MÉXICO

IUS: 216778. 8.ª Época. Instância: TCC (Gazeta do SJF, t. LXIII, março de 1993, p. 40)

IUS: 211275. 8.ª Época. Instância: TCC. (SFJ, t. XIV, julho 1994, p. 511

IUS: 2 11279. 8.ª Época. Instância: TCC (SFJ, t. XIV, julho 1994, p. 512)

IUS: 182235.9.ª Época. Fuente. TCC. Instância: SFJ e sua Gazeta t. XIX, fevereiro 2004, p. 994

PORTUGAL

Decisão do Tribunal Constitucional n. 1 (www.tribunal.constitucional.pt)

Decisão do Tribunal da Relação de Guimarães de 10 de janeiro de 2005 (www.dgsi.pt)

REINO UNIDO

Decisão *Murray vs. Reino Unido (1966)*

Reino Unido vs. Trump (1970), 70 Cr.App. Rep. 300

Reino Unido vs. Mason (1987), 3 AII E.R., 481

Reino Unido vs. Doanay (1988), 88 Cr. App. R. 338

Reino Unido vs. Keenan (1989), 3 AII ER 598

Reino Unido vs. Guillard and Barret (1990), 92 Cr. App. R. 61

Daniels vs. DP (1991), 156 JPR, 543

Reino Unido vs. Governo of Pentollville Prison, ex p. Chinoy (1992), 1 AII ER 317

Powell vs. DPP (1992), RTR 270

TEDDHH, *Khan vs. Reino Unido* (35394/97.2001)

PG vs. Reino Unido (44787/98.2002)

CAPÍTULO II

CAUSAS E ESPÉCIES DE ILICITUDE PROBATÓRIA

ÁUSTRIA

Caso *Scheichelbauer vs. Áustria,* de 12 de junho de 1988 (A. 140)

BÉLGICA

Decisão do Tribunal Supremo de 17 de janeiro de 1990

Decisão do Tribunal Supremo de 23 de março de 2004

ESPANHA

Decisão do Tribunal Constitucional 62/1982

Decisão do Tribunal Constitucional 11/1984, de 29 de novembro

Decisão do Tribunal Constitucional 137/1988

Decisão do Tribunal Supremo de 20 de fevereiro de 1991

Decisão do Tribunal Supremo de 18 de abril de 1994

Decisão do Tribunal Supremo de 13 de fevereiro de 1996

Decisão do Tribunal Supremo 881/1996, de 14 de novembro

Decisão do Tribunal Supremo 28 de novembro de 1996

Decisão do Tribunal Supremo 53/1997, de 21 de janeiro

Decisão do Tribunal Supremo 662/1998

Decisão do Tribunal Supremo de 26 de maio 1999

Decisão do Tribunal Constitucional 49/1999

Decisão do Tribunal Supremo de 6 de abril de 2001

Decisão do Tribunal Supremo 8546/2001

Decisão do Tribunal Supremo 9956/2001

Decisão [auto, no original] do Tribunal Supremo de 18 de junho de 1992

Decisão do Tribunal Supremo 2145/2002 de 16 de dezembro
Decisão do Tribunal Constitucional 14/2001 de 29 de janeiro
Decisão do Tribunal Supremo 360/2004 de 18 de março
Decisão do Tribunal Supremo 957/2005 de 18 de julho
Decisão do Tribunal Supremo 182/2004 de 23 de abril
Decisão do Tribunal Supremo 1543/2003 de 18 de novembro
Decisão do Tribunal Supremo 1792/2000 de 6 de novembro
Decisão do Tribunal Supremo 23/2007 de 23 de janeiro
Decisão do Tribunal Supremo 130/2007 de 19 de fevereiro
Decisão do Tribunal Supremo 249/2008 de 20 de maio
Decisão do Tribunal Supremo 630/2008 de 8 de outubro
Decisão do Tribunal Supremo 40/2009 de 28 de janeiro
Decisão do Tribunal Supremo 316/2000 de 3 de março
Decisão do Tribunal Supremo 1235/2002 de 27 de junho
Decisão do Tribunal Supremo 1231/2003 de 25 de setembro
Decisão do Tribunal Supremo 1397/2005 de 30 de novembro
Decisão do Tribunal Supremo 1040/2005 de 20 de setembro
Decisão do Tribunal Supremo 236/2008 de 9 de maio
Decisão do Tribunal Supremo 1599/1999 de 15 de novembro
Decisão do Tribunal Supremo 256/2008 de 14 de maio
Decisão do Tribunal Supremo 785/2008 de 25 de novembro
Decisão do Tribunal Supremo 1228/2009 de 6 de novembro
Decisão Tribunal Supremo 918/2004 de 16 de julho
Decisão do Tribunal Constitucional 145/1985, de 28 de novembro [RTC 1985, 145]
Decisão do Tribunal Constitucional 148/1985, de 30 de outubro [RTC 1984, 148]
Decisão do Tribunal Constitucional 5/1989, de 19 de janeiro [RTC 1989, 5]
Decisão do Tribunal Constitucional 3/1990, de 15 de janeiro [RTC 1990, 3]
Decisão do Tribunal Constitucional 222/1991, de 25 de novembro [RTC 1991, 222]
Decisão do Tribunal Constitucional 111/1999, de 14 de junho [RTC 1999, 111]
Decisão do Tribunal Constitucional 145/1987, de 29 de setembro [RTC 1987, 145]
Decisão do Tribunal Constitucional 145/1987, de 29 de setembro
Decisão do Tribunal Constitucional 24/1992, de 14 de fevereiro [RTC 1992, 24]
Decisão do Tribunal Constitucional 25 de setembro de 2002
Decisão Tribunal Constitucional 79/1994, de 14 de março (RTC\1994\79), F. 4
Decisão Tribunal Constitucional 261/1994, de 3 de outubro (RTC 1994, 261), F. 3
Decisão Tribunal Constitucional 35/1995, de 6 de fevereiro (RTC 1995, 35), F. 3
Decisão Tribunal Constitucional 131/1997, de 15 de julho (RTC 1997, 131), F. 2
Decisão Tribunal Constitucional 7/1999, de 8 de fevereiro (RTC 1999, 7), F. 2 B)
Decisão Tribunal Constitucional 97/1999, de 31 de maio (RTC 1999, 97), F. 6
Decisão Tribunal Constitucional 209/2001, de 22 de outubro (RTC 2001, 209), F. 4
Decisão do Tribunal Supremo 1141/2005, de 29 de setembro (RJ 2005, 7409)
Decisão do Tribunal Supremo 1308/2005, de 30 de outubro (RJ 2005, 7520)

Decisão do Tribunal Supremo 332/2006, de 14 de março (RJ 2006, 1636)
Decisão do Tribunal Supremo 640/2006, de 9 de junho (RJ 2006, 3727)
Decisão do Tribunal Supremo 161/2007, de 27 de fevereiro (RJ 2007, 742)
Decisão do Tribunal Supremo de 11 de setembro de 2000
Decisão do Tribunal Supremo de 16 de outubro de 2001
Decisão do Tribunal Supremo de 8 de maio de 2002
Decisão Tribunal Constitucional 102/2008, de 28 de julho
Decisão Tribunal Constitucional 30/2005, de 14 de fevereiro
Decisão Tribunal Constitucional 68/2002, de 21 de março
Decisão Tribunal Constitucional 17/2004, de 23 de fevereiro
Decisão Tribunal Constitucional 134/2009, de 1 de junho
Decisão do Tribunal Supremo de 19 de dezembro de 2005
Decisão do Tribunal Supremo de 20 de fevereiro de 2006
Decisão Tribunal Constitucional 29/1995, de 6 de fevereiro
Decisão Tribunal Constitucional 161/1997, de 2 de outubro
Decisão Tribunal Constitucional 103/1985, de 4 de outubro
Decisão Tribunal Constitucional 129/1996, de 9 de julho
Decisão Tribunal Constitucional 68/2001, de 17 de março
Decisão Tribunal Constitucional 233/2002, de 9 de dezembro
Decisão Tribunal Constitucional 312/2005, de 12 de dezembro
Decisão Tribunal Constitucional 170/2006, de 5 de junho
Decisão Tribunal Constitucional 82/1988, de 28 de abril
Decisão Tribunal Constitucional 2/2002, de 14 de janeiro
Decisão Tribunal Constitucional de 29 de novembro de 1995
Decisão Tribunal Constitucional de 20 de setembro de 2000
Decisão Tribunal Constitucional de 30 de dezembro de 2005
Decisão do Tribunal Supremo 22 de fevereiro de 2002
Decisão do Tribunal Supremo 16 de julho de 2004
Decisão do Tribunal Supremo 30 de setembro de 2005
Decisão do Tribunal Supremo 529/2010, de 24 de maio
Decisão Tribunal Constitucional 161/1999, de 27 de dezembro
Decisão Tribunal Constitucional 86/1995
Decisão Tribunal Constitucional 136/2006
Decisão do Tribunal Supremo de 17 de janeiro 2003
Decisão do Tribunal Supremo 19 de maio de 1999
Decisão do Tribunal Supremo 3 de maio 2006
Decisão Tribunal Constitucional 70/2002, de 13 de março

ESTADOS UNIDOS

Decisão *Estados Unidos vs. Russel,* 1973
Decisão *Jacobson vs. Estados Unidos,* 1992

FRANÇA

Cass. Crim., 6 de abril de 1993, JCP 1993.11.22144, note M

L. Rassat *Cass. Crim.*, 11 de maio de 2004, JCP 2004.11.10124, note C

Girault *Cass. Crim.*, 11 de maio de 2006, *Bull. Crim.*, n. 132

HOLANDA

Caso *Den Bosch,* Court of Appeals Den Bosch, dezembro 2, 1992, NJ 1993, 317 HR março 9, 2004, NJ 2004, 263

ITÁLIA

Cass. Sez IV, 26 de novembro de 1996

URUGUAI

Caso 12.614, L.J.U., t. CIX, Montevidéu, 1994

CAPÍTULO III

EFICÁCIA DA PROVA ILÍCITA

ARGENTINA

HR Janeiro 26, 1988, NJ 1988, 818.

HR Junho 14, 2005, LJN AS8854.

ALEMANHA

Decisão do BGH (Tribunal Supremo Alemão), de 14 de junho de 1960

ESPANHA

Decisão do Tribunal Constitucional 114/84, de 29 de novembro (RTC 1984/114)

Decisão do Tribunal Supremo 1985/1578 (RJ 2635)

Decisão [auto, no original] do Tribunal Constitucional de 18 de junho de 1992 (Ar. 6102) (Caso *Naseiro*)

Decisão do Tribunal Constitucional de 14 de março de 1994

Decisão do Tribunal Constitucional 85/1994, de 14 de abril

Decisão do Tribunal Supremo de 28 de abril de 1995

Decisão do Tribunal Constitucional 86/1995, de 6 de junho

Decisão do Tribunal Constitucional 54/1996, de 26 de março

Decisão do Tribunal Supremo 985/1 996, de 27 de novembro

Decisão do Tribunal Supremo 448/1997, de 4 de março

Decisão do Tribunal Supremo de 8 de maio de 1997 (R. Ar. 4039)

Decisão do Tribunal Constitucional de 2 de abril de 1998

Decisão do Tribunal Supremo 1490/1998, de 26 de novembro

Decisão do Tribunal Supremo 290/1999, de 17 de fevereiro

Decisão do Tribunal Constitucional 161/1999, de 27 de setembro

Decisão do Tribunal Constitucional 238/1999, de 20 de dezembro

Decisão do Tribunal Constitucional 8/2000, de 17 de janeiro

Decisão do Tribunal Supremo 1313/2000, de 21 de julho

Decisão do Tribunal Supremo 588/2002, de 4 de abril

Decisão do Tribunal Supremo 836/2002, de 10 de maio

Decisão do Tribunal Supremo 885/2002, de 21 de maio

Decisão do Tribunal Supremo 9998/2002, de 3 de junho
Decisão do Tribunal Supremo 1151/2002, de 19 de junho
Decisão do Tribunal Supremo 1259/2002, de 3 de julho
Decisão de 18 de julho de 2002
Decisão do Tribunal Supremo 1203/2002 (RJ 2002/7997)
Decisão do Tribunal Supremo de 17 de janeiro de 2003
Decisão do Tribunal Supremo 58/2003, de 22 de janeiro
Decisão do Tribunal Supremo 1670/2003, de 8 de março
Decisão do Tribunal Supremo 408/2003, de 4 de abril
Decisão do Tribunal Supremo 498/2003, de 24 de abril
Decisão (auto no original) do Tribunal Supremo de 12 de junho de 2003
Decisão do Tribunal Supremo 1509/2003, de 12 de novembro
Decisão do Tribunal Supremo 1451/2003, de 26 de novembro
Decisão do Tribunal Supremo 28/2003 (RJ 926/2003)
Decisão do Tribunal Supremo 160/2003
Decisão do Tribunal Supremo 59/2004, de 22 de janeiro
Decisão do Tribunal Supremo 205/2004, de 18 de fevereiro
Decisão do Tribunal Supremo 339/2004, de 16 de março
Decisão do Tribunal Supremo 1263/2004, de 2 de novembro
Decisão do Tribunal Supremo 227/2006, de 8 de março
Decisão do Tribunal Constitucional 22/1984 de 17 de fevereiro
Decisão do Tribunal Constitucional 199/1987 de 16 de dezembro
Decisão do Tribunal Constitucional 128/1988 de 27 de junho
Decisão do Tribunal Constitucional 111/1990 de 18 de junho
Decisão do Tribunal Constitucional 199/1992 d 19 de novembro
Decisão do Tribunal Constitucional 49/1999 de 5 de abril
Decisão do Tribunal Constitucional 234/1999 de 16 de dezembro
Decisão do Tribunal Constitucional 126/2000 de 16 de maio
Decisão do Tribunal Constitucional 14/2001 de 29 de janeiro
Decisão do Tribunal Constitucional 167/2002 de 18 de setembro
Decisão do Tribunal Supremo 623/1999 de 27 de abril
Decisão do Tribunal Supremo 1830/1999 de 16 de fevereiro
Decisão do Tribunal Supremo 1184/2000 de 26 de junho
Decisão do Tribunal Supremo 123/2002 de 6 de fevereiro
Decisão do Tribunal Supremo 351/2004 de 17 de março
Decisão do Tribunal Supremo 119/2004 de 21 de outubro
Decisão do Tribunal Supremo 1661/2000 de 27 de novembro
Decisão do Tribunal Supremo 1354/2005 de 16 de novembro
Decisão do Tribunal Supremo 356/2006 de 22 de março
Decisão do Tribunal Supremo 475/2006 de 2 de maio
Decisão do Tribunal Supremo 128/2007 de 22 de fevereiro
Decisão do Tribunal Supremo de 12 de dezembro de 1994

Decisão [auto, no original] do Tribunal Supremo de 18 de junho de 1992
Decisão do Tribunal Supremo de 20 de maio de 1994
Decisão do Tribunal Supremo de 9 de maio de 1994
Decisão [auto, no original] do Tribunal Supremo de 28 de junho de 1992
Decisão do Tribunal Supremo de 20 de maio de 1994
Decisão do Tribunal Supremo de 25 de junho de 1993
Decisão do Tribunal Supremo de 18 de abril de 1994
Decisão do Tribunal Supremo de 25 de junho de 1993
Decisão do Tribunal Supremo de 25 de março de 1994
Decisão do Tribunal Supremo de 18 de abril de 1994
Decisão do Tribunal Supremo de 9 de maio de 1994
Decisão do Tribunal Supremo de 29 de maio de 1994
Decisão do Tribunal Supremo de 12 de setembro de 1994
Decisão do Tribunal Supremo de 18 de abril de 1994
Decisão Tribunal Constitucional 197/2009 de 28 de setembro
Decisão do Tribunal Supremo 406/2010 de 11 de maio
Decisão do Tribunal Supremo 513/2010 de 2 de junho
Decisão do Tribunal Supremo 27/2010 de 25 de janeiro
Decisão do Tribunal Supremo 328/2010 de 8 de abril
Decisão do Tribunal Supremo 529/2010 de 24 de maio
Decisão do Tribunal Supremo 617/2010 de 22 de junho
Decisão do Tribunal Supremo de 29 de março de 1990
Decisão Tribunal Constitucional 81/1998, de 2 de abril
Decisão Tribunal Constitucional 161 (RTC 1999, 161)
Decisão Tribunal Constitucional 171/99 (RTC 1999, 171)
Decisão do Tribunal Supremo de 24 de maio de 2010
Decisão do Tribunal Supremo de outubro de 2006
Decisão do Tribunal Supremo 13 de dezembro de 2005
Decisão Tribunal Constitucional 812/2006 de 19 de julho 2006
Decisão Tribunal Constitucional 136/2006 de 8 de maio 2006
Decisão Tribunal Constitucional 197/2009 de 28 de setembro
Decisão Tribunal Constitucional 49/1999, de 5 de abril, FJ 14
Decisão Tribunal Constitucional 94/1999, de 31 de maio, F. 6
Decisão Tribunal Constitucional 136/2000, de 29 de maio, F. 6
Decisão Tribunal Constitucional 28/2002, de 11 de fevereiro, F. 4
Decisão Tribunal Constitucional 167/2002, de 18 de setembro, F. 6
Decisão Tribunal Constitucional 259/2005, de 24 de, F. 7
Decisão Tribunal Supremo 590/2004 de 6 de maio 2004
Decisão Tribunal Supremo 556/2006 de 31 de maio 2006
Decisão Tribunal Supremo 594/2008 de 8 de outubro 2008
Decisão Tribunal Constitucional 49/1999, de 5 de abril, F. 14
Decisão Tribunal Constitucional 139/1999, de 22 de, F. 5

Decisão Tribunal Constitucional 171/1999, de 27 de, F. 15

Decisão Tribunal Constitucional 299/2000, de 11 de dezembro, F. 9

Decisão Tribunal Constitucional 28/2002, de 11 de fevereiro, F. 4

Decisão Tribunal Constitucional 167/2002, de 18 de setembro, F. 6

Decisão Tribunal Constitucional 253/2006, de 11 de setembro, F. 7

Decisão Tribunal Constitucional 7/1999

Decisão Tribunal Supremo 240/2004, de 3 de março

Decisão Tribunal Supremo 918/2004, de 16 de julho

Decisão Tribunal Supremo 1940/2002, de 21 de novembro

Decisão Tribunal Supremo 1348/2004 de 25 de novembro 2004

Decisão Tribunal Supremo 240/2004 de 3 de março 2004

Decisão Tribunal Supremo 944/2003 de 23 de junho 2003

Decisão Tribunal Supremo 577/2002 de 3 de abril 2002

Decisão Tribunal Supremo 349/2002 de 22 de fevereiro 2002

Decisão Tribunal Supremo 57/2002 de 28 de janeiro 2002

Decisão Tribunal Supremo 26/1999 de 27 de janeiro 1999

Decisão Audiência Provincial de Sevilha de 31 de maio 2006

ESTADOS UNIDOS

Caso *Wong Sun vs. Estados Unidos,* 371 U.S. 471 (1963)

Caso *Nix vs. Williams,* 467 U.S. 431 (1984)

ITÁLIA

Cass. Pen., sez. un. 16 de maio de 1966, Câm., em Cass., pen., 1966, 3268 Cass. Sez V, 13 de março de 1992

PORTUGAL

Decisão do Tribunal Constitucional 407/97

Decisão do Tribunal Constitucional 299/01

Decisão do Tribunal Supremo de 9 de outubro de 2002

Decisão do Tribunal Supremo de 9 de julho de 2003 (www.stj.pt)

Decisão do Tribunal Constitucional 163/03 (www.dgi .pt)

STJ de 17 de junho de 2004 (http://www.dgsi.pt)

Decisão do Tribunal Supremo de 6 de maio de 2004

Decisão Relação de Guimarães de 10 de janeiro de 2005

CAPÍTULO IV

TRATAMENTO PROCESSUAL DA ILICITUDE PROBATÓRIA

BÉLGICA

Decisão do Tribunal Supremo de 12 de novembro de 1977

Decisão do Tribunal Supremo de 16 de Junho de 1987

ESPANHA

Decisão do Tribunal Supremo de 24 de maio de 2000 sobre o caso Mesa Nacional de Herri Batasuna

Decisão do Tribunal Supremo de 22 de janeiro 1998 (DER 98/150)

Decisão do Tribunal Supremo 797/1994, de 14 de abril

Decisão do Tribunal Supremo 87/1996, de 6 de fevereiro

Decisão do Tribunal Supremo 214/1997, de 12 de fevereiro

Decisão do Tribunal Supremo 1455/1997, de 25 de novembro

Decisão do Tribunal Supremo 79/1998, de 22 de janeiro

Decisão do Tribunal Constitucional 81/98

Decisão do Tribunal Supremo de 7 de junho de 1997

Decisão [auto, no original] do TS, de 19 de fevereiro de 1998

Decisão do Tribunal Supremo de 24 de outubro de 1994

Decisão do Tribunal Supremo de 14 de junho

Decisão do Tribunal Supremo 6 de outubro de 1995

Decisão do Tribunal Supremo de 7 de junho de 1997

Decisão [auto, no original] do TS, de 18 de junho de 1992 (caso Naseiro)

Decisões [autos, no original] de 18 de dezembro de 1992, 3 de fevereiro de 1993 e 25 de março de 1993 (caso Filesa)

Decisão do Tribunal Supremo 31 de maio de 1994

Decisão do Tribunal Supremo 60/1997

Decisão do Tribunal Supremo de 25 de janeiro

Decisão do Tribunal Supremo de 6 de outubro de 1995

FRANÇA

Cass. Crim., 21 de março de 1989, *Bull. Crim.*, n. 138

Cass. Crim., 15 de fevereiro de 1990, *Bull. Crim.*, n. 78

Cass. Crim., 25 de fevereiro de 1991, *Bull. Crim.*, n. 94

Cass. Crim., 31 de março de 1998, *Bull. Crim.*, n. 121

Caso Lambert vs. Francia, CEDH de 24 de agosto de 1998

Cass. Crim., 14 de novembro de 2001, *Bull. Crim.* n. 238

Cass. Crim., 10 de dezembro de 2003, *Bull. Crim.* n. 243

PORTUGAL

Decisão do Tribunal Constitucional 393/03

USA

Jones vs. US, 362 U.S. 257 (1960)

Rakas vs. US, 439 U.S. 128 (1978)

CAPÍTULO V

ELEMENTOS PARA SEREM CONFRONTADOS

TRIBUNAL EUROPEU DE DIREITOS HUMANOS

Decisão do Tribunal Europeu de Direitos Humanos, *Adolf vs. Áustria,* de 26 de março de 1982

Decisão do Tribunal Europeu de Direitos Humanos, *Scheichelbauer vs. Áustria*, de 12 de junho de 1988 (A. 140)

Caso *Tinnelly & Sons and others and McElduff and others vs. Reino Unido,* de 10 de julho de 1998

Decisão do Tribunal Europeu de Direitos Humanos, *De Cubre vs. Bélgica*, de 12 de julho de 1988

Decisão do Tribunal Europeu de Direitos Humanos, *Schenk vs. Suíça,* 12 de julho de 1988 (A. 140)

Decisão do Tribunal Europeu de Direitos Humanos, *Barbera Messegué e Jabardo vs. Espanha*, de 6 de Dezembro de 1988 (A. 146)

Decisão do Tribunal Europeu de Direitos Humanos *Kostovski vs. Holanda,* 23 de maio de 1989 (A. 166)

Decisão do Tribunal Europeu de Direitos Humanos, *Windisch vs Áustria,* 1990 (A. 186)

Manfred Rademacher y Klaus Pferrer vs. Alemanha, Rapport da Comissão, D. 12.811/78, 11 outubro 1990 (não publicada)

Decisão do Tribunal Europeu de Direitos Humanos, *Lüdi vs. Suíça,* de 15 de junho de 1992

Decisão do Tribunal Europeu de Direitos Humanos, *K. vs. Áustria,* de 13 de outubro de 1992

Decisão do Tribunal Europeu de Direitos Humanos, *Schenk vs. Suíça,* de 16 de dezembro de 1992

Decisão do Tribunal Europeu de Direitos Humanos, *Funke vs. França,* de 25 de fevereiro de 1993

Decisão do Tribunal Europeu de Direitos Humanos, *Texeira de Castro vs. Portugal,* de 9 de junho de 1998

Decisão do Tribunal Europeu de Direitos Humanos, *Khan vs. Reino Unido,* de 12 de maio de 2000

Decisão do Tribunal Europeu de Direitos Humanos, *Quinn vs. Irlanda,* de 21 de dezembro de 2000

Decisão do Tribunal Europeu de Direitos Humanos, *J.B. vs. Suíça,* de 3 maio de 2001; caso *Bonnechaux vs. Suíça*

Decisão do Tribunal Europeu de Direitos Humanos, *PG. Y J.H. vs. Reino Unido,* de 25 de setembro de 2001

Decisão do Tribunal Europeu de Direitos Humanos, *Allan vs. Reino Unido,* de 5 de novembro de 2002

Decisão do Tribunal Europeu de Direitos Humanos, *Sequeiro vs. Portugal,* de 6 de maio de 2003

Caso *Dowsett vs. Reino Unido,* 24 de junho de 2003, 39482/9R

Decisão do Tribunal Europeu de Direitos Humanos, *Weh vs. Áustria,* de 8 de julho de 2004

Decisão do Tribunal Europeu de Direitos Humanos, *Eurofinacom vs. França,* de 7 de setembro de 2004

Decisão do Tribunal Europeu de Direitos Humanos, *Shannon vs. Reino Unido,* de 4 de outubro de 2005

Decisão do Tribunal Europeu de Direitos Humanos, *Vayans vs. Rússia,* de 15 de dezembro de 2005

Decisão do Tribunal Europeu de Direitos Humanos, *Jalloh vs. Alemanha,* de 11 de Julho de 2006

Caso *De Varga-Hirsch vs. França*

Caso *Tomasi vs. França*

Caso *Edwars vs. Reino Unido* Caso *Hogben vs. Reino Unido* Caso *McQuiston y otros vs. Reino Unido*

Decisão do Tribunal Europeu de Direitos Humanos, *Vera Fernandez-Huidobro c. Espanha*, de 6 de janeiro de 2010

Decisão do Tribunal Europeu de Direitos Humanos, *Imbrioscia contra Suíça,* de 24 de novembro de 1993

Decisão do Tribunal Europeu de Direitos Humanos, *Pandy contra Bélgica,* de 21 de setembro de 2006

Decisão do Tribunal Europeu de Direitos Humanos, *Airey contra Irlanda,* de 9 de outubro de 1979

Decisão do Tribunal Europeu de Direitos Humanos, *Brennan contra Reino Unido*, 2001

Decisão do Tribunal Europeu de Direitos Humanos, *Salduz contra Turquia,* de 27 de Novembro de 2008

Decisão do Tribunal Europeu de Direitos Humanos, *Micallef contra Malta,* de 15 de outubro de 2009

Decisão do Tribunal Europeu de Direitos Humanos, *Partido Comunista Unificado da Turquia contra Turquia,* de 30 de janeiro de 1998

Decisão do Tribunal Europeu de Direitos Humanos, *García Ruiz contra Espanha*, 1999

Decisão do Tribunal Europeu de Direitos Humanos, *Mantovanelli contra França*, 1997

Decisão do Tribunal Europeu de Direitos Humanos, *Vidal contra Bélgica,* de 22 de Abril de 1992

Decisão do Tribunal Europeu de Direitos Humanos, *Brualla Gómez de la Torre contra Espanha*, 19 de dezembro de 1997

Decisão do Tribunal Europeu de Direitos Humanos, *Edificaciones March Gallego, SA contra Espanha*, de 19 de fevereiro de 1998

Decisão do Tribunal Europeu de Direitos Humanos, *Tejedor García contra Espanha,* de 16 de dezembro de 1997

Decisão do Tribunal Europeu de Direitos Humanos, de 19 de dezembro de 1990 [TEDH 1990, 30], caso *Dota c. França*, § 37

Decisão do Tribunal Europeu de Direitos Humanos, de 19 de fevereiro de 1991 [TEDH 1991, 23] , caso *Isgro c. Itália*, § 35

Decisão do Tribunal Europeu de Direitos Humanos, de 26 de abril de 1991 [TEDH 1991, 29], caso *Asch c. Áustria*, § 28

Decisão do Tribunal Europeu de Direitos Humanos, de 28 de agosto de 1992 [TEDH 1992, 55] , caso *Artner c. Áustria*, § 22-24

Decisão do Tribunal Europeu de Direitos Humanos, de 14 de dezembro de 1999 [TEDH 1999, 66], caso *A.M. c. Itália*, § 25

Decisão do Tribunal Europeu de Direitos Humanos, de 8 de fevereiro de 1996 (*caso Murria*)

Decisão do Tribunal Europeu de Direitos Humanos, de 2 de maio de 2000 (*caso Condrom*)

Copland v. Reino Unido (de 3 de abril de 2007)

Liberty v. Reino Unido (de 1 de julho de 2008).

USA

Decisão *Mapp vs. Ollio,* 367 U.S. 643 (1961)

Decisão *Hudson vs. Miehigan,* 547 U.S. 586 (2006)

Decisão *Virginia vs. Moore*, de 23 de abril de 2008
Anderson *vs*. Creighton, 483 U.S. 635 (1987)
Briscoe *vs*. LaHue, 460 U.S 325 (1983)

TRIBUNAL INTERAMERICANO DE DIREITOS HUMANOS

Caso *Blake,* Decisão de 24 de janeiro de 1988, série C, n. 36
Caso *Manuel Manriquez vs. México,* de 22 de fevereiro de 1999
Caso *Castillo Petruzzi e outros vs. Peru,* Decisão de 30 de maio de 1999
Caso *Cantoral Benavides vs. Peru,* Série C, n. 69, Decisão de 18 de agosto de 2000
Caso *Bamaca Velásquez vs. Guatemala,* Decisão de 25 de novembro de 2000, série C, n. 70
Caso *Maritza Urrutia vs. Guatemala,* Decisão de 27 de novembro de 2003, série C, n. 103
Caso *Gómez Paquiyauri vs. Peru,* Decisão de 8 de julho de 2004, série C, n. 110
Caso *Tibi vs. Ecuador,* Decisão de 7 de setembro de 2004, série C. n. 114
Caso *Carpio Nicolle vs. Guatemala,* Decisão de 22 de novembro de 2004, série C. n. 117
Caso *Lori Berenson Mejía vs. Peru,* Decisão de 25 de novembro de 2004, série C, n. 119
Caso *Gutiérrez Soler,* Decisão de 12 de setembro de 2005, série C, n. 132